DAVID WETHEY

DECIDA-SE!

O CAMINHO PARA O SUCESSO

TRADUÇÃO
UBK Publishing House

ubook UBK Publishing House

Publicado mediante acordo com Kogan Page.
Edição original do livro *Decide: Better Ways of Making Better Decisions* publicada por Kogan Page.

ubook UbK
Publishing House

COORDENAÇÃO	Alessandra Brito
EDIÇÃO E COPIDESQUE	Nikita Sigrist
COPIDESQUE	Know How
REVISÃO	Vivian Sbravatti e Mariana Paixão
CAPA	Bruno Santos
PROJETO GRÁFICO	Nathália de Morais
IMAGEM DE CAPA	creo2/Shutterstock PavelShynkarou/Shutterstock

Dados Internacionais de Catalogação na Publicação (CIP)
(Câmara Brasileira do Livro, SP, Brasil)

Wethey, David
Decida-se!: o caminho para o sucesso/David Wethey; [tradução UBK Publishing House]. – 1. ed. – Rio de Janeiro: Ubook Editora, 2021.

Título original: Decide: better ways of making better decisions
ISBN 978-65-5875-119-9

1. Administração 2. Comportamento 3. Marketing - Administração 4. Negócios 5. Publicidade 6. Tomada de decisão (Administração) I. Título.

21-58352 CDD-658.403

Ubook Editora S.A
Av. das Américas, 500, Bloco 12, Salas 303/304,
Barra da Tijuca, Rio de Janeiro/RJ.
Cep.: 22.640-100
Tel.: (21) 3570-8150

Sumário

MINHA HISTÓRIA

Como comecei a escrever este livro

Fiquei fascinado em investigar os fatores que envolvem tomadas de decisão há dez anos, por razões que explicarei mais à frente. Em 1988, abri uma empresa chamada Agency Assessments International (AAI) e, antes disso, já havia trabalhado por vinte anos com publicidade. O principal negócio da AAI (que felizmente ainda dá frutos) é aconselhar os publicitários — no nosso caso, majoritariamente grandes corporações globais — de modo que possam obter desempenho máximo de suas agências de publicidade e comunicação.

Ganho a vida dessa forma, ajudando grandes empresas a tomar decisões importantes em uma área-chave: marketing e publicidade. Meus parceiros e eu tivemos o privilégio de ver as agências de publicidade mais talentosas do mundo usarem toda a sua criatividade para conquistar contas de vários milhões de libras depois de travarem batalhas titânicas. Para facilitar esse processo, desenvolvemos critérios e subcritérios sofisticados e toda uma gama de sistemas de pontuação. E, para a decisão final, usamos variações de lógica, emoção, evidência e química.

O interesse no tema surgiu durante as inúmeras ocasiões em que organizei pitches ao redor do mundo e em que compareci tanto a apresentações de agências quanto a reuniões subsequentes de seleção. Tem sido imensuravelmente fascinante ver a maneira como as agências decidem agir de acordo com uma estratégia ou outra. E, da mesma forma, ver clientes decidindo qual será sua nova agência. A experiência me abriu os olhos.

O ano de 1992 (o ano da minha epifania de decisões) foi muito significativo na minha vida pessoal, como explicarei em breve. Talvez esse seja o momento de compartilhar com vocês alguns detalhes, começando com o que eu chamo de "primeira jornada". A primeira jornada de todos é uma viagem de aprendizagem. Ela vai do momento em que se aprende a engatinhar até o ponto em que alguém o contrata por causa do que você sabe e do valor que pode acrescentar. A minha primeira jornada levou pouco mais de trinta anos. Começou nas Midlands Ocidentais, onde nasci, pouco antes do fim da Segunda Guerra Mundial, em 1944; mudei-me para Oxford, onde fui criado e educado; e depois fui para Lisboa, no início da contrarrevolução portuguesa, em novembro de 1975. Estudei política na Universidade de Oxford, de maneira formal e acadêmica, e em Lisboa, não tão academicamente. Também estudei filosofia e economia – o que veio a calhar mais tarde.

Depois de passar três anos fascinantes no campo de pesquisa em marketing na AC Nielsen Company descobrindo o motivo pelo qual algumas empresas e marcas são vencedoras, enquanto outras não são, fui persuadido a entrar no cruel, ousado e impetuoso mundo da publicidade. Com isso, trabalhei em agências ao redor do mundo por vinte anos, tentando encontrar soluções criativas para os problemas dos clientes.

Comecei em uma agência chamada Pritchard Wood & Partners (PWP) em Londres. Era 1988, no final da era *Mad Men*; a PWP era uma agência muito criativa, propriedade da gigante norte-americana Interpublic. Foi ali que o planejamento de contas foi inventado por Stanley Pollitt. Eu substituí um homem chamado Frank Lowe como executivo de contas para uma marca de desinfetantes. Isso aconteceu depois de um ano traumático tentando manter nossos antigos clientes depois que Pollitt, o diretor criativo norte-americano Gabe Massimi e o homem que havia me contratado, Martin Boase, saíram da empresa para formar a lendária companhia Boase Massimi Pollitt.

Anos depois, fomos fundidos à companhia Erwin Wasey, também de propriedade da Interpublic. A fusão foi boa para mim. Entrei para a empresa em 1969 como gerente de contas com apenas um ano de experiência em publicidade. O novo presidente, Dennis Reader, convidou-me para ser seu assistente pessoal com a missão de promover a agência. Quatro anos mais tarde, eu já era diretor do conselho com um histórico de clientes como British Leyland, Cadbury, Carnation, *The Sunday Telegraph* e Unilever. Coincidentemente, a Waseys foi a agência para a qual, anos depois, Frank (agora sir Frank Lowe) se voltou para colocar a Lowe Howard Spink no rumo certo, tornando-a a mais criativa de todas as agências globais.

Depois da minha primeira aventura no exterior, na Waseys de Madrid e Valência (e de passar um ano hospedado no Ritz em Madrid!), divulgando a marca de sucos de laranja Spania em toda a Europa, fui transferido para a empresa-irmã, McCann-Erickson, para gerenciar a *joint venture* em Portugal. O meu antecessor tinha saído para tocar piano no bar frequentado pela maioria dos seus antigos clientes. Eu aprendi português e muitas coisas sobre como atrair clientes. Meu aniversário de trinta anos, uma festa na costa do Estoril, onde morávamos, aconteceu quase exatamente um ano após a minha chegada a Lisboa. Na manhã seguinte, minha ressaca foi interrompida pela Revolução dos Cravos. Lembro-me muito bem dessa data emblemática: 25 de abril de 1974, o dia em que os tanques dominaram as ruas de Lisboa. Aprendi muito com a revolução: como sobreviver, como manter um negócio funcionando em circunstâncias muito difíceis e, o que é mais importante, como tomar uma decisão após outra sob pressão. Meu conhecimento em português melhorou drasticamente ao ponto de poder cantar (em momentos privados, claro) as canções revolucionárias. Mesmo assim, foi divertido – desfrutar de um dos climas mais amenos do mundo, golfe, uma boa vida social, beber vinhos excelentes, comer bacalhau e ouvir fado.

Fui transferido para Kuala Lumpur (KL), Malásia, em novembro de 1975 para gerir o negócio local da McCann. A jornada de aprendizagem tinha acabado, e a segunda jornada havia começado. Eu chamo esse segundo momento de "colocando o aprendizado em uso". Não que eu tenha parado de aprender. Isso nunca acontece. Mas o segundo trabalho de gestão de agência é definitivamente o momento de começar a colocar o aprendizado em prática. Eu amei a Malásia. É um ótimo lugar para se viver. Quente, tropical, apaixonante e muito diferente de qualquer outro lugar onde estive antes. A Ásia já estava se tornando a parte mais dinâmica do mundo. Assim, depois de ser encostado na parede em Portugal pelas circunstâncias adversas, foi emocionante trabalhar em um país onde todos os indicadores econômicos eram positivos, enquanto os preços do petróleo, da borracha, do óleo de palma e dos minerais subiam absurdamente. A vida no escritório também era estimulante. Tínhamos uma mistura talentosa de expatriados e malaios, e a maioria dos nossos clientes internacionais estava enviando seus prodígios para o Sudeste Asiático.

Depois de três anos fantásticos em Kuala Lumpur, regressei ao Reino Unido em 1978, como Diretor Executivo Adjunto de Harrison McCann. Um ano depois, fui convidado a deixar o mundo da Interpublic, depois de onze anos, para dirigir uma grande agência local, a Royds. A Londres de 1979 (com Thatcher eleita primeira-ministra) era um lugar muito diferente da cidade que eu tinha deixado em 1973 (quando a semana tinha só três dias úteis[1]). Os orçamentos estavam subindo, a criatividade pulsava, e descobri que minha experiência no exterior era inestimável. Depois de dois anos na Royds, fiz o que todos os publicitários sonham: fundei minha própria agência, a Wethey Scott Pocock (WSP), com Stuart Pocock e Gavin Scott.

A WSP tinha escritórios da moda em uma área privada em Pimlico. Foi uma época boa. Tínhamos uma ótima equipe de quase quarenta pessoas. Conquistamos grandes clientes, incluindo Honda Cars, Loctite, Whyte & Mackay, Rothmans e Oral B. Desenvolvemos algo como uma "especialidade" em produtos de viagem e lazer, o que era interessante. Eventualmente, aproveitamos o apelo comercial que pequenas agências criativas têm e vendemos o negócio a um grupo com agências de publicidade e recrutamento em todo o país. Durante dezoito meses, trabalhei para os novos proprietários como presidente de negócios em Londres e como diretor principal do conselho. Adorava dirigir o Jaguar da empresa e o fato de que minha casa

---

1 Medida adotada no Reino Unido para conservar eletricidade, que estava escassa devido à crise do petróleo dos anos 1973 e 1974. [N.E.]

não estava em risco como garantia pessoal – mas odiava que me dissessem o que fazer. Suponho que minha eventual saída era inevitável – o que aconteceu depois de uma discussão épica com o CEO do grupo no melhor hotel de Glasgow. Devolvi o Jaguar e planejei férias de verão. Era 1988, e eu não tinha tido mais de três semanas de folga do trabalho desde que eu havia deixado a universidade vinte anos antes.

Bem, aquelas férias nunca aconteceram. Na primeira segunda-feira livre da minha nova vida, Ben Allen telefonou. Ele era diretor-geral de um banco que eu tinha tentado obter como cliente, sem sucesso, dois anos antes. Ele disse:

> "Liguei para o escritório, David, e me disseram que você estava em casa. Preciso falar com você porque demitimos a nossa agência, e eu disse à direção que vamos nomear sua agência sem considerar qualquer outra proposta."

Expliquei a Ben o que tinha acontecido e que eu já não tinha mais uma agência. Ben disse: "Isso é um grande problema. Como podemos resolver?"

Disse-lhe que também era um problema para mim, mas ofereci-me para encontrá-lo naquele mesmo dia e dar-lhe todos os conselhos e ajuda que pudesse. A reunião demorou uma hora, mas trabalhei com ele durante cinco meses, pois havia concordado em ajudá-lo a encontrar uma nova agência. Assim nasceu a Agency Assessments International (AAI).

A segunda jornada continuou ao longo dos anos de construção da AAI – até julho de 2002. Esse foi o mês em que Saffy, minha filha caçula, sofreu um acidente muito sério de equitação. Ela ficou em coma por um mês, depois permaneceu internada por um longo tempo, sem nenhuma esperança definitiva de recuperação. A vida simplesmente parou para toda a família. Não fui ao escritório durante semanas. A minha equipe lidou com isso de uma forma incrível. A história tem um final feliz: Saffy se recuperou completamente. E tive tempo para pensar. Comecei a ver a vida de outro jeito. Era o momento de começar a terceira jornada, que eu chamo de "compartilhar o aprendizado".

Sempre escrevi muitos artigos na imprensa especializada, realizei workshops, seminários e conferências, aproveitando o meu trabalho de consultoria para comentar a relação cliente-agência, propostas, remuneração da agência e assim por diante. Mas então decidi usar o aprendizado e a experiência que tinha acumulado nas duas primeiras jornadas para começar a prever o futuro de agências e clientes.

Não gostei do que vi. A relação cliente-agência não era tão forte como costumava ser, o modelo de negócios das agências estava ameaçado e os processos de pitch estavam fora de controle. Decidi elaborar uma proposta de programa para uma mudança radical. Produzi um programa de conferência chamado Sea Changes, que apresentei a clientes, em reuniões de agências e audiências mistas da indústria cerca de trinta vezes, em ambos os lados do Atlântico.

Também comecei a promover a terceira jornada. Não apenas a minha terceira jornada, mas a terceira jornada para inúmeras pessoas talentosas e experientes que aprenderam, aplicaram esse aprendizado e depois descobriram que eram consideradas "muito velhas" e ultrapassadas e que estavam destinadas a se aposentar. Percebi que, em todos os ramos, havia uma enorme reserva de talentos ainda capaz de trabalhar e contribuir, mas que aparentemente não queria mais. Pior do que isso: todos os anos há mais demissões, mais aposentadorias, mais desperdício. Isso significa que mais pessoas estão em posição de partilhar o seu aprendizado, mas não são convidadas.

Estou em uma missão – não somente com este livro – de dar a essas pessoas a convicção de que há uma terceira jornada para elas. A terceira jornada foi uma decisão-chave para mim. Foi tão importante quanto as decisões anteriores de deixar o respeitável ambiente da pesquisa para correr atrás de uma carreira em publicidade, de buscar novas metas no exterior, de criar minha própria agência e de depois abandonar a vida já conhecida da agência para mergulhar nas águas desconhecidas de consultoria direta a clientes.

Realizei projetos e trabalhei com a indústria da publicidade em cerca de 38 países. Tive todas as chances de testemunhar como a tomada de decisão é feita de forma diferente em diferentes países e culturas, bem como em um amplo espectro de diversas empresas e organizações. Nem preciso que me expliquem que homens e mulheres não se comportam necessariamente da mesma forma. Vi também grandes equipes, pequenas equipes, equipes democráticas e administrações hierárquicas. Tive muitos insights sobre a tomada de decisão corporativa e sobre a forma como os líderes, os indivíduos e as equipes operam.

Tenho de ser honesto. A experiência não fez de mim o maior fã do mundo corporativo do século XXI. Não aprovo a forma como muitas empresas tomam decisões, nem a forma como muitos gestores, executivos e diretores supostamente devem operar. Se eu acho que não existe mais talento por aí? Pelo contrário, na verdade. Em todo o mundo, as empresas podem escolher entre as mais bem formadas, qualificadas, diversificadas e talentosas fontes de gestão da história. Por sua vez, esses homens e mulheres podem recorrer a um apoio tecnológico que teria sido inconcebível mesmo no ano 2000. Eles também podem esperar um aumento exponencial tanto na oferta de informação como de tecnologia. Então, por que é que estou sendo crítico?

Houve algum equívoco no caminho. Já é uma vontade minha escrever um livro sobre tomada de decisão há um longo tempo, pois acho que é uma das habilidades de vida mais cruciais e, ao mesmo tempo, uma das menos compreendidas e menos bem executadas. Vasculhe as prateleiras na Waterstones ou WH Smith, na Blackwell's ou Barnes & Noble e você encontrará dezenas de títulos sobre liderança e bem poucos sobre decisões. O mesmo acontece na Amazon e nas livrarias de aeroportos.

A minha experiência de trabalho com grandes corporações é que muitas, consciente ou inconscientemente, adotaram uma cultura de vetar e adiar decisões. Parece ser bastante aceitável ser cético, mesmo em relação a ideias obviamente boas, e apenas avançar, cautelosamente, se houver alguém para desempenhar o papel de advogado do diabo. Isso é um tipo de atraso. Mais insidioso ainda é o processo de avaliação meticuloso (alguns o chamariam de doloroso) que parece ser o destino de tantos projetos de mudança promissores. Pior do que isso, a cultura de gerenciamento interno de muitas organizações tem criado obstáculos ao progresso, pois é sempre necessário esperar pela próxima reunião deste ou daquele conselho ou da equipe de liderança de gestão. Toda essa burocracia faz os procedimentos de embarque e revista do mais lento dos aeroportos parecerem a coisa mais veloz e prática do mundo.

Será que a maioria de nós não está interessada em aprender mais sobre tomada de decisões? Ou será que não pensamos muito nisso? Ou então achamos que já somos bons o suficiente nesse aspecto? Talvez seja porque todos agem de maneira confiante sobre pequenas decisões, enquanto pensam que grandes decisões são algo que só pode ser tentado pelos muito poderosos.

Ou será que isso se deve à falta de evidência do que grandes tomadores de decisão, algo equivalente ao que figuras como Woods, Messi, Federer e Usain Bolt representam nos esportes, podem alcançar? Será que isso se deve ao fato de que ser um bom tomador de decisões tem sido deixado em segundo plano em relação à liderança?

A ciência da decisão é uma área acadêmica complexa e rica, para além da sua importância em todos os aspectos da vida humana. É vital que os líderes políticos e empresariais não só tomem decisões vencedoras, mas também adotem um processo robusto. Isso não é menos importante para os principais agentes em áreas tão diversas como as forças armadas, os serviços de emergência, a medicina, o esporte e o investimento (dos fundos especulativos aos cavalos de corrida).

Todos nós fazemos malabarismos nas nossas vidas, por isso a tomada de decisão é uma habilidade crucial em tudo, desde escolher uma carreira até um parceiro, desde decidir sobre uma casa até o destino das próximas férias.

Mas por que me envolvi tanto com isso? Primeiro, era uma vontade minha aprender mais. Os anos de experiência em primeira mão com o processo de escolha e seleção na AAI me deram algumas percepções únicas sobre o que funciona e o que é mais improvável. Mas eu estava interessado em entender mais profundamente a tomada de decisão. Comecei a ler vorazmente para me certificar de que compreendia os acadêmicos, os consultores e os populistas da economia comportamental.

No início de 2011, eu tinha definitivamente decidido escrever este livro. Em fevereiro tive muita sorte, pois o Institute of Practitioners in Advertising (IPA) se ofereceu para realizar um seminário sobre tomada de decisão e custeá-lo como um agradecimento pelo meu trabalho na relação cliente-agência e pela minha participação na força-tarefa de economia comportamental com o então presidente, Rory Sutherland. A minha ambição já era partilhar os meus conhecimentos sobre tomada de decisão com o maior número possível de pessoas. O evento correu bem, além das expectativas do IPA e das minhas, e propiciou minha primeira exposição pública significativa como um "especialista" em decisões.

Durante o evento, fui persuadido a criar um perfil no Twitter para começar a escrever sobre decisões. Houve desenvolvimentos importantes a partir disso. Meu site (makingbetterdecisionsbetter.com) ganhou seguidores e se tornou uma plataforma na qual eu podia compartilhar uma grande quantidade de tópicos e comentários (espero) inovadores. Uso o Twitter para promover esses posts e os que faço mensalmente no blog da Marketing Society.

Reproduzi aqui alguns dos posts do blog, por duas razões: em primeiro lugar, referem-se sobretudo a acontecimentos ou a controvérsias específicas, os quais espero que sejam mais nítidos e mais relevantes do que mera exposição de teorias; e, em segundo lugar, são fáceis de ler, com cerca de quatrocentas a quinhentas palavras. Eu atualizei algumas das postagens, mas deixei outras como estavam para dar uma ideia do dilema de decisão específico sobre o qual eu estava escrevendo no momento.

Os blogs forneceram uma plataforma, enquanto as entrevistas com "tomadores de decisão famosos" me deram insumos impagáveis. Serei eternamente grato a essas pessoas inspiradoras por serem generosas o suficiente para compartilhar não apenas suas experiências e ideias como também seu tempo — aprendi muito com elas. À medida que compartilho histórias, exemplos e aprendizados no decorrer deste livro, você verá as diferenças inevitáveis entre os modos como essas pessoas fazem escolhas e tomam decisões. Mas estou confiante de que verá também as semelhanças e os fatores em comuns entre elas.

Muitas das pessoas que entrevistei já tinham sonhos e ambições quando eram muito novas – muitas vezes, antes do seu décimo aniversário. Elas conseguiram articular claramente o que estavam pensando, bem como o que estavam fazendo. Várias delas tiveram, posteriormente, a coragem de fazer mudanças radicais de vida na fase adulta; muitas dessas mudanças significavam muito mais horas de trabalho e muito menos dinheiro.

Todos os meus entrevistados conseguiram identificar a chance, o desafio ou o problema específico que representava uma oportunidade para tomar uma decisão realmente importante. Quase todos apontaram o instinto como seu principal impulsionador na tomada de decisão, tendo passado pela análise de opções e pela avaliação de riscos. As entrevistas me fizeram respeitar profundamente não só as decisões, mas também a forma como essas decisões foram tomadas.

Desde que concluí este livro, tomei a maior decisão da minha carreira empresarial: virar as costas para 75 por cento da minha receita, recusando-me a organizar mais pitches para pedir às agências bens gratuitos; meu objetivo agora é guiar toda a indústria por um caminho melhor. Apesar de assustador, era a coisa certa a se fazer. Uma decisão instintiva com apoio racional. E, sim, eu pensei muito sobre essa decisão antes de tomá-la.

INTRODUÇÃO
Uma maneira melhor de tomar decisões

Em qualquer momento de decisão, a melhor coisa que você pode fazer é a coisa certa. A pior coisa que você pode fazer é nada.

THEODORE ROOSEVELT,
26° PRESIDENTE DOS ESTADOS UNIDOS, 1858-1919

Tomar decisões não é apenas um evento transacional ocasional. É também a forma como gerimos nossas ambições e alcançamos nossos objetivos. A tomada de decisão é o sistema de orientação para pessoas e organizações ambiciosas. A palavra "ambicioso" é escolhida deliberadamente. Nós, humanos, somos uma espécie otimista. Foi o otimismo que inspirou nossos antepassados a viajar para fora da África e a povoar o planeta. Foi o otimismo que alimentou a exploração do espaço pelo homem. É o otimismo que nos faz levantar de manhã.

António Damásio disse em *E o cérebro criou o homem* (2010):

> Todos nós acordamos esta manhã e, com isso, tivemos o incrível retorno da nossa mente consciente. Nós recuperamos a mente, com um senso completo de nós mesmos e um senso completo de nossa própria existência – mas dificilmente paramos para refletir sobre essa maravilha. [Tradução livre.]

Se você comprar um livro sobre um assunto amplo como tomada de decisão, certamente espera que haja uma grande ideia em alguma parte dele – um novo pensamento, uma teoria, um processo, uma explicação, e tudo isso acompanhado de estatísticas surpreendentes. Mas, na verdade, este é um livro de "como" mais do que um livro de grandes revelações. Adoraria ter descoberto a fórmula para decisões bem-sucedidas. Isso seria uma tarefa difícil, sobretudo porque, muitas vezes, leva tempo para se descobrir se uma decisão foi um sucesso. O que eu tenho buscado é ajudar o leitor a encontrar uma forma melhor de tomar decisões. Também procurei explicar por que profissionais qualificados têm sucesso e por que outros falham. Mas, como disse Teddy Roosevelt cem anos atrás, é realmente importante tomar decisões em vez de evitá-las, e tornar isso um hábito. Tomar decisões bem-sucedidas o tempo todo é uma esperança vã. Isso não é possível para ninguém. Mas pensar a tomada de decisão de uma *maneira melhor* é um objetivo completamente alcançável.

Vamos usar o golfe como um paralelo. O golfe é um passatempo suave e bem antigo, com um princípio simples — o golfista que acertar a bola no buraco com o menor número de tacadas ganha. Para jogar, você precisa ter habilidade suficiente para balançar o taco de modo a acertar na bola. Você também precisa ser capaz de andar ou dirigir um *buggy* de modo a alcançar os buracos 9, 18, 36, 72 ou quantos mais constituírem o jogo ou a competição da qual está participando. E você precisa entender o sistema de pontuação e as regras. Essa combinação de habilidades não compõe uma grande ideia. Pelo contrário, é *a ideia* do golfe. Jogar como um campeão requer mais conhecimento e habilidade. É por isso que o livro de instruções de golfe precisa de capítulos sobre aderência, desenvolvimento de um *swing* repetitivo e eficaz, uso dos diferentes tacos, compreensão do percurso do vento e assim por diante. Ele pode também incluir dicas sobre gestão de cursos, boa preparação, técnicas e como ganhar de jogadores melhores. Haverá certamente uma seção sobre erros comuns e como corrigi-los. Há alguma Grande Ideia que seja única e que ajude o jogador de golfe iniciante a tornar-se um vencedor? Como golfista entusiasta com mais de cinquenta anos de experiência, vou contar-lhe um segredo: não há apenas uma! Se quer saber, a Grande Ideia no golfe é não ter uma grande ideia. Trata-se mais de levar em conta uma série de pequenas ideias e de compreender suficientemente o contexto e o histórico da atividade para poder dar sentido a esses pensamentos, ideias e técnicas, dando-lhes um bom uso.

O Capítulo 1 deste livro é chamado "Sonhos e determinação". Ele conta as histórias de pessoas notáveis que entrevistei. Estou certo de que existe uma correlação clara entre o sucesso e a habilidade de tomar boas decisões, e espero que as entrevistas com esses grandes decisores te inspirem em termos de determinação, sonhos e preparo para mudar de rumo, da forma como essas pessoas demonstraram em suas vidas. Há também uma óbvia implicação de que, se os leitores adquirirem melhores técnicas para tomar decisões, isso os levará a ter mais sucesso. Os entrevistados são uma combinação de empresários e indivíduos excepcionais de áreas diferentes, incluindo as forças armadas, política, direito, medicina, academia, filantropia, esporte, jogos de azar e relacionamentos. Espero que isso seja mais interessante do que uma concentração cem por cento voltada para o "setor empresarial".

O Capítulo 2, "Pesadelos", é sobre o que pode dar errado, e por quê. Ninguém disse que a tomada de decisão é uma coisa fácil, e um certo grau de erro é inevitável. Esse capítulo não pretende induzir ao medo do fracasso, mas sim apontar as armadilhas mais crônicas, as infames Armadilhas de Decisão que atrapalharam, e ainda atrapalham, pessoas e organizações ao longo da história. Estar errado de vez em quando é parte integrante do ser humano. Mas evitar desastres graves é tão importante quanto perseguir o sucesso.

Todas as decisões são uma jornada — não um passo único. A jornada de decisão começa efetivamente no Capítulo 3 ("Oportunidades e problemas"), que enfatiza a importância de identificar e explorar as oportunidades. Reconhecer uma oportunidade é, muitas vezes, o primeiro passo para tomar uma grande decisão — particularmente na tomada de decisão a longo prazo. Vemos também que resolver problemas e tomar decisões são duas coisas diferentes. Lembre-se de que as coisas têm de acontecer em tal ordem. É provável que uma decisão tomada antes que um problema seja resolvido (uma "decisão antecipada") fracasse. Vivemos em um mundo rico em dados, com a informação e a inteligência[2] de que precisamos para analisar oportunidades e resolver problemas disponíveis como nunca antes. A tomada de decisão, olhando para um cenário em que há ponderação, quase invariavelmente envolverá lidar com oportunidades e problemas.

O Capítulo 4 se chama "Tomada de decisão inteligente", e nele busquei organizar um sistema prático. A tomada de decisão não é diferente de qualquer outra área de habilidade. Bons métodos e técnicas são essenciais. Podemos sempre aprimorá-los e confiar em sua eficácia. Mas não se trata apenas de lógica e razão; elas nos levarão somente até certo ponto. Nos últimos anos, os acadêmicos têm progredido muito na compreensão de como nossos cérebros funcionam. Nossa mente consciente só consegue lidar com uma pequena fração do que vemos e experimentamos. O cérebro subconsciente é muito mais do que a mente inconsciente de Freud e Jung. Longe de ser um tipo de "lado sombrio" ocupado por sonhos e desejos suprimidos, nosso cérebro subconsciente é uma formidável unidade de processamento e controle na qual mantemos nossas atitudes, crenças, hábitos e percepções. É também uma fábrica computadorizada que controla nossas habilidades físicas, funções motoras, batimentos cardíacos, respiração, digestão e muito mais.

A tomada de decisão inteligente é uma mistura de bom raciocínio e aproveitamento do poder do subconsciente. Essa fórmula nos ajudará a enfrentar a maioria dos desafios. Esse capítulo não é apenas sobre o preparo, a tomada da decisão e as formas de garantir que todos os envolvidos aceitem aquela decisão, para que seja efetivamente uma decisão mútua: também analisamos a importância vital de comunicar a decisão — o momento em que uma decisão entra em vigor — e de implementá-la. Precisamos também de competências de aprendizagem e de feedback.

---

2 A palavra "inteligência" utilizada pelo autor ao longo do livro refere-se à coleta, ao armazenamento, à análise, à revisão e ao compartilhamento de dados, de maneira organizada e planejada. [N.E.]

O tempo disponível para tomar uma decisão é um ponto importante deste livro. É vital saber quanto tempo temos. Temos melhor desempenho quando controlamos nosso ritmo e ajustamos nossa análise, nosso julgamento e nossa ação ao tempo disponível. No Capítulo 5, "É uma questão de tempo", começamos com sessenta segundos ou menos. Quanto mais depressa tivermos que tomar uma decisão, mais instintivamente teremos de agir. O cérebro subconsciente pode gerir muitos desses desafios por conta própria. A tomada de decisão rápida é resultado da formação e experiência que pré-condicionam a forma como os indivíduos especializados decidem e reagem — quer se trate de uma questão de vida ou morte, quer seja uma questão de rotina. Curiosamente, grande parte da motivação nessas circunstâncias estressantes é defensiva: permanecer vivo, ajudar os outros, salvar vidas, evitar o perigo. Em situações de emergência, as pessoas se tornam confiantes na sua capacidade e na decisão que tomam, mas ao mesmo tempo são cautelosas, cuidadosas e preocupadas. Costumávamos pensar que apenas pilotos de caça, bombeiros, soldados e árbitros tinham de tomar decisões muito rápidas. Mas agora percebemos que todos nós temos uma série de "habilidades de piloto automático", desde dirigir um carro e lidar com ruas e transportes lotados nos horários de pico até cozinhar, jogar futebol e usar um computador ou smartphone. Normalmente, não há tempo para uma análise detalhada. Se você demorar muito, pode colocar tudo a perder.

Outra coisa mudou. O poder das redes sociais foi demonstrado pelo papel que desempenharam na Primavera Árabe. Sua influência está por todo lado, dando-nos acesso a todas as áreas. O porém é que, com isso, todas as áreas também podem chegar até nós. Por conseguinte, as comunicações em velocidade relâmpago e as redes sociais alteraram irrevogavelmente as regras de participação de todos aos olhos do público. Quando há alguma controvérsia ou escândalo, os políticos, líderes empresariais e até gestores de clubes de futebol não possuem mais a opção de permanecer de cabeça baixa e não fazer declarações. Como me disse David Jones, CEO da gigante das comunicações francesas Havas: "Tome todas as decisões como se o mundo soubesse disso. Porque ele saberá."

Sessenta minutos é o tempo médio para uma reunião. As nossas agendas estão cheias de reuniões. Uma hora tornou-se a unidade-base de tempo. A reunião é a melhor e pior parte do processo corporativo; melhor, porque o trabalho em equipe não pode florescer sem que as pessoas sejam reunidas; pior, porque as reuniões podem se tornar uma praga contagiosa para o progresso. O ponto de partida crucial é reposicionar a reunião como um fórum para a tomada de decisão. Precisamos agilizar a tomada de decisão nos negócios tornando as reuniões superprodutivas.

Em seguida, olhamos para a gestão da jornada de decisão em relação ao longo prazo. Sessenta horas (briefing na segunda-feira, resposta na quinta-feira ou durante o fim de semana) fornecem tempo para pensar, planejar e testar. Sessenta dias são suficientes para um projeto bastante ambicioso. Sessenta semanas fornecem tempo para não apenas uma decisão, mas um estudo de viabilidade completo. A maioria das histórias de gerenciamento de mudanças em empresas, governos e outras grandes organizações envolverá um desses prazos ou, mais provavelmente, uma combinação deles. Em todos esses casos, um trabalho de equipe sério é a ordem do dia. Mas o que funciona em grande escala também funcionará para os indivíduos confrontados com oportunidades, problemas e decisões importantes a tomar. Se tiver tempo, use-o.

Já falamos sobre como todos nós temos mentes conscientes e cérebros subconscientes. Sabemos também quão diferentes somos uns dos outros — e isso, obviamente, afeta a nossa capacidade de tomada de decisão. Chamei o Capítulo 6 de "O fator pessoal". Toda tomada de decisão é determinada por quem toma as decisões e por todas as pessoas que elas afetam. Para entender o que faz uma pessoa caminhar para frente, temos de traçar o perfil da sua personalidade. É uma ferramenta vital que nos ajuda a compreender a nós mesmos e uns aos outros, além de permitir a criação de equipes que funcionam bem juntas. Traçar perfis é fascinante, útil e divertido.

A escolha (Capítulo 7, "A escolha é uma tomada de decisão tridimensional") é um tipo especial de tomada de decisão. Tomar decisões normalmente consiste em analisar uma série de opções. Agimos agora ou não?

Dizemos sim ou não? Se há uma série de opções, qual delas vamos escolher? Tomar decisões tem a ver com classificar as opções disponíveis. Antes que possamos selecionar ou escolher, precisamos procurar possíveis candidatos. Quando se trata de escolher, há uma fase preliminar vital: reduzir os candidatos ou as opções a um número com o qual podemos lidar. Como é que fazemos isso? Por eliminação, não por classificação. Analisamos três aspectos da escolha. Começamos com escolhas de vida, algumas das quais fazemos para nós mesmos, enquanto outras são feitas por outros. Depois, olhamos para o processo de escolher no sentido de pesquisar e selecionar – nicho que habitei durante quase um quarto de século. Finalmente, chegamos à escolha do consumidor, o mundo no qual, direta ou indiretamente, passei toda a minha vida profissional. Graças a dois grandes avanços – a revolução do consumidor, agora firmemente responsável pelo diálogo, e o neuromarketing –, esse se tornou um lugar estimulante e muito diferente.

Escolhi algumas áreas para tratamento especial. O Capítulo 8 é sobre "Guerra". Essa é a área na qual a tomada de decisão tem nível macro de consequência. A guerra é terrivelmente diferente das demais situações que envolvem tomada de decisão. Ela vira o sistema de valores de pernas para o ar, tornando a vida descartável e destruindo infraestruturas, bens e patrimônios. A história militar é interessante porque os riscos na tomada de decisão em tempo de guerra são muito elevados.

O Capítulo 9 se chama "Esportes e outros jogos". A Grã-Bretanha é louca por esportes. Não se trata apenas de utilizarmos os nossos esportes populares como analogias para o mundo real; para muitas pessoas, o esporte é o mundo real. A tomada de decisão é controversa e está em todo lugar – jogadores em campo, treinadores, administradores e, claro, juízes e árbitros. Mas há jogos que são menos físicos, como o xadrez, com os quais podemos aprender; e há os jogos de azar, o segundo maior meio de investimento que existe.

Finalmente, no Capítulo 10, voltamo-nos para a zona mais íntima de escolha e decisão – o "Amor" – e a busca por um parceiro. O Capítulo 11 arremata o *Decida-se*, trazendo "Minhas vinte melhores dicas de decisão".

Talvez seja mais fácil explicar o que não é *a* Grande Ideia no processo de tomada de decisão. Não se trata apenas de ser confiante e decisivo, embora isso seja vital em situações de emergência, nas quais você tem menos de sessenta segundos para se decidir. Mas bombeiros e pilotos de combate podem não viver para lutar outro dia. Enfermeiros e salva-vidas confiantes demais arriscam tantas vidas quanto salvam. Soldados que atiram antes de pensar e árbitros que apitam antes da falta são um problema. No entanto, semanticamente, nos referimos a ser "decisivo" como uma virtude, quando consideramos a tomada de decisão de longo prazo. Ser cuidadoso e metódico é provavelmente uma característica de ordem superior.

Talvez a melhor ideia na tomada de decisão seja ser adaptável. Tal como no golfe, depende de uma mistura de raciocínio e técnica. Mas de igual importância são a inteligência emocional, a psicologia e a gestão de pessoas, e como tirar o máximo proveito delas. O planejamento antecipado é essencial, mas também é vital ser capaz de trabalhar de trás para a frente, desenvolvendo diferentes cursos de ação e avaliando cenários. Para ser um bom tomador de decisão, você tem de ser um bom planejador de decisão. O planejamento de decisão pode ser significativamente aprimorado com o uso de uma equipe, e no contexto de empresas e organizações não há escolha. As organizações têm como pré-requisito uma espécie de democracia obrigatória. Portanto, vale a pena entender a técnica de formação de equipes e como traçar o perfil de personalidades e estilos de pensamento. Precisamos entender o poder do "pensamento em grupo", mas também é importante perceber suas limitações, e abordo uma gama de possíveis técnicas de resolução de problemas no final do Capítulo 3. Falo extensivamente sobre esse dispositivo corporativo conhecido, "a reunião", no Capítulo 5.

Na verdade, "tomada de decisão" é uma nomenclatura equivocada – ou, dito de outra forma, dificilmente faz jus à atividade no que diz respeito ao processo de tomada de decisão aqui considerado. Quando você tem tempo suficiente, a tomada de decisão consiste em vários ingredientes vitais, dentre os quais efetivamente tomar a decisão (como acertar a bola no golfe) é apenas um. Em contraste, quanto mais soubermos sobre a capacidade do nosso cérebro subconsciente, mais facilmente podemos usar sua capacidade fenomenal e nos tranquilizar de que estamos fazendo a coisa certa.

Acredito que ser um tomador de decisão positivo é uma habilidade indispensável. Em todos os campos, o sucesso vem das oportunidades que aproveitamos e dos problemas que resolvemos, mas a oportunidade aproveitada e o problema resolvido não se transformam em mudanças benéficas sem um processo de tomada de decisão de alta qualidade, talento e confiança para a implementação. O objetivo deste livro é ajudá-lo a aperfeiçoar sua técnica e desenvolver sua confiança para tomar decisões racional e instintivamente. Todos precisam de um equilíbrio entre ambos.

É lenda urbana que, diante de decisões importantes, o único caminho a seguir é concentrar-se no processo lógico, ficar se preocupando com todos os detalhes de todas as informações e computar racionalmente uma solução. Há uma história acadêmica por trás disso, e a indústria de consultoria em gestão a perpetuou, com interesse em propagar a necessidade de soluções mais longas e complicadas. Há numerosas evidências de que o subconsciente (alguns o chamam de intuição) desempenha um papel no mecanismo de tomada de decisão de quase todo mundo. Nas entrevistas que fiz para este livro, isso ficou muito claro. Também ficou claro nos livros e artigos que li. Como Jonah Lehrer escreveu em *O momento decisivo* (2009):

> Quando tomamos decisões, devemos analisar conscientemente as alternativas e ponderar cuidadosamente os prós e os contras. Em outras palavras, somos criaturas deliberadas e lógicas. Essa simples ideia é subjacente à filosofia de Platão e Descartes; constitui a base da economia moderna; conduziu décadas de investigação em ciência cognitiva. Com o tempo, a nossa racionalidade veio para nos definir. Foi, simplesmente, o que nos tornou humanos. Só há um problema com essa suposição de racionalidade humana: está errada. Não é assim que o cérebro funciona. [Tradução livre.]

Decida-se é obviamente sobre a ciência da decisão. É sobre como pensamos. É sobre como abordamos, definimos e resolvemos os problemas. É sobre o que fazemos. Ele também é muito sobre como as outras pessoas pensam e se comportam. Muitas áreas se reúnem na tomada de decisão: agilidade mental, fisiologia, psicologia, neurologia, teoria dos jogos e muito mais.

Quando tomamos decisões, como sabemos se as evidências são boas? A palavra "evidência" cheira a tribunal. Todos (polícia, testemunhas, acusado e vítima) têm de jurar que as evidências que eles estão dando são verdadeiras. Mas muitas decisões importantes são tomadas com base em informações, dados, análises e interpretações que nenhuma pessoa em sã consciência poderia jurar que são verdadeiras. De onde vêm essas evidências? Há uma longa lista: colegas, conselheiros, especialistas, amigos, familiares, membros do público, acadêmicos, jornalistas, editores. Como sabemos se as evidências são confiáveis? Se são factualmente corretas, ou se foram analisadas e interpretadas objetivamente? Ou se são duvidosas e tendenciosas? Independentemente de as decisões serem principalmente conscientes ou subconscientes, é essencial saber recorrer à melhor inteligência, informação e dados. Minha motivação para escrever *Decida-se* é ajudar os leitores a desenvolver bons hábitos de decisão. Quero realmente ajudá-lo a usar as melhores técnicas. Quero que consiga bons resultados de forma consistente. Tomar boas decisões pode ser incrivelmente difícil, ao menos de forma consistente. É uma lição que aprendi ao longo da minha vida — no trabalho e fora dele.

Decida-se é um livro vital para todos cuja vida depende de tomadas de decisão bem-sucedidas. Muitas pessoas tomam decisões sem considerar adequadamente o contexto, as opções e as implicações de suas ações. Ou, pior ainda, elas simplesmente gerenciam as consequências de evitar tomar decisões. A diferença entre ganhar e perder nos negócios — e, muitas vezes, na vida — depende de acertar nas decisões. Este livro prova que a tomada de decisão não tem de ser um processo demorado, desde que seja abordado com uma mistura de pensamento racional e lateral.

Empresários e empresas que não tomam decisões, ou que tomam decisões ruins, morrerão. Woolworth, Enron, Worldcom, Arthur Andersen e numerosas companhias aéreas fornecem lições sobre os perigos de uma tomada de decisão deficiente. É possível, em cada caso, rastrear momentos-chave nos quais as decisões foram tomadas (muitas vezes, por um único indivíduo) sem nenhuma tentativa de tornar mútua ou ratificar a decisão.

Tem sido doloroso ler sobre a ascensão e queda de antigas empresas britânicas como a Marconi e a Cable & Wireless, cujas administrações se orgulhavam de um forte poder de decisão, mas decidiram concentrar-se em um futuro que nunca chegou e abandonar um presente que era real e rentável. Os governos também tendem a fazer política sem se preocupar com os danos colaterais, anunciar suas decisões e a viver para lamentar as consequências.

Tomar decisões não é fácil, mas há regras que funcionam, e este livro enfatiza a importância tanto da resolução criativa de problemas como da gestão de decisões. *Decida-se* é dirigido tanto a um público empresarial e profissional quanto ao leitor em geral. Não é preenchido com jargões ou modelos de negócios complicados. Ele usa os exemplos mais interessantes e diversos que pude encontrar. Com ele, tentei tornar a tomada de decisão um assunto acessível.

A amplitude do apelo está no assunto em si. Todo mundo tem de tomar decisões. Nas empresas, todos, desde o CEO até os cargos mais baixos da hierarquia, são pagos para tomar decisões, mas há pouca formação específica sobre como tomá-las. Há uma abundância de cursos em gestão financeira, gestão de pessoas, gestão de cadeia de abastecimento e de habilidades de negociação — mas e as habilidades de tomada de decisão? Enquanto indivíduos, também enfrentamos decisões importantes em nossas vidas e podemos nos beneficiar da compreensão do que funciona e do que é menos provável de funcionar.

Além de instigar o leitor a refletir, *Decida-se* tem uma abordagem prática e estabelece uma visão clara para a tomada de decisão, que, se devidamente seguida, permitirá que ele passe a tomar decisões eficazes, ou ao menos contribuirá para isso, qualquer que seja o tempo disponível. Este livro enfatiza tanto a importância de uma boa tomada de decisão quanto as consequências, por vezes fatais, de errar — particularmente se uma decisão tiver sido tomada (e anunciada) antes de o problema ter sido resolvido. O texto mostra que a tomada de decisão não se beneficia de um estilo agressivo e deve idealmente envolver a participação da equipe. É necessário ter uma abordagem de tomada de decisão devidamente construída, que deve estar em vigor durante todo o processo. Mas não há substituto para a criatividade e as ideias.

Para ser um bom tomador de decisões, você também tem de reconhecer seu próprio perfil e como você pensa, além de saber como operam seus colegas de equipe e familiares. Espero que, depois de ler este livro, o leitor compreenda como equilibrar o otimismo e o pessimismo, os dados e a intuição, e, o que é mais importante, como abordar com maior confiança os desafios das decisões futuras. Acima de tudo, espero sinceramente que você esteja muito mais interessado em refletir sobre tomada de decisão e mais comprometido com isso do que estava antes.

1. SONHOS E DETERMINAÇÃO

O que impulsiona grandes decisões

Todas as viagens que fiz foram pela jornada, não pelo destino. Para alguns, a razão para competir é estar na linha de chegada. Meu objetivo era chegar lá o mais rápido possível, mas o que eu queria mesmo era estar no mar. Eu adorava estar no mar.

ELLEN MACARTHUR,

VELEJADORA RECORDISTA DA VOLTA AO MUNDO E ATIVISTA AMBIENTAL

Início de carreira

As carreiras de muitas das pessoas que entrevistei (e Ellen MacArthur é um bom exemplo) foram extremamente influenciadas por acontecimentos significativos na infância e na juventude. Deixe-me contar sobre alguns deles.

Para Ellen, os sonhos e as ambições estavam presentes quando ela era muito nova. Como ela me disse:

> Houve duas grandes decisões na minha vida. A primeira foi quando me foi dada a oportunidade de ir velejar pela primeira vez no barco da minha tia Thea. Eu só tinha quatro anos. Lembro-me da viagem até lá, sentada e olhando pela janela do carro da minha tia, enquanto atravessávamos as planícies baixas de Essex a caminho do barco.
>
> Eu nunca tinha ido a Essex; nunca tinha visto planícies assim porque eu era de Derbyshire. Lembro-me de ver o barco pela primeira vez, sabendo ins-

> tintivamente qual era o barco certo, parado num ancoradouro no rio. E foi uma sensação incrível subir a bordo porque era como entrar em um novo mundo. Estava tão entusiasmada que tentei passar por baixo dos cabos, pelos quais normalmente se passa por cima, e fiquei presa porque estava usando um grande colete salva-vidas. Entrei a bordo e lembro-me de olhar para cima e para baixo, olhar em volta. E depois a minha tia abriu as portas; lembro-me de pensar que aquilo era tudo de que uma pessoa precisa; era uma pequena casa que podia ir para qualquer lugar. A sensação mais incrível de todas foi a primeira vez que içamos as velas. Para uma criança de quatro anos, era o maior sentimento de liberdade que poderia ser experimentado. Era aquele sentimento de que podíamos ir a qualquer lugar do mundo. O céu é o limite. Aquilo abriu uma infinidade de oportunidades, de aventura e aprendizado.

O entusiasmo de Ellen fez com que ela desejasse ter um barco mais do que tudo, mas a geografia e os meios limitados de sua família eram apenas dois dos obstáculos. Perguntei-lhe se seus pais compreendiam a profundidade da sua paixão por barcos e como ela acabou conseguindo o dinheiro. Os pais dela entendiam o que estava acontecendo?

> Naquele momento, acho que não. Depois, eles com certeza entenderam em partes. A questão financeira é algo muito interessante de se contar, porque eu não tinha dinheiro. Nós não recebíamos mesada quando crianças, então eu pedia dinheiro de aniversário e Natal — nós costumávamos receber algo em torno de quinze libras, acho, quando eu era pequena, que depois progrediu para vinte libras nos aniversários e no Natal, e eu costumava aplicar em uma poupança. Quando comecei a frequentar o ensino médio, eu tinha controle sobre o dinheiro do almoço, o qual eu recebia diariamente, não semanalmente, como antes. Então, durante a semana eu não almoçava, ou então comia feijão e purê de batata, que custavam quatro pence, e colocava um monte de molho, que era de graça, para dar sabor. Assim eram minhas refeições.
>
> O restante eu economizava todos os dias, dos onze aos dezessete anos. Foi a única forma que encontrei para economizar. Não podia trabalhar depois da

escola, pois morávamos no meio do nada. Eu trabalhava em casa, mas nunca recebi nada por isso. Não foi assim que fomos educados. Por isso, economizei durante a época da escola. Não sei se meus pais sabiam o quanto eu estava engajada naquilo, porque nunca lhes contei sobre isso. Na verdade, eles só souberam disso aos dezoito anos, quando parti na minha primeira viagem sozinha pela Grã-Bretanha. E alguém me perguntou numa entrevista: "Então, Ellen, como é que você juntou dinheiro para seu primeiro barco? Seus pais compraram para você ou algo assim?" E aquilo me chocou, porque não foi nada disso. Tive de poupar cada centavo. Eu disse no rádio que ou comia purê de batatas e feijão todos os dias na escola ou pegava pão ou banana de casa. Minha mãe e meu pai reagiram muito mal a essa fala porque pensaram que isso os tornava pais ruins. Mas a realidade era que essa foi a única forma de conseguir o que eu queria. O primeiro barco que tive custou 535 libras, que era muito dinheiro.

Quando eu estava na escola, queria muito navegar ao redor do mundo. Li tudo o que pude. Desde *Swallows and Amazons* [Andorinhas e Amazonas, em tradução livre] até autores como sir Francis Chichester, Robin Knox-Johnston, Naomi James — eu li tudo o que estava ao meu alcance que pudesse me ensinar algo sobre o assunto. Eu ficava no meu quarto durante horas lendo esses livros, aprendendo, tentando compreender, tentando aprender o máximo que podia sobre navegação; agarrava-me à expectativa da semana em que ia navegar, todos os verões, com minha tia Thea, porque era só isso que importava. Era o feriado que a família passava toda junta, sete de nós e o cachorro rumo à Costa Leste!

A determinação de Ellen foi extraordinária. Entre as competições, ela vivia com apenas dez libras por semana e morava em uma casa móvel. Quando percebeu que precisava de patrocínio, escreveu 2.500 cartas antes de conseguir encontrar um. Vamos entender algumas das decisões incríveis que ela tomou, primeiro para realizar suas ambições de velejar, depois para abandonar o mar pelo seu trabalho pioneiro em sustentabilidade e economia circular.

Paddy Eckersley, que mais tarde ficou famoso como o capitão da companhia aérea cujo heroísmo e tomada de decisão salvou centenas de passageiros em um Boeing 747 com dois motores em chamas durante a decolagem de Jidá, Arábia Saudita, cresceu na Zululândia na década de 1940. Ele me disse:

> Nasci em uma pequena aldeia no norte de Natal. Era muito rural, muito simples. Os banheiros ficavam fora das casas, coisas assim. Meu avô era inglês, veio para a África e se casou com uma moça local. Ele e o irmão eram conselheiros de um dos rebeldes pretendentes ao trono zulu. Isso foi no final de 1890.
>
> Eu sempre tive interesse em voar, seja lá qual a razão disso. Quase não conseguia ver aviões por morar no campo, mas tínhamos um médico que voava até lá para cuidar das aldeias. Ele tinha um pequeno avião de dois lugares e, sempre que podia, eu corria para a pista de pouso. Como cresci na África do Sul, voar era um sonho impossível, por causa das leis do Apartheid. Portanto, não havia maneira de eu chegar nem perto de aprender a voar ou de me tornar piloto. De todo modo, frequentei a escola e depois a faculdade em Durban. Retornei como professor. Praticamente todas as possibilidades de carreira estavam fora de nosso alcance, exceto o ensino. Pensei que poderia me tornar médico, mas havia uma cota de quantos de nós poderiam praticar a medicina, porque, enquanto pessoas não brancas, apenas alguns poucos ganhavam autorização a cada ano para se tornar médicos.
>
> Passei menos de um ano dando aula na África do Sul e depois decidi partir para a Rodésia, porque estavam recrutando professores e gradualmente acabando com o tipo de governo do Apartheid. Eu tinha acabado de fazer 21 anos. Eles me deram um emprego e me alocaram no que era então conhecido como Niassalândia (parte da então Federação da Rodésia e Niassalândia). Pensei, bem, este país é mais receptivo a novas ideias, e tentei entrar para o aeroclube, porque essa era a única maneira de entrar na aviação com a minha idade. Mas ainda havia muitos sul-africanos em Niassalândia e Rodésia. Os clubes eram muito exclusivos, era muito difícil de se tornar membro. Mas, felizmente para mim, havia um inglês que trabalhava como controlador de tráfego aéreo em Blantyre. Ele tentou me ajudar a voar, mas se deparou com uma série de obstáculos e foi um fracasso. Fui para a Rodésia do Norte (mais tarde

Zâmbia) por conta da dissolução da federação. Felizmente para mim, o mesmo sujeito também se transferiu para lá, e voltamos a nos encontrar. Passamos por muitos problemas, mas acabei conseguindo e me tornei o primeiro não branco do aeroclube. Comecei a pilotar, fiz o curso, obtive uma licença privada e, finalmente, voei.

Karl Gregory é o diretor-geral do site de encontros de sucesso Match.com. Karl nasceu em Malta, como me explicou:

Os turistas costumavam parar em Malta e comprar roupas feitas à mão. Meu pai fornecia toda a lã às pessoas que fabricavam essas roupas. Vender lã em Malta, um país mediterrânico quente, é como vender gelo aos esquimós: tarefa difícil. Mas eles se saíam muito bem. Eu já me interessava pelo negócio quando era jovem, mas sempre que oferecia ideias a ele ou a seus irmãos, eles eram desdenhosos e antiquados. Logo entendi que não seria capaz de operar, viver e fazer negócios em Malta. A essa altura, eu tinha cerca de doze anos, e uma das minhas primeiras decisões foi que eu teria de estudar fora do país. Então, mais tarde, quando me formei, minha segunda grande decisão foi estudar na Universidade de Strathclyde, em Glasgow, onde fiz mestrado em Marketing Internacional.

Sir Colin Moynihan é presidente da Associação Olímpica Britânica. Quando o entrevistei, Colin me disse que sua infância tinha sido longe da navegação, e que ele sentia que tinha muito o que fazer:

O catalisador da ambição e direção na minha vida foi, inquestionavelmente, a perda do meu pai, quando eu tinha dez anos. A partir daquele momento, surgiu a responsabilidade de cuidar de minha mãe e irmã mais nova, além do peso de precisar dar rumo à minha própria vida. E eu estava plenamente ciente, mesmo naquela época, de um extraordinário histórico familiar, em que, depois de doze gerações de Moynihans servindo no exército, meu bisavô foi o único não oficial a conseguir a Cruz Vitória no primeiro dia em que foi concedida pela

Rainha Vitoria na Crimeia. Andrew Moynihan não tinha dinheiro naquela época e veio de uma família que compartilhava uma pequena casa em Leeds. Ele foi informado pelo Duque de Cambridge que, por causa de sua bravura, o Duque educaria seu filho, caso ele algum dia tivesse um. Ele teve, e a promessa foi devidamente honrada. Berkeley Moynihan, meu avô, depois de gerações de ancestrais no exército, decidiu que sua vida deveria ser dedicada a curar as pessoas. Ele passou pela enfermaria de Leeds e disse que os Moynihan já tinham lutado o suficiente; era hora de começar a curar, e acabou se tornando o cirurgião principal de sua época: cirurgião do rei e cirurgião geral na Primeira Guerra Mundial. Ganhou um pariato[3] pelos seus serviços de medicina, mas não se mudou de Leeds. A enfermaria de Leeds era a sua casa. Cresci com essa história de família e, mais extraordinária ainda, a história dos quatro irmãos Moynihan de Tipperary mortos no mesmo dia na Batalha de Malplaquet (1709). Então, é possível dizer que eu estava muito consciente, quando criança, de que havia muito o que fazer depois da morte precoce de meu pai por ferimentos muito graves sofridos na Índia durante a Segunda Guerra Mundial. Todo o dinheiro da família do meu avô estava bloqueado pelo testamento, e o testamento foi diretamente para o meu meio-irmão Anthony (o famoso playboy). Ele pegou todo o dinheiro, e por isso nos mudamos para o bangalô do jardineiro, onde, em uma pequena propriedade de dois quartos, contamos com meus padrinhos para nos ajudar. Minha mãe trabalhava fora, e a vida virou o oposto do estilo que desfrutávamos em Ashtead. A Haberdashers Company, sem que eu soubesse, pagou pela minha educação na Monmouth School.

Nigel Jones é o CEO da Publicis London, uma agência de publicidade, e foi um prodígio do xadrez na juventude. Ele me contou:

---

3 Pariato é um sistema de títulos da aristocracia, que difere de acordo com o país em que esse sistema foi adotado. O pariato inglês, por exemplo, é formado pelos títulos de duque, marquês, conde, visconde e barão. [N.E.]

Tenho muitas teorias e pensamentos sobre xadrez porque tenho jogado, literalmente, durante toda a minha vida. Eu comecei quando tinha cerca de seis anos e joguei quase continuamente até os 24 — duas a três horas por dia, incluindo fins de semana. Foi uma grande parte da minha juventude, na verdade, e não me lembro de uma época em que não jogava xadrez a sério.

Nigel era um dos Jones Boys, três irmãos jogadores de xadrez profissional.

Eu sou o mais velho, depois vem Chris e então o Patrick. Éramos jogadores muito diferentes. Chris nasceu jogador de xadrez; ensinaram a ele como jogar aos cinco anos de idade. Quando tinha cinco anos e um dia, já era um brilhante jogador. Ele era tão bom quanto Nigel Short, e tinha exatamente a mesma idade. Quando eles tinham dezessete anos, acho que Chris foi classificado como o terceiro melhor jogador do mundo com menos de dezoito anos.

Patrick, por outro lado, sempre foi um pouco disléxico. Ele é incrivelmente inteligente e tem até um doutorado, mas ele tem dificuldade com a língua e, quando criança, precisou trabalhar arduamente para se tornar um grande jogador. Ele praticava quatro ou cinco horas por dia e acabou por se tornar também um excelente competidor, quase por pura determinação. Minha habilidade estava em algum lugar entre eles. Ambos me diziam que achavam que minha principal característica era ser a pessoa mais competitiva que já haviam conhecido; eu nunca aceitaria deixar que alguém me derrotasse no xadrez, e foi isso que me motivou.

Vou lhe dizer outra coisa que é um grande condutor na minha vida, tão fundamental que tem sido uma influência em praticamente todas as decisões que tomo: tive um câncer que era supostamente terminal quando tinha dezenove anos, entre a escola e a universidade. Passei por três anos de tratamento, mais de duzentas doses de radioterapia, um ano de quimioterapia, cinco ou seis operações, perdi muito peso e todo meu cabelo. Seja como for, não me matou. Acabou por não ser terminal, obviamente, ou eu não estaria aqui. Acho que sou um dos pacientes com linfoma de Hodgkin em estágio quatro que sobreviveu por mais tempo na Grã-Bretanha. Já estou há mais tempo sem ele do que o tempo que vivi antes dele, na verdade. E isso traz consequências bastante interessantes. Significa que sou uma das poucas pessoas na Grã-Bretanha que fez radioterapia há mais de 25 anos, e os médicos não sabem realmente o que acontece após 25 anos de radioterapia. Portanto, sou uma espécie de experimento, e agora parece que eles pensam que vinte anos é um tempo-chave para a radioterapia — algum tipo de meia-vida fundamental, depois da qual pedaços do corpo que não funcionam há vinte anos voltam a funcionar de repente. É interessante.

David Jones (outro Jones publicitário, mas sem parentesco), o CEO global do Grupo Havas, cresceu em meio a circunstâncias prósperas em Cheshire.

Meu pai era o diretor-geral de uma grande empresa têxtil, e por isso eu tive uma infância feliz e tranquila, com tudo de que precisava. Apesar disso, eu era um idiota e um verdadeiro rebelde. Minha irmã mais velha era um gênio, tirava as melhores notas em tudo. Para dar um exemplo, ela tirou a segunda melhor nota no país nos exames para se tornar contadora certificada. A maioria das pessoas reprova nesses exames a primeira vez, e ela era a número dois na Grã-Bretanha — e ainda assim ficou desapontada, porque ela era apenas o número dois!

Acho que decidi que a única forma de deixar a minha marca era ser um rebelde. Dessa forma, muitas vezes eu me metia em apuros, e meus pais me mandaram aos dezesseis anos para a Índia por três meses, para ficar com minha madrinha que morava lá.

Viajamos em trens de segunda e terceira classe pela Índia, quase fomos sequestrados, ficamos presos nos Himalaias em deslizamentos de lamas, contraímos uma doença muito grave com uma taxa de mortalidade de 98 por cento e fomos hospitalizados. Acho que aquilo me abriu os olhos para o idiota que eu era. Esse foi provavelmente o primeiro passo para me tornar uma pessoa decente.

Eu realmente tinha interesse em negócios e em idiomas, mas o problema era que todos os cursos universitários que combinavam esses dois aspectos na época ofereciam apenas um ano no exterior como assistente de idiomas.

Eu não queria isso. Depois surgiu um novo e brilhante curso que pude cumprir em dois anos numa escola de negócios no Reino Unido e outros dois anos em outra escola de negócios, na Alemanha, estudando ao lado de estudantes alemães, falando alemão. Todos os exames foram no idioma local e não abriram exceções pelo fato de eu não ser alemão. Foi o primeiro diploma em administração de negócios a ser patrocinado pela União Europeia. Eu só tinha dezoito anos.

Isso foi muito bom para mim em vários sentidos. No mundo de hoje, se você for para outros países, está muito conectado. Existem celulares, e-mail, e assim por diante. Mas, naquela época, as cartas eram a única maneira de você se manter em contato com família e amigos, além de um telefonema a cada duas semanas de uma cabine telefônica, algo que custava, em termos de moeda atual, cerca de duzentos euros. Então, me vi sozinho no meio do sul da Alemanha e não fui para casa durante seis meses. Não conhecia ninguém, estava isolado e precisava me defender sozinho.

Não só foi um curso incrível, porque a qualidade da escola de negócios na Alemanha e da educação foi simplesmente soberba, mas foi uma grande experiência a partir dessa perspectiva. A outra consequência foi quando retornei para o Reino Unido e voltei a escrever as provas em inglês; pareceu-me incrivelmente fácil.

Vitaly Vasiliev é o CEO da Gazprom Marketing and Trading, com sede em Londres. Ele cresceu em um ambiente muito diferente. Conforme ele me disse:

Nasci em Moscou. Era uma época muito interessante. Quando a União Soviética entrou em colapso, eu estava na idade universitária. Engraçado, era uma ótima universidade. Havia muitas coisas positivas em termos de educação e conhecimento fundamental. Foi interessante também do ponto de vista da adaptabilidade. Você pode ser rebelde. E pode sempre encontrar uma maneira, mesmo que algo seja proibido ou não permitido. Se tem alguma coisa que não consegue mudar, precisa liderar um movimento que levará à mudança. E eu decidi falar com os outros estudantes, e eventualmente me tornei o líder da Juventude Comunista na escola. Depois, me tornei o líder da própria escola. Como líder da escola, eu tinha poder. Se você quer fazer algo, ser alguém é, na verdade, a chave.

Eu disse aos meus amigos: tenham sonhos! Se quiserem mudança, precisam fazer ou construir alguma coisa. E, na verdade, com isso, você estará me ajudando. Havia uma universidade em particular em que eu sonhava entrar. As pessoas me disseram que era impossível ingressar lá porque era a melhor. E eu pensei, tudo bem, é exatamente isso o que eu quero fazer. Demorei três anos para entrar nela depois de me formar no ensino médio. Estudei lá e depois da formatura entrei para a empresa Gazprom em Moscou.

Simon Calver foi CEO da maior empresa de aluguel de DVD da Europa, a Lovefilm, durante sete anos. Em abril de 2012, juntou-se à Mothercare como CEO. Ele me disse que cresceu rodeado de lojas:

Meu avô era dono de supermercados e meu irmão do meio nasceu no andar de cima de um deles. Assim, desde muito cedo, já éramos encarregados de organizar prateleiras, fazer merchandising, checar estoque. Foi assim que crescemos. A loja era no centro de um pequeno subúrbio de Gloucestershire. E era também o centro das nossas vidas. Para mim, tudo girava em torno do comércio ou do campo de rugby. Foram os dois principais lugares onde crescemos.

Barbara Cassani, famosa por ter sido responsável tanto por levantar a Go Fly (companhia aérea de baixo custo da British Airways) como pela candidatura da Grã-Bretanha para sediar os Jogos Olímpicos de 2012, nasceu nos Estados Unidos. Ela me disse:

Tudo começou há muito, muito tempo. Acho que é relevante mencionar que eu sou a filha mais nova de três irmãos, porque sempre fui uma espécie de pacificadora. Eu, meu irmão e minha irmã éramos muito diferentes. E sempre havia muitas discussões. Eu vim de uma situação familiar muito estressante, cheia de conflitos, e estava sempre tentando descobrir como pacificar as coisas em casa. Por isso, não gosto de conflitos, e entendi isso há bons anos. Acho que foi por causa da minha infância. Mas, dito isso, sou naturalmente uma pessoa muito questionadora. Às vezes, as pessoas pensam que estou à procura de conflitos, mas, na verdade, estou sempre à procura de resoluções, de preferência de uma forma com que todos se sintam bem. Essa é a bagagem cultural que eu trouxe para o mundo do trabalho.

Mudando de rumo

Outras características importantes dos bons decisores que entrevistei são a coragem e a firmeza que demonstraram ao mudar de rumo. Não estou falando de pequenos ajustes, mas sim de medidas muito significativas que os levaram para longe dos campos que lhes eram familiares e onde eles já estavam se saindo muito bem.

Começo com sir Tom Hughes-Hallett, que recentemente anunciou a sua intenção de abandonar o cargo de CEO do instituto Marie Curie após mais de doze anos no comando. Antes disso, durante muitos anos, Tom foi um banqueiro bem-sucedido. Esta é a história dele:

> Sim, eu estava ficando entediado. Abri a seção de classificados do *Sunday Times*. Isso foi em maio de 2000. E havia uma vaga de trabalho anunciada: "Marie Curie procura CEO." E não sei por que, mas recortei o anúncio e coloquei no bolso. Era o bolso de um casaco de tweed. Lembro-me muito bem. Não era um terno. E eu não uso casaco de tweed com muita frequência, só uma vez a cada três meses ou algo assim. À época, eu era administrador dos bens de uma família na Escócia. E, claro, o que você veste para uma reunião para falar de bens de família na Escócia? Um casaco de tweed. Assim, o casaco de tweed voltou a ser usado, talvez oito semanas depois, e eu estava chegando a Heathrow quando o telefone tocou no meu bolso. Tirei o celular e lá estava o anúncio.
>
> Eu olhei para ele novamente enquanto esperava no aeroporto e pensei, sabe de uma coisa? Estou realmente interessado. E então tomei outra boa de-

cisão, que foi não responder ao anúncio. Procurei no site e vi que o CEO era Nicholas Fenn. Tínhamos participado dos arranjos de distribuição de bolsa de estudos Jawaharlal Nehru juntos, cerca de um ano antes. Eu nunca havia conversado de fato com ele, só lembrava do nome. Então, liguei para ele. Eu disse: "Olha, isso é ridículo, provavelmente é tarde demais." Ele respondeu: "Pelo contrário, amanhã vamos fazer uma lista dos principais candidatos." E eu acrescentei: "Bem, não sou de modo algum qualificado." E Nick afirmou: "Não sei por que você diz isso." E me contou que os dois últimos diretores executivos haviam sido um general e um embaixador, então, por que não um banqueiro?

Eu não tinha feito nenhum tipo de pesquisa sobre a caridade. Não fiz nenhuma pesquisa comparativa para ver se eu era a pessoa certa para se candidatar. Mas o meu melhor amigo da época de escola, na Enskilda, com quem trabalhei durante doze anos, morreu de câncer aos quarenta anos. E ele foi cuidado pelo instituto Marie Curie. Então, liguei para a viúva dele, Charlotte, e perguntei se devia me candidatar. Ela disse que eu precisava fazer aquilo. Que era uma organização maravilhosa. Foi o fim da minha pesquisa. É um tanto vergonhoso, realmente. Mas, ao mesmo tempo, o Barclays estava tentando me recrutar para gerir o seu banco privado, e eu fui. Tentei os dois ao mesmo tempo, e ambos os lugares me ofereceram os empregos.

Tive uma reunião de família. Foi uma reunião incomum. Reuni a família, que era então composta por pessoas de 15, 12, 9 e 47 anos. Fizemos a reunião na casa de campo em Suffolk, discutimos, e eles votaram. Tivemos um impasse no júri. As garotas queriam que eu fosse para o Marie Curie. Archie queria que eu fosse para o Barclays porque disse que seus amigos tinham ouvido falar dele, e nunca ninguém tinha ouvido falar do Flemings, que era onde eu trabalhava naquele momento. E o meu mais novo, que é o conservador do grupo, queria que eu ficasse onde estava. Então, as juradas que estavam de acordo ganharam. As garotas ganharam. Porém, eu já tinha decidido de qualquer maneira, para ser honesto com você.

Mas eu pensei que era uma decisão importante para ser tomada em família, e, financeiramente, teria consequências. Estou feliz por ter feito a reunião, porque eles, de certa forma, fizeram parte da minha carreira.

Eu disse ao Tom que ele foi a primeira pessoa com quem falei que descreveu uma decisão democrática, mas expliquei que estava entrevistando principalmente "homens alfa". Sempre vou me lembrar da resposta dele: "Eu faço tapeçaria e toco cravo. Isso deve dizer algo sobre mim."

Disse a ele que, nos Estados Unidos, os acadêmicos que escrevem livros sobre a ciência da decisão indicam quase o mesmo tipo de processo de tomada de decisão que acontecera entre ele e a família. Declarei: "Isso é supostamente o que se deve fazer. Não é visto pelos acadêmicos norte-americanos, pelo menos, como remotamente excêntrico. Mas você é a primeira pessoa que o fez. Todos os outros tomaram as próprias decisões."

Perguntei a ele como se saiu na Marie Curie:

> Foi simplesmente fantástico. Foram os melhores doze anos da minha vida, sem dúvida. Adorei cada segundo. Pensei que ficaria durante cinco anos. Não sou muito bom em planejamento de longo prazo. Não sabia o que faria depois. Mas foi como um flash, e uma viagem fantástica. Eu realmente gostei muito e tomei algumas decisões muito boas, das quais também me orgulho muito.

Em muitos aspectos, sir Nick Young tem uma história semelhante. Ele era advogado público que se tornou sócio de um escritório em Ipswich. Esta é a história de Nick, em suas próprias palavras, sobre como ele foi para a filantropia:

> Eu estava bem, ganhando um bom dinheiro, em um bom grupo de sócios. Eu gerenciava o grupo de advogados locais e também um grupo de jovens da igreja. Estávamos arraigados em uma bela comunidade, então sair seria um grande passo. Eu olhei para todos os tipos de opções e comecei a pensar mais e mais sobre a filantropia. Acabei por ir em frente e telefonei para a entidade filantrópica mais próxima que consegui encontrar em Ipswich, que era a Fundação Sue Ryder, dirigida por lady Ryder de Varsóvia, uma das grandes filantropas do nosso tempo.
>
> Liguei para a Fundação e fiquei um pouco assustado por ter sido direcionado para lady Ryder em pessoa. Disse-lhe que só queria falar com alguém sobre

como é trabalhar em uma instituição de caridade. Lady Ryder respondeu: "Ah, bem, venha me encontrar e falar comigo então! O que vai fazer amanhã?"

Então, literalmente no dia seguinte, eu estava na sala dela – uma mulher pequena, com grandes olhos – em seu pequeno escritório no Sue Ryder Home, em Cavendish, Suffolk, cercada por pilhas de papel. As pessoas iam e vinham, e havia uma sensação de estar mesmo no centro daquela realidade. Conversamos durante toda a tarde e a maior parte da noite sobre o trabalho dela: criação de lares para pessoas com câncer e doença do neurônio motor, e o seu trabalho durante a Segunda Guerra Mundial como membro da SOE (Executiva de Operações Especiais[4]). Ela passou muito tempo na Europa Oriental, ajudando as vítimas dos campos de concentração no final da Guerra. Era uma história incrível, uma história muito comovente, fascinante e interessante de se ouvir.

E eu nunca vou esquecer aquela tarde, porque era julho em Suffolk, e, enquanto eu ia embora, havia um grande sol vermelho atrás de um dos clássicos campos de milho de Suffolk. Tive uma sensação fortíssima (foi tão forte que tive de parar o carro) de que eu tinha sido escolhido para estar ali, no lugar certo. Era onde eu deveria estar! Então, comecei a dar aconselhamento jurídico gratuito para ela e o marido, Leonard Cheshire (detentor de uma Cruz Vitória), fundador das Cheshire Homes. Ele era uma figura, um homem fabuloso, e será considerado um santo algum dia. Também organizei algumas angariações de fundos, ajudando-os com seus vários projetos, principalmente na Ânglia Oriental e arredores.

Eles costumavam me telefonar uma vez por mês e dizer: "Sr. Young, nós temos uma vaga; quando é que vem trabalhar para nós?" Bem, em tese, eu estava muito atraído pelas propostas, mas eles não tinham muito dinheiro. Significaria uma queda de setenta por cento no meu salário. Eu ficava fumando cigarros pelo parque, preocupado e aflito com isso, até que minha querida esposa Helen me disse um dia: "Querido, pelo amor de Deus, você adoraria esse trabalho, dê uma chance. Podemos vender a casa, podemos nos livrar da

---

4 Uma guerrilha secreta de Churchill montada com o objetivo de atacar, castrar e matar nazistas. [N.E.]

> hipoteca; você pode sempre voltar para a advocacia se isso não der certo." E foi assim que acabei trabalhando para Sue Ryder. No primeiro dia, dirigi com ela madrugada afora até uma das novas aquisições, uma bela casa senhorial chamada Staunton Harold Hall, em Leicestershire. O meu trabalho era transformar aquilo em um lar para a fundação. Foi o primeiro projeto de construção dentre os muitos que gerenciei; participei de todas as etapas, desde a aquisição, passando por planejamento, construção, nomeação de funcionários e engajamento de pessoas locais na administração do lar, para que pudéssemos passar a responsabilidade para elas no futuro. Cada casa era uma espécie de projeto de dois anos. Eu administrava cerca de quatro ou cinco ao mesmo tempo, e eu realmente adorava tudo aquilo, desde o início.

Sir Nick foi da Fundação Sue Ryder para a Cruz Vermelha britânica, de lá para o Macmillan Cancer Support (onde recebeu o título de cavaleiro) e por fim retornou para o cargo de liderança na Cruz Vermelha. Sobre o seu trabalho atual, diz ele:

> E é isso que o torna tão divertido, e é por isso que eu ainda estou aqui onze anos depois, por que onde eu encontraria outro trabalho mais interessante, mais desafiador, mais emocionante? Absolutamente todos na organização acreditam apaixonadamente no que estão fazendo e no papel que desempenham. Não há um emprego melhor no Reino Unido. Provavelmente, nem no resto do mundo.

David Urquhart é agora bispo de Birmingham e membro da Câmara dos Lordes. Ele era anteriormente um executivo da BP. Ele me contou como essa mudança aconteceu:

> Eu passei seis anos maravilhosos na BP e tive seis trabalhos diferentes, todos em planejamento econômico ou marketing, e minha função basicamente era me livrar das coisas. Tudo o que ocorria depois do planejamento, e era muito bom. Ia ser o trabalho da minha vida.

Entendendo a minha mudança de direção, tenho sido influenciado, não tanto por visões e ideias, mas por pessoas; além do meu compromisso com a fé cristã. Eu tinha um grande conhecimento da Bíblia, porque essa foi a educação que recebi. Eu não tinha vindo de uma família cristã praticante fervorosa, mas as pessoas em Uganda [onde morou durante o período Idi Amin em um ano sabático depois da faculdade para trabalhar em um projeto das Nações Unidas para ajudar pessoas com deficiência] que tinham tempo para ouvir e conversar sobre a vida, e como vivê-la, especialmente as que tinham alguma deficiência física, eram muito contundentes.

No que diz respeito à mudança de rumo de uma carreira empresarial, foram os pais das crianças que participavam dos clubes para jovens, onde eu voluntariava nas ruas de Middlesbrough, que me influenciaram. Eles eram majoritariamente trabalhadores siderúrgicos desempregados e, me vendo fazer trabalho voluntário com jovens, perguntaram: "Por que você não faz isso em tempo integral?" E assim as sementes do que eu faço agora foram semeadas enquanto eu operava em um modo de vida completamente diferente. Acabei saindo, fiz mais alguns trabalhos na BP, depois fui entrevistado pela igreja, entrevistado pelo conselho em Oxford, e foi-me dito que podia estudar lá, assim, me desliguei completamente da BP.

Perguntei ao David se havia algum caminho rápido para o sacerdócio anglicano. Não há. Ele descreveu a sua carreira na igreja da seguinte forma:

Desista do seu emprego, volte a estudar por dois anos, volte para a universidade, faça um curso de pós-graduação em Oxford. Aos 32 anos, fui ordenado em York para trabalhar em Hull. Foram quase cinco anos de treinamento, e então fui para Hull, trabalhei na cidade por mais cinco anos, tentei estabelecer uma igreja no centro da cidade, e então eu fui para Coventry como vigário. Fui a Birkenhead como bispo sufragâneo e, há cinco anos, vim para Birmingham para ser bispo.

Anteriormente, paramos a história de Ellen MacArthur no momento em que ela tinha economizado cada centavo para comprar seu primeiro barco, com a extraordinária carreira em navegação de oceanos e quebra de recordes esperando por ela no futuro. É um sacrilégio não escrever sobre todas as suas realizações e recordes, mas ela própria o fez brilhantemente no seu livro *Full Circle* (2010). Vamos retomar a história de Ellen, quando ela estava prestes a tomar a sua segunda decisão importante:

> Foi a maior decisão que já tomei na minha vida. E nunca pensei que pararia o que estava fazendo, porque eu adorava. Era o meu sonho desde os quatro anos de idade. Eu estava vivendo nesse mundo incrível, com pessoas incríveis, realizando projetos que eram simplesmente impressionantes. Estávamos fazendo tudo o que eu sonhava. Eu poderia conseguir qualquer quantia de dinheiro para fazer o projeto de navegação que quisesse — havia acabado de quebrar o recorde de volta ao mundo; aquele era o ponto em que podia fazer qualquer coisa, literalmente.
>
> Mas foi nesse momento que percebi uma coisa pela primeira vez. Quando você navega ao redor do mundo usando os recursos que tem, se esforça para economizá-los ao máximo, senão nunca quebrará o recorde e nunca terminará o trajeto. Aprendi a definição da palavra "finito". O que você tem é tudo o que há; a 2.500 milhas de distância da terra, você não pode parar para buscar mais recursos.
>
> E eu nunca tinha parado para pensar nisso em terra, nunca, nem uma única vez. Quando saí do barco na linha de chegada, comecei a questionar se o mundo era diferente daquilo. Sabe, no final da minha viagem eu pude parar e reabastecer os 475 litros de diesel que alimentam dois computadores e piloto automático muito facilmente. Fiquei realmente impressionada, foi mais ou menos como olhar em uma bola de cristal e enxergar claramente o futuro. Eu tinha duas escolhas: poderia ignorar, deixar aquela visão de lado e continuar navegando ao redor do mundo, o que era meu trabalho dos sonhos, ou poderia arriscar e aprender.
>
> Eu escolhi aprender, e iniciei uma jornada de cinco anos até o lançamento da fundação, conversando com cientistas, especialistas, professores, CEOs

e agricultores sobre como usamos os recursos; como os recursos alimentam nossa economia. Desde viajar a produzir alimentos — tudo. E esses recursos são absolutamente essenciais para tudo o que fazemos; desde gerir um hospital até cultivar alimentos; desde construir um automóvel até abastecê-lo. Quero dizer, o elemento dos transportes, o elemento dos materiais, o elemento das energias, tudo está interligado. Adoro aprender, e, quanto mais aprendo, mais envolvida me torno.

Visitei usinas elétricas, falei com engenheiros, falei com peritos. Tudo o que descobri me fascinou. Quanto mais eu aprendia, mais pensava como temos um grande desafio pela frente. Eu peguei o relatório da Agência Internacional de Energia (AIE) de 2008. É um relatório que dá orientações a 29 governos em todo o mundo, incluindo os EUA, a Austrália e a maioria dos países europeus. O relatório, que foi chamado de *World Energy Outlook*, afirma que temos "cerca de quarenta anos de petróleo (convencional) sobrando". Li o resumo executivo e fiquei absolutamente impressionada. Aquele tempo correspondia à minha idade. Tudo o que fazemos envolve o uso do petróleo, e isso me fez perceber que precisamos encontrar uma maneira diferente de operar, pois a dependência desse material poderia ser de quarenta anos, poderia ser de oitenta anos, mas ninguém acha que será possível ir além disso. Era essa a questão, e foi isso que eu entendi na minha vida no barco. Finito significa finito — não há mais nada depois que acaba.

O ponto da virada para mim foi quando estava pesquisando o carvão. Tinha investigado o petróleo, tinha investigado outros materiais e estava começando a investigar tudo o que está envolvido com energia. Passei a pesquisar sobre o carvão e, em uma visita a uma grande central elétrica a carvão, fiquei no queimador e olhei para uma catedral de canos de 180 metros de altura — o queimador estava sendo reparado pelos engenheiros. Eu estava lá junto a eles e aos soldadores que o estavam consertando, absolutamente encantada. Foi como descer pelas minas. Aquilo me lembrou meu bisavô, que era mineiro e passou cinquenta anos da vida dele nas minas da fronteira de Derbyshire e Leicestershire. Ele ainda era vivo quando eu era criança.

Eu costumava sentar no colo dele e ouvia as suas histórias de mineração. Ele falava sobre os cavalos de mineração, que, quando não trabalhavam mais e eram "aposentados", ficavam próximos da mina e os mineiros guardavam as crostas de seus sanduíches para dar para aqueles cavalos, porque tinham trabalhado juntos. Tinham trabalhado no subsolo durante anos. Ele me contou todas essas histórias.

O site da Associação Mundial do Carvão, quando pesquisei naquele ano, dizia que ainda restavam 118 anos de carvão. Não é um número exato, não tem como ser. Mas pensei no meu bisavô. Ele ficou vivo até meus onze anos e nasceu exatamente 118 anos antes daquele ano. Foi isso que me convenceu. Fui ao encontro do desafio mais importante da minha vida.

Destaques das entrevistas

Antes dessas entrevistas, nunca tinha associado o processo de tomada de decisão diretamente com sonhos e determinação. Eu o via como algo mais funcional e episódico. Agora percebo como estava errado. Também não tinha compreendido a relevância da força de vontade para a tomada de decisão (veja Ellen MacArthur e Paddy Eckersley) ou autonegação (por exemplo, Tom Hughes-Hallett, sir Nicholas Young e bispo Urquhart).

O livro *Willpower: Rediscovering the Greatest Human Strength* (2011), de Baumeister e Tierney, faz algumas afirmações surpreendentes sobre o grau de formação do caráter que pode ser alcançado se negarmos a nós mesmos todo tipo de mimo e "frutos proibidos". Os autores também encontram uma explicação científica para esse sentimento de bem-estar que vem (de acordo com eles) da dieta e do exercício. Aparentemente, o ego freudiano pode ser esgotado por excesso e indulgência, mas você pode construir de volta o "tônus muscular" do ego, fazendo as coisas certas. Sabiamente, o livro diz para não tentar desistir de todos os maus hábitos ao mesmo tempo!

Quanto à autonegação, publiquei um texto sobre o assunto no ano passado. Ainda não tinha lido Baumeister e Tierney na época, então minha visão era mais compassiva do que encorajadora.

Artigo do blog:

Desistir — a palavra mais triste

Há muitos tipos de decisões, mas a desistência é uma das mais difíceis. "Desistir" em inglês é traduzido como *give up*, o que é conhecido como *phrasal verb*, expressões compostas por um verbo e uma partícula de outra categoria gramatical que formam uma unidade de significado único. No inglês, a maioria dos *phrasal verbs* que terminam em "up" são extremamente positivos, por exemplo:

- *Grow up* (crescer);
- *Go up* (subir/aumentar);
- *Change up* (mudar);
- *Talk up* (promover);
- *Lighten up* (iluminar);
- *Make up* (reconciliar-se);
- *Cheer up* (animar);
- *Warm up* (aquecer).

Mas *give up* no sentido de abandonar alguém ou alguma coisa (com exceções, como *desistir* de situações prejudiciais) tem conotação de perda e privação.

A decisão de desistir encerra o caminho para muitas coisas que valorizamos.

Desistir de algo deixa marcas na memória, mas nenhuma expectativa posterior.

Decidir desistir pode ser muito difícil.

Conceitualmente, é muito mais atraente decidir fazer, ir, tentar, experimentar ou ver algo novo. Quando confrontados com uma série de opções, é muito mais atraente contemplar o novo do que a perda do antigo. De alguma forma, a equação de risco e recompensa não é equilibrada quando a escolha é entre um futuro brilhante e a promessa de não voltar atrás.

Quando seu parceiro, amigo ou colega optar pela desistência, por favor, seja solidário e compreensivo.

É sempre uma decisão difícil.

2. PESADELOS

Estabelecer um equilíbrio entre ser tolerante com os erros e compreender os sinais de perigo que indicam que uma decisão pode dar errado

> *Na escola, aprendemos que os erros são ruins e somos punidos por cometê-los. No entanto, se olharmos para a maneira como os humanos são projetados para aprender, veremos que aprendemos cometendo erros. Aprendemos a andar caindo. Se nunca caíssemos, nunca andaríamos.*
>
> **ROBERT T. KIYOSAKI,** 1945-, INVESTIDOR E AUTOR NORTE-AMERICANO
>
> — CRIADOR DA SÉRIE *PAI RICO, PAI POBRE*

Todos os desastres são causados por um dos ou todos os seguintes três erros (Paul Nutt, *Why Decisions Fail*, 2002):

1. Se antecipar no julgamento
2. Usar indevidamente os recursos
3. Aplicar táticas propensas a falhas

É o medo de tomar uma decisão muito ruim que inspira tantas boas decisões. Este capítulo é sobre o espectro das decisões desastrosas. O comportamento humano é influenciado por muitas motivações positivas, desde a promessa de um paraíso, vantagem econômica e felicidade plena, até as melhores práticas e a própria sobrevivência (coisas que os gurus corporativos não elencarão juntas, mas sejamos honestos...). Ele também é comprovadamente estimulado tanto pelos maus exemplos disponíveis de onde as coisas correram mal quanto pelo medo do fracasso. Nas páginas que se seguem, falo sobre esse aspecto, usando alguns dos posts do meu blog e assinalando as Armadilhas de Decisão mais óbvias que ficam à espreita. Os erros são inevitáveis. Somos humanos. Estamos também sujeitos a todo tipo de vicissitudes e má sorte, sobre as quais pouco ou nada podemos fazer. O problema é cometer erros desnecessários (como cair em uma armadilha de decisão bem conhecida) e erros que saem caros ao bolso.

Quando comecei a escrever este livro, tive de olhar muito além do mundo dos clientes e agências que conheço melhor. Para compreender a importância de uma boa tomada de decisão, era importante olhar para pesadelos *reais* e aprender com eles. Nesse contexto, olhar para desastres corporativos históricos, como o da Enron, era essencial. Também considerei exemplos mais recentes: o colapso do Lehman Brothers e o efeito dominó da crise do sistema bancário, quando os bancos foram salvos da extinção por causa da intervenção do governo e do banco central. Depois, considerei os recentes desastres de relações públicas, como o derramamento de petróleo da Deepwater Horizon da BP em 2010, e o pesadelo seguinte da News International.

Acadêmicos e jornalistas se esforçaram para encontrar explicações. Teriam sido a ganância e a malícia colocadas à frente do raciocínio lógico? (Para a Enron ou, em escala menor, os esquemas Ponzi de Bernard Madoff e Allen Stanford, a resposta certamente seria sim.) Poderíamos argumentar que o escândalo das escutas ilegais da News International também recai nessa categoria. Ou será que essas catástrofes tiveram origem em uma má gestão (por exemplo, Arthur Andersen, Lehman, os bancos)? Ou será que a culpa é do uso de uma técnica de tomada de decisão defeituosa? A BP parece ser um bom exemplo de má tomada de decisão, se isso não for uma contradição.

As companhias petrolíferas convivem com risco e controvérsia desde a época de Rockefeller. Escavar em busca de petróleo, trazê-lo para a superfície ou para a costa, refiná-lo e transportá-lo: tudo isso apresenta dificuldade e perigo. Além disso, o valor do petróleo para o mundo desenvolvido é tal que todos os grandes atores da indústria petrolífera são de fato politicamente poderosos e proeminentes — tão cortejados quanto odiados.

Infelizmente, explosões podem ocorrer em plataformas petrolíferas. A perda de vidas humanas é trágica, mas não é totalmente evitável, mesmo em uma era em que a segurança é valorizada. Apesar dos esforços para tampar o poço, havia a certeza da poluição. A área afetada no Golfo do México não poderia ter tido maior visibilidade, e tanto os danos ambientais quanto os danos à reputação da BP foram muito graves. Mas é certo que se pode argumentar que o tratamento dado pela BP às comunicações sobre a crise deixou muito a desejar, sobretudo porque ela não era a única culpada. A Transocean era a proprietária da plataforma e, na verdade, outras empresas, incluindo a Halliburton (uma empresa controversa por si só após o escândalo na Nigéria no ano anterior) também foram diretamente implicadas como operadoras da plataforma. É quase certo que foi a falha de comunicação, não o desastre em si, que custou a Tony Hayward seu cargo de CEO. Mas Hayward está agora voando alto com seu novo – e aparentemente muito lucrativo – empreendimento. Será que lorde Browne (o famoso antecessor de Hayward) teria sido mais firme na linha de fogo? Muito provavelmente sim, dados seus doze anos como CEO e vasta experiência em mídia. Talvez a BP seja a real culpada, por não dar a Hayward mais apoio e preparação no momento de crise.

Trabalhei como consultor da Royal Dutch Shell logo após seu *annus horribilis*, em 1995. Foi o ano em que a Shell se deparou com o opróbrio mundial devido ao despejo no mar da enorme plataforma Brent Spar e a possível cumplicidade da empresa na perseguição ao povo Ogoni pelo governo nigeriano no Delta do Níger, que culminou na execução do líder rebelde Ken Saro-Wiwa. Mark Moody-Stuart tornou-se presidente da empresa em 1998 e estava determinado a tomar medidas para reduzir a impopularidade da Shell entre os formadores de opinião, grupos de pressão e ativistas de ONGs de todo o mundo. O sentimento negativo em relação à Shell era particularmente forte, por exemplo, na Alemanha e na Austrália. O conselho de administração da Shell ficou atraído pela ideia de uma campanha global de TV que promovesse os benefícios que a empresa e seus produtos geravam para o consumidor. Se bem me lembro, o custo teria sido algo entre 200 milhões e 250 milhões de libras. Quase certamente, foi uma decisão terrível. Pode ser que a publicidade tenha sido contraproducente, fornecendo ainda mais munição para os inimigos da empresa. No evento, a equipe de que eu fazia parte ganhou o dia. Eu tinha sido contratado por Tom Henderson, ex-jornalista, que havia chegado à Shell para trabalhar em um projeto específico e ficou por sete anos. Pesquisas mostraram que as pessoas que realmente precisávamos influenciar eram pouco mais de 1.500 globalmente. Fizemos um pitch e escolhemos a agência de relações públicas Fishburn Hedges e a agência de publicidade JWT (uma decisão corajosa e interessante). A campanha que se seguiu (popularmente conhecida como "Shell are nice people"[5]) foi uma iniciativa de assuntos corporativos para o primeiro ano, além de alguns anúncios de estilo editorial em publicações como *The Economist* e *Der Spiegel*. Mas foi só no segundo ano que a divulgação na TV e publicidade impressa começou, quando o feedback da pesquisa estava começando a parecer encorajador. A campanha foi um sucesso reconhecido junto aos consumidores e ao público, fez maravilhas pela moral interna, ajudou no recrutamento e funcionou durante vários anos.

O que podemos dizer sobre a News International? O Inquérito Leveson[6] eventualmente acabará em um relatório, que provavelmente será severamente crítico em relação à cultura de intrusão e espionagem ilegal, o mesmo comportamento que foi o *modus operandi* dos jornalistas que divulgaram as notícias nos tabloides. Inevitavelmente, os membros do parlamento têm sido a praga da empresa. Podemos apenas especular sobre o quanto disso tem sido uma forma de trazer justiça ao povo e o quanto tem sido vingança pelo escândalo das despesas, originalmente exposto pelo *Daily Telegraph*. Estes foram dois posts que escrevi no blog no auge do drama *News of the World*. Previ corretamente o lançamento do *Sun on Sunday*!

---

5 Em tradução livre, "O pessoal da Shell é legal". [N.E.]

6 Uma investigação sobre os abusos cometidos pela imprensa britânica. [N.E.]

Artigo do blog:

Fechar o jornal escrito em língua inglesa mais vendido do mundo — eis uma grande decisão

Subi as escadas do salão da JWT ontem com o máximo de energia que estou conseguindo emanar esses dias. A festa de verão da Sociedade de Marketing estava a pleno vapor, muitos amigos antigos para rever e o meu novo artigo do blog pronto para ser lançado.

Então, alguém me disse que o *News of the World* estava para fechar. A última notícia que tive quando deixei o escritório foi que a edição de domingo seria impressa sem propaganda, o que parecia um pouco extremo. Mas o NotW desaparecer completamente... isso era uma notícia grande.

E o que deve ter acontecido ontem no bunker da News Corporation? Uma decisão muito importante, com certeza! Vou ser honesto. Eu não estava presente. Nem Rupert nem James me ligaram.

O que se segue é uma tentativa especulativa de relacionar um evento momentâneo com a minha teoria sobre tomada de decisão e de analisar o que deve ter acontecido. Pelo menos estou em boa companhia: há um batalhão de jornalistas que já se expressaram e escreveram sobre o fechamento – e eles também não estavam lá.

O objetivo da News Corporation? A menos que eu e todos aqueles jornalistas estejamos muito enganados, havia dois:

- tentar apaziguar a tempestade envolvendo o hackeamento de informações;
- evitar danos colaterais a outros ativos da News Corporation e, em particular, à proposta de compra de 61 por cento das ações da BSkyB.

Opções: note que os três caminhos possíveis a seguir preveem doses generosas de remorso e expressões de horror e repulsa pelo que foi feito em nome do jornal:

1. Não fazer muita coisa, falar sobre a polícia e os inquéritos públicos, e aguentar o tranco.
2. Oferecer Rebekah Brooks como sacrifício e trazer uma nova estrutura de gestão para o jornalismo do Reino Unido.
3. Fechar tudo.

Em qualquer análise, fechar o jornal pareceria ser a derrocada mais negativa. Afinal, o opróbrio público e governamental vai ser um problema contínuo, qualquer que seja o cenário. Mas fechar uma instituição lendária (e ainda muito lucrativa) significava que a News International sofreria um grande golpe em custos publicitários e financeiros, além de muitas demissões.

Então, por que o fizeram?

Será que não pensaram na primeira opção? Sim, porque são impiedosos.

Teria sido inconcebível demitir a CEO? Não, porque são impiedosos.

Eu acredito que eles escolheram fechar o NotW pelas seguintes razões:

- No contexto de um jogo de xadrez da News Corporation, em relação ao Reino Unido, teria sido um sacrifício de um bispo. Globalmente, apenas um peão.
- Foi a estratégia com a maior chance de desviar as críticas sobre o papel da empresa no escândalo em andamento e potencialmente prolongado de invasão de privacidade e, em termos de

vantagem, a que mais provavelmente manteria a proposta para a BSkyB na mesa.

- Não exclui o uso dos trabalhadores da NotW, das prensas e da cadeia de distribuição para o lançamento do Sun on Sunday – ou o que quer que seja.

A ironia é que o maior risco que a News Corporation está correndo é que a má publicidade não suma. Os Murdoch, *pere et fils*, estão apostando alto na sua habilidade (como uma organização cujo produto são as notícias) de gerir más notícias.

Artigo do blog:

Fechar o *News of the World* não foi uma "decisão comercial". Rupert Murdoch, 19 de julho de 2011.

Uau! Chame-me de cético.

É uma declaração e tanto a ser feita por um proprietário de um jornal perante o Comitê de Cultura, Mídia e Esporte. O sr. Murdoch, como todos sabemos, prosseguiu dizendo que o jornal estava fechado "porque tinha quebrado a confiança de seus leitores".

Assim, o fechamento não foi uma decisão *comercial*, e o jornal – presumivelmente na forma de seus jornalistas e editores – tinha decepcionado seus leitores. "Estranho, cada vez mais estranho", pensa o aspirante a cientista da decisão que vos fala.

Se você é a News International e seu jornal de maior circulação está enfrentando um furacão de categoria cinco, seu negócio, o preço de suas ações e sua reputação estão todos sob ameaça. Se você responde dando o passo extremo de encerrar a existência do jornal e torna a equipe dispensável, é difícil ver a decisão como algo que não seja comercial. Murdoch presumivelmente fechou o *News of the World* para evitar ainda mais problemas.

Analisando essa decisão com base nas evidências até agora, parece que ele superestimou o lado positivo e subestimou o negativo.

Se a motivação era restaurar a confiança dos leitores, é possível dizer que privá-los dos escândalos nas publicações de domingo foi uma forma estranha de fazê-lo. Quantos leitores do *News of the World* compravam seus exemplares todos os fins de semana animados pela confiança no que estavam prestes a ler?

Não é errado estar errado

Muitos de nós nos culpamos por estarmos errados. Talvez você faça isso. Deve pensar, também, que alguém que está comprometido em espalhar a palavra sobre as melhores maneiras de tomar decisões melhores rejeitaria o erro e o atacaria em todas as suas formas. Porém, eu não o farei. Acho difícil imaginar como poderíamos simplesmente estar certos o tempo todo. Sabemos que cometer erros é a forma como aprendemos.

Há um livro fantástico chamado *Being Wrong* (2011). Foi escrito por uma jornalista norte-americana chamada Kathryn Schulz. Ela diz que não é um livro de autoajuda, mas eu acredito que seja. A única coisa de que realmente discordo é da sua afirmação de que "Estudos de Decisão" deveriam ser renomeados para "Estudos de Erro", porque a maioria dos livros na área são sobre decisões ruins e as lições que podemos aprender com elas. Que aprendemos muito com as más decisões é inegável. Mas estou plenamente convencido de que é possível ensinar boas práticas de tomada de decisão e, o que é mais importante, boas práticas que podem ser usadas universalmente. Mas, à parte disso, recomendo enfaticamente o livro de Schulz. É útil, interessante e extremamente bem escrito.

Gostei especialmente desta fala dela: "A diferença entre estar errado sobre a compra de um carro e estar errado sobre armas de destruição em massa é a diferença entre 'ops' e uma 'crise militar global'."

O que é ROD (*Return on Decision*[7])?

No Capítulo 4, falo sobre os recursos necessários para uma decisão e como é importante ser rigoroso:

- Ser claro no seu objetivo.
- Ter bons dados e inteligência – e continuar procurando por mais.
- Definir um foco – e, se necessário, continuar redefinindo até que o problema esteja verdadeiramente delimitado.
- Estruturar as opções mais viáveis para resolver o problema.
- Identificar as vantagens e as desvantagens de cada opção.
- Analisar a relação risco-recompensa, garantindo que você não se deixará levar pela atratividade de uma opção se ela tiver uma desvantagem perigosa.
- Ponderar cuidadosamente a recompensa e o risco e, em seguida, tomar a decisão.

Essa é a melhor maneira de tomar a melhor decisão.

As pessoas falam pouco sobre medir a qualidade de uma decisão *depois* de ela ter sido tomada. Se o nosso objetivo é tomar uma decisão melhor, como é que medimos isso? No que se refere às decisões, inventei uma regra de ouro de "melhor qualidade". É muito simples e funciona em uma base percentual.

---

7 Retorno sobre a decisão. [N.E.]

A resposta é o ROD. Se a sua decisão corresponde às suas expectativas, você atingiu uma pontuação de 100. Se você só conseguiu cinquenta por cento do que queria, então atingiu 50.

Claramente, para julgar isso, você primeiro tem de ter definido seu objetivo — qual seria a taxa de cem por cento de sucesso. A medição é obviamente progressiva:

- O primeiro teste é como a decisão se desdobrará internamente e, se o afetado for apenas você, como você se sente com relação à decisão que tomou. Então, vamos dizer que um "até agora tudo bem" é cem.
- Assim, quando você entrar no momento de implementação, poderá julgar graus de aparente sucesso em vários estágios. Progressos reais: 100, ou possivelmente 115-120. Encontrar um obstáculo pode, por exemplo, diminuir esse nível para 70 ou mesmo 50. A ação corretiva deve, então, elevar a pontuação de volta para, digamos, 80.

Pode até ser um cálculo não lapidado, mas isso importa? Pelo menos fornece uma disciplina de medição e enfatiza que qualquer decisão é uma jornada, não um único passo.

Mas não erre muitas vezes

Ninguém está sempre certo. Simplesmente, não é possível tomar boas decisões o tempo todo, nem isso ajudaria o processo de aprendizagem. Pela própria natureza das coisas, aprendemos com os nossos erros. A sabedoria que vem dos nossos erros é tão útil quanto os lucros de algumas excelentes decisões.

Mas isso não quer dizer que não importa se as suas decisões são certas ou erradas. É claro que importa. A métrica do *Return on Decision* é um elemento vital na responsabilização da nossa tomada de decisão.

Assim como toda decisão ponderada é uma jornada, também nosso registro de tomada de decisão de médio e longo prazo é iterativo. Mas, para que haja sentido, tem de haver algum tipo de hierarquia de seriedade. Ao fazer essa avaliação, o ROD (consequência) da decisão precisa ser levado em conta junto com a dificuldade ou a habilidade de colocar o aprendizado em prática para retificar o problema. Veja alguns exemplos de decisões erradas que podem ser revertidas:

- Ao escolher uma equipe que perde uma partida, você poderá fazer uma seleção mais eficaz na próxima semana. Você perdeu uma batalha, não a guerra.
- Diante de um investimento imprudente ou uma aposta perdedora, você ainda poderá recuperar a perda no devido tempo.
- Fazer uma campanha publicitária com um desempenho ruim não é necessariamente motivo para demitir o Chief Marketing Officer (CMO). Há sempre outras ideias e, se necessário, outras agências.

No entanto, a dimensão temporal é importante:

- Contrate um perdedor e isso pode levá-lo a três caminhos: mau desempenho do indivíduo, pagamento de indenização, custo de oportunidade.
- Organize férias no resort errado e arruinará o recesso de toda a família naquele ano.
- Intervenha no Iraque, no Afeganistão ou na Líbia e você terá um compromisso com vidas, custos e reputação, sem limite mensurável para o lado negativo.

Onde, então, no processo de decisão podemos cometer erros caros? A resposta: em quaisquer dos elementos, ou na maioria deles. Você não pode se dar ao luxo de fazer concessões:

- na clareza sobre seu objetivo;
- na coleta das melhores informações possíveis;
- na definição e solução de problemas;

- na construção do melhor conjunto de opções;
- na honestidade sobre os aspectos negativos e os aspectos positivos;
- na avaliação de riscos e recompensas.

Se eu tivesse de escolher um ponto crítico para evitar grandes erros (aqueles que são difíceis de corrigir), olharia diretamente para as desvantagens potenciais de qualquer plano em que estivesse interessado. Nos três primeiros erros acima, o lado negativo é aquele com o qual você pode conviver no curto prazo. Nos três últimos, as desvantagens são graves.

Às vezes, as pessoas tomam decisões muito ruins

A maioria dos livros sobre tomada de decisão contém um catálogo de pesadelos. Exemplos óbvios incluem:

- Barbarossa — A invasão da Rússia por Hitler que lhe custou a guerra. Principal Armadilha de Decisão: condenado a repetir as experiências (incapacidade de aprender com a história, nesse caso, a campanha igualmente catastrófica de Napoleão).
- A Baía dos Porcos — O fiasco do presidente Kennedy em Cuba. Armadilha de Decisão: fracasso do grupo (recusa em aceitar que um grupo de pessoas seriamente brilhantes pode estar errado).
- O colapso da Enron. Armadilha de Decisão: ilusão (Lay e Skilling se convenceram de que não seriam descobertos).
- A gestão das finanças do Reino Unido por parte do governo Brown. Só temos espaço para algumas Armadilhas de Decisão nesse caso:
  - » Otimismo indevido > otimismo em relação aos resultados e cegueira para um desastre potencial.
  - » Ignorar possíveis resultados negativos > subestimar os riscos e assumir que tem muito mais controle sobre eventos futuros do que realmente tem.
  - » "E se" > não ser rigoroso o suficiente na análise de cenários possíveis.

» Cegueira frente aos resultados > incapacidade de aceitar más notícias.
» Orgulho político > insistir em uma política quando ela, obviamente, fracassou.

Essas foram decisões RUINS famosas.

Também me preocupo com decisões questionáveis que podem piorar situações ruins. Por exemplo, quando Chris Huhne teve de renunciar ao governo e John Terry perdeu o posto de capitão do time de futebol da Inglaterra. Não estou falando sobre as más decisões que Huhne ou Terry possam ter ou não ter tomado.

O que liga essas duas figuras muito conhecidas, além do fato estranho de que nenhum deles é particularmente popular ou amado? Ambos foram acusados de uma ofensa criminal, e havia um sentimento prevalecente de que ambos eram culpados antes de os casos chegarem ao tribunal.

Costumávamos ter o hábito de presumir que alguém é inocente até que se prove o contrário. Quando é que perdemos esse princípio? E por quê? E por que decisões aparentemente ruins implicam culpa aos olhos das massas?

Como explicamos decisões muito ruins?

O início de 2012 foi um período de decisões difíceis. Para citar apenas duas:

- O infame tratado de extradição com os Estados Unidos (EUA) no caso Christopher Tappin não rendeu nenhuma credibilidade ao Secretário de Estado para Assuntos Internos, ao governo como um todo, aos juízes britânicos ou ao pobre Tribunal Europeu dos Direitos Humanos.[8]

---

8 Christopher Tappin é um empresário inglês acusado de vender baterias para armas ao Irã. Ele foi extraditado aos EUA, o que levantou um grande debate a respeito das leis de extradição inglesas e dos direitos humanos em casos de extradição. [N.E.]

- Será que o regime sírio tinha algum fragmento de legitimidade antes da decisão de atacar o centro de imprensa temporário em Homs, onde Marie Colvin encontrou seu fim prematuro? Provavelmente não. Mas agora estão verdadeiramente condenados, com o presidente Assad enfrentando um futuro tão sombrio quanto o seu povo oprimido.[9]

Como devemos reagir a decisões como essas? É possível fazer uma análise racional? Ou será melhor confiarmos no instinto para condená-las sem mais nem menos?

Usando uma perspectiva um pouco mais ampla...

O sr. Tappin é acusado de estar envolvido na venda de baterias para mísseis ao Irã. Se ele tem de responder judicialmente por alguma coisa ainda é um mistério. O tratado de extradição não exige a apresentação de provas no Reino Unido. Então, o sr. Tappin foi considerado culpado, escoltado para os EUA e levado para uma prisão de segurança máxima. Não foi uma boa decisão de David Blunkett, Secretário de Estado para Assuntos Internos à época em que o tratado foi "negociado". Não foi uma grande decisão daquele governo se submeter docilmente à demanda dos EUA. Acredito que as Armadilhas de Decisão envolvidas foram:

- Falta de controle do Partido Trabalhista que estava no poder quando cedeu às ordens dos Estados Unidos. Ele não foi capaz de definir o problema adequadamente e foi indevidamente influenciado pela forma como o governo dos EUA apresentou a questão. Também houve falha na previsão do futuro. Certamente não teriam concordado com a legislação se tivessem previsto o tipo de casos que surgiriam desse precedente.
- O governo e os juízes? Excesso de confiança no próprio julgamento.

9 Marie Colvin foi uma jornalista norte-americana que em 2012 entrou ilegalmente na Síria para cobrir a guerra civil que estava acontecendo lá. Ela foi morta na cidade de Homs, depois de sua última transmissão para a BBC na noite de 21 de fevereiro de 2012. [N.E.]

Quanto ao regime sírio, não vale a pena discutir em que Armadilhas de Decisão caíram. Muita imprudência? Custos irrecuperáveis? Não aprender com os erros?

Precisamos apenas do nosso instinto para analisar essa decisão. Estamos olhando para o que acontece quando o verniz de civilização é removido do comportamento humano. Assad e companhia estavam fora de controle quando decidiram bombardear os mensageiros. Agora? Certamente, é apenas uma questão de tempo antes da libertação para o país que sofre e da punição para os malfeitores.

Por que fazer coisas que não são uma boa ideia?

A economia comportamental nos diz que, muitas vezes, podemos ser motivados por um "empurrãozinho" para agir de uma forma que não se enquadra no estereótipo de interesse econômico próprio. Em outras palavras, podemos ser tentados por vantagens alternativas.

Mas fazer algo quando sabemos que há uma desvantagem muito óbvia é uma coisa completamente diferente. Digamos que estejamos falando de ações imprudentes ou aparentemente ilógicas na nossa vida fora do trabalho. Algumas dessas ações não serão sequer o resultado de decisões ponderadas: não são equívocos, mas erros mais instintivos.

Mas, em outros casos, terá havido uma decisão consciente de ignorar uma desvantagem bastante óbvia e seguir em frente de qualquer maneira em um curso de ação que não parece fazer muito sentido.

Ora, se podemos agir assim quando não estamos trabalhando, também somos capazes de tomar más decisões e de agir de forma insensata nos horários de trabalho? A resposta tem de ser "sim". É improvável que o processo de tomada de decisões ruins seja compartimentado e etiquetado em caixas de "somente à noite e fins de semana".

Temos também de acrescentar o baixo desempenho às deliberações ruins. Todos os dias, ao que parece, o sistema de transmissão entre o cérebro e o corpo falha conosco em menor ou maior grau. Podemos falhar em fazer a coisa certa ou lógica tanto por uma falha de destreza ou memória quanto por falta de vontade ou de boa tomada de decisão.

Nem os grandes filósofos nem você deveriam se surpreender com o que foi dito acima. Afinal de contas, estamos falando de seres humanos, sujeitos cuja genialidade e fragilidade são igualmente distribuídas – muitas vezes, à mesma pessoa.

Nem mesmo as pessoas religiosas podem discordar. Os cristãos, por exemplo, estão bem cientes de que nos Dez Mandamentos há apenas duas injunções positivas (santificar os domingos e dias de guarda e honrar pai e mãe), enquanto as outras oito são todas compostas por "Não [faça determinada coisa]", sugerindo que Deus não tinha ilusões sobre nosso provável comportamento.

A minha mensagem aqui, suponho, é que as possibilidades de tomar decisões erradas ou de cometer erros são tantas que, se quisermos realmente ser bem-sucedidos, é imperativo levar o processo de tomada de decisões a sério.

Só precisamos de regras quando algo é difícil e quando há uma grande diferença entre fazer corretamente e fazer incorretamente. Para tentar garantir que tomemos sempre a melhor decisão possível, precisamos de regras, e, caso duvide disso, veja a justificativa acima!

Acho que há aqui um grande problema. Vemos isso claramente em esferas nas quais os líderes tendem a ser pessoas que se destacaram em sua escalada. O militarismo, a medicina e, particularmente, a política são profissões hierárquicas, nas quais é difícil desafiar a tomada de decisão que vem de cima. Os subordinados inteligentes são inibidos tanto pelas regras de status quanto pela reputação de especialista que o homem ou a mulher acima deles provavelmente tem.

Em seu livro de 2009, *59 Seconds*, Richard Wiseman disse: "O pensamento irracional ocorre quando as pessoas tentam tomar decisões em grupos, e isso pode levar a uma polarização de opiniões e a uma avaliação altamente tendenciosa de uma situação."

Norman Dixon disse algo semelhante em seu divertido livro de 1994 *On the Psychology of Military Incompetence* (ver Capítulo 8). Ambos aludiam a uma Armadilha de Decisão bem conhecida: o fracasso em grupo. Há uma suposição de que, quando há pessoas inteligentes envolvidas, boas escolhas resultarão automaticamente. Mas está bem documentado que muitas pessoas talentosas trabalhando em conjunto podem frequentemente falhar na gestão do processo de tomada de decisão em grupo.

Entrevistei Ellis Downes, um cirurgião ginecológico e obstetra do hospital Harley Street, que me disse como ele e seus colegas estavam preocupados com um nível inaceitável de erros na sala de operação. Acontece que a maioria desses erros haviam sido cometidos pelo membro mais experiente da equipe (o cirurgião) e ninguém ousava dizer nada. Alguém teve a brilhante ideia de conversar com outras equipes que trabalham com situações críticas para buscar uma solução. A melhor analogia, afinal, foi com a tripulação de voo da British Airways. A BA tinha decidido que a tomada de decisão – especialmente o processo de resolução de problemas – era importante demais para ser uma prerrogativa exclusiva do capitão. Assim, o primeiro oficial, o navegador e o engenheiro têm direito de serem ouvidos como iguais. Então, agora, quando o prestigiado ginecologista está operando, o enfermeiro mais jovem tem permissão para falar se sentir que algo não está certo.

Por que os poderosos caem tantas vezes?

O artigo "Frontal Cortex" do blog de Jonah Lehrer, de 18 de maio de 2011, foi inspirado pela queda de Dominique Strauss-Kahn. A pergunta de Lehrer era por que razão as pessoas bem-sucedidas se comportam de forma diferente quando estão no poder e por que parece que às vezes abandonam as características admiráveis que contribuíram para a sua elevação. Ele acredita que o poder corrompe, tornando os líderes menos compreensivos e atenciosos. Veja o exemplo de Lehrer:

> Considere um experimento recente liderado por Adam Galinsky, psicólogo da Universidade Northwestern. Galinsky e colegas começaram pedindo aos

> sujeitos que descrevessem uma experiência em que tinham muito poder ou um período em que se sentiam totalmente impotentes. Então, os psicólogos pediram que desenhassem a letra E nas próprias testas. Aqueles que tinham sentimentos de poder eram muito mais propensos a desenhar a letra ao contrário, pelo menos da perspectiva externa de visualização da letra. Galinsky argumenta que esse efeito é desencadeado pela miopia do poder, o que torna muito mais difícil imaginar o mundo a partir da perspectiva de outra pessoa. Nós desenhamos a letra ao contrário porque não nos importamos com o ponto de vista dos outros.

O artigo de Lehrer é, principalmente, sobre comportamento, mas inclui um exemplo realmente interessante de como a influência maligna do poder pode afetar a tomada de decisão:

> Um dos meus estudos favoritos sobre a corrupção do poder vem de Deborah Gruenfeld, psicóloga da Stanford Business School. Ela estava interessada em como as posições de poder alteram nosso processo de raciocínio. Depois de analisar mais de mil decisões proferidas pela Suprema Corte dos Estados Unidos entre 1953 e 1993, Gruenfeld descobriu que, à medida que os juízes ganhavam poder na corte ou se tornavam parte de uma coalizão majoritária, seus pareceres por escrito tendiam a se tornar menos complexos e sutis. Eles consideravam menos perspectivas e possíveis resultados. A má notícia, naturalmente, é que os pareceres por escrito vindos das posições de poder são o que se tornam a lei na vida real.

Dois aspectos desse caso me fascinam:

1. Se aceitarmos a análise de Gruenfeld sobre o que os juízes fazem na Suprema Corte, parece que pessoas poderosas simplificam seu processo decisório. Isso contrasta com o fenômeno que analisamos no blog em 10 de junho de 2011, de pessoas que procuram fazer com que os problemas pareçam mais complicados do que precisam ser. Talvez essa seja a

diferença entre os tomadores de decisão que já são líderes e as pessoas aspirantes à liderança.

2. Se os juízes seniores estão analisando menos resultados e menos opções, isso ocorre porque se importam menos com o que as outras pessoas pensam? Parece que eles são jogadores de xadrez com um plano, mas com pouca inclinação para analisar a mente do seu adversário.

O excesso de otimismo tem muito ao que responder. Por que tantos livros e artigos se concentram em desastres, e não na receita do sucesso? É mais fácil criticar e analisar os desastres do que as decisões que correram bem. Mas é difícil ignorar a escala de desastres famosos decorrentes da má tomada de decisão. Por exemplo, houve vários livros, bem como uma peça de teatro, escritos sobre a Enron — um dos fracassos corporativos mais espetaculares de todos os tempos. A história militar está cheia de pesadelos, e milhões de palavras foram escritas sobre os famosos desastres britânicos na Crimeia, no Afeganistão, na África e em Flandres. Até os generais sortudos eventualmente fracassam.

Napoleão tem uma frase famosa: "Nada é mais difícil, e, portanto, mais precioso, do que ser capaz de decidir." Avenidas e estações de metrô em Paris homenageiam suas grandes vitórias, a maioria das quais se concretizou porque ele era um solucionador de problemas nato e tomador de decisão dedicado. Mas ele sempre será lembrado pelo episódio de Moscou e por ter sido derrotado em um dos raros exemplos da história de cooperação anglo-germânica, em Waterloo, que naturalmente se tornou o nome de uma estação ferroviária no sul de Londres, em vez de no sul de Paris. Os humanos são naturalmente otimistas e o sucesso os torna ainda mais confiantes. Se você tivesse as famosas vitórias em Montenotte, Mondovi, Lodi, Castiglione, Arcole, Rivoli, Mantua, Pirâmides, Aboukir, Marengo, Ulm, Austerlitz, Friedland, Eckmühl, Essling, Wagram, Lützen, Batzen, Hanau, Champaubert, Montmirail, Montereau, Rheims e Ligny, poderia ser perdoado por ter errado a previsão do tempo na Rússia ou por não ter antecipado a chegada dos prussianos à Bélgica.

Schadenfreude[10] é outro fator. Quando Napoleão disse "Por que um homem como eu deveria se preocupar com o destino de um milhão de pessoas?", ele deveria esperar uma retaliação. Nem todos encararam a humilhação que ele sofreu em Santa Helena como trágica. Há, naturalmente, decisões ruins e decisões erradas. Não podemos controlar os resultados, então, o que parece uma boa decisão em um primeiro momento pode acabar mal. Da mesma forma, é sempre provável que um processo ruim resulte em uma decisão errada. Não podemos dizer às pessoas o que decidir, mas podemos encorajá-las sobre a maneira como decidir. É disso que se trata este livro. É um livro de "Como fazer", além de "Por que isso acontece".

Os políticos são, muitas vezes, os clássicos tomadores de decisão que não resolveram o problema primeiro. Quando os partidos se preparam para as eleições e projetos de governo, eles tendem a partir da premissa de "O que precisa ser mudado?". Após isso, seguem para o mata-mata pelas manchetes. Não é feita qualquer tentativa de refletir sobre a decisão em termos de resolução de problemas ou de viabilidade. Tudo o que importa é atrair o apoio dos eleitores.

Escrevi o seguinte texto após as manifestações urbanas de agosto de 2011.

Você já se perguntou por que tantas decisões falham?

No Reino Unido, e à medida que tentamos encarar a turbulência financeira e as manifestações nas nossas ruas, o país está gritando por algumas grandes decisões. No entanto, as nossas expectativas não são elevadas. Já estamos desapontados com nossos líderes. Por que é que as decisões – mesmo as que são tomadas pelos grandes e bons – muitas vezes não funcionam?

A tomada de decisão é uma jornada, não simplesmente algo que se resolve apertando um botão. É mais parecido com uma partida de xadrez do que com um mergulho de cabeça. Muitas pessoas, especialmente pessoas poderosas, não entendem isso e, muitas vezes, tendem a fazer uma bagunça.

10 Estado de felicidade ao ver o fracasso de outra pessoa. [N.E.]

Acredito que somos prisioneiros de culturas educacionais e empresariais poderosas. A maior parte da nossa educação é uma rotina de agregar aprendizados: tentar absorver o máximo de conhecimento possível. Somos encorajados a atuar sozinhos. Somos testados no que sabemos, não no que fazemos com o conhecimento. Ninguém recebe nenhum tipo de aprendizado sobre tomada de decisão.

Nos negócios, a ênfase está no trabalho em equipe. As operações e os pensamentos solos são desaprovados. As nossas agendas estão cheias de reuniões intermináveis. Temos pouco tempo para pensar. As reuniões não são concebidas como fóruns para a tomada de decisão.

Tanto na educação como nos negócios, há pouco incentivo para que o indivíduo tome decisões... a menos que você seja muito importante!

Não há magia nas decisões. Nós as tomamos a todo momento. O que importa é fazê-lo da maneira certa e depois gerir os resultados.

Vamos desfazer alguns mitos. Uma política não é uma decisão. Um objetivo não é uma decisão. Uma ideia não é uma decisão. Fazer algo por si só não é uma decisão. Somente querer que algo aconteça (estabelecendo uma política ou concordando com um objetivo) não vai fazer com que aconteça. As ideias – por mais poderosas que sejam – precisam ser testadas e implementadas. As ações podem falar mais alto do que as palavras, mas não constituem uma decisão a menos que essa decisão tenha sido tomada adequadamente.

E há mais dois mitos a serem abordados. Ser decisivo não é necessariamente bom. Ficar em cima do muro nem sempre é uma coisa ruim ou um sinal de fraqueza. Existe um juízo de valor na percepção de que ser resoluto é um atributo positivo de líderes, gerentes e afins. Os meios justificam o fim? Quão decisiva é uma pessoa caso as decisões tomadas por ela estejam erradas?

Pode parecer entediante e chato, mas não há substituto para um bom processo de tomada de decisão.

Linguagem importa

Vimos anteriormente a influência de uma palavra como "decisivo". As decisões em si são frequentemente controversas, antes mesmo de se saber o resultado. Quando sabemos o que realmente aconteceu como resultado de uma decisão, tendemos a ser ainda mais críticos.

É possível observar como isso é subjetivo a partir dos adjetivos usados pelos comentaristas (muitas vezes, críticos de sofá) das decisões de outras pessoas. Vamos dividi-las em quatro categorias:

1. Aprovação da tomada de decisão positiva
2. Desaprovação da tomada de decisão positiva
3. Aprovação da cautela
4. Desaprovação da cautela

Aqui vai:

1. Aprovação de uma decisão positiva:
   - » corajoso;
   - » valente;
   - » decisivo;
   - » forte;
   - » ousado;
   - » audacioso;
   - » destemido.
2. Desaprovação de uma decisão positiva:
   - » imprudente;
   - » arriscado;
   - » descuidado;
   - » agressivo;
   - » irresponsável;
   - » desajuizado;
   - » apressado.

3. Aprovação de uma decisão cautelosa:
    - » responsável;
    - » sábio;
    - » astuto;
    - » prudente;
    - » sensato;
    - » racional;
    - » ponderado.
4. Desaprovação de uma decisão cautelosa:
    - » conservador;
    - » indeciso;
    - » nervoso;
    - » avesso ao risco;
    - » fraco;
    - » tímido;
    - » irresoluto.

Percebe o que quero dizer? No momento em que comentamos uma decisão ou a capacidade de decisão de alguém, tendemos a entrar diretamente em um juízo de valor. Isso acontece principalmente nos grupos polarizados:

- Velho *vs.* jovem.
- Homens *vs.* mulheres.
- Pessoas do nosso lado *vs.* o inimigo (por exemplo, na política).
- Jogadores/fãs *vs.* juízes e árbitros.
- Eles *vs.* nós (todas as categorias).

Acho que precisamos desenvolver um vocabulário mais neutro que nos permita reconhecer um bom processo de resolução de problemas e de tomada de decisão. Não é necessariamente corajoso acentuar o lado positivo e ignorar o negativo. Da mesma forma, não é um sinal de fraqueza considerar a desvantagem de uma opção antes de entrar em ação. É um bom equilíbrio refletir antes de se jogar e ter uma visão ampla dos fatores, tanto positivos como negativos.

Parece chato, eu sei. Mas isso não é outro juízo de valor?

Por que é que todos nós somos suscetíveis a fazer "coisas estúpidas"? As decisões são tomadas por razões racionais e emocionais, mas a maior parte do material acadêmico assume uma racionalidade implacável. Então, se é necessário tanto esforço para tomar uma decisão correta, por que, às vezes, agimos irracionalmente, de forma estranha ou contrária aos nossos próprios interesses?

A teoria de Stanovich

Eu li um artigo interessante sobre esse assunto escrito por Kurt Kleiner, da Universidade de Toronto, na revista da universidade (edição de verão, 2009). Ele estava analisando o livro *What Intelligence Tests Miss: The Psychology of Rational Thought*, do professor Keith Stanovich (2009), um colega dele. A especialidade de Stanovich é o estudo da inteligência e da racionalidade. Ele diz:

> A razão pela qual as pessoas inteligentes podem algumas vezes ser estúpidas é porque inteligência e racionalidade são diferentes. Há um conjunto restrito de habilidades cognitivas que rastreamos e a que chamamos inteligência. Mas isso não é o mesmo que comportamento inteligente no mundo real.

Ele inclusive chegou a cunhar um termo para descrever a incapacidade de agir racionalmente apesar de uma inteligência adequada (definida como um bom desempenho nos testes de QI): "dysrationalia". Resumindo a tese de Stanovich, Kleiner escreve:

> Somos todos "avarentos cognitivos" que tentam evitar pensar demais. Isso faz sentido do ponto de vista evolutivo. O ato de pensar requer tempo, uso intensivo de recursos e, por vezes, é contraproducente. Se o problema em questão é

> evitar o ataque de um tigre-dentes-de-sabre, você não vai querer gastar mais que um segundo decidindo se vai saltar para o rio ou subir em uma árvore. Então, desenvolvemos um conjunto de heurísticas e vieses para limitar a quantidade de poder cerebral que dedicamos a um problema. Essas técnicas fornecem respostas imperfeitas e imediatas que estão certas na maior parte do tempo — mas nem sempre.

Stanovich tem outra teoria fascinante. Kleiner escreve:

> Para entender de onde vêm as diferenças de racionalidade entre as pessoas, Stanovich sugere pensar na mente como tendo três partes. A primeira é a "mente autônoma", que se envolve em atalhos cognitivos problemáticos. Ele chama isso de "processamento Tipo 1". Acontece rápida e automaticamente e sem controle consciente.
>
> A segunda parte é a "mente algorítmica". Ela se envolve no "processamento Tipo 2", o pensamento lento, laborioso e lógico que os testes de inteligência medem. A terceira parte é a "mente reflexiva". Ela decide quando se contentar com os julgamentos da mente autônoma e quando pedir a contribuição da maquinaria pesada da mente algorítmica. Parece que a mente reflexiva determina o quão racional você é. Pode até ser que sua mente algorítmica esteja pronta para atirar com toda a munição, mas ela não pode ajudá-lo se não for ativada.

Quando e como sua mente reflexiva entra em ação estão relacionados a uma série de traços de personalidade, incluindo se você é dogmático, flexível, de mente aberta, capaz de tolerar ambiguidade ou meticuloso. "A pessoa inflexível, por exemplo, tem dificuldade em assimilar novos conhecimentos", diz Stanovich e completa: "As pessoas com grande necessidade de um ponto final fecham as situações na primeira solução adequada que aparece. Chegar a uma solução melhor exigiria mais esforço cognitivo."

Felizmente, o pensamento racional pode ser ensinado, e Stanovich acha que o sistema escolar deveria gastar mais esforços nisso. O ensino do pensamento científico e estatístico básico ajuda, assim como ensinar estratégias de pensamento mais gerais. Estudos mostram que uma boa maneira de melhorar o pensamento crítico é pensar no oposto de uma situação. Uma vez enraizado esse hábito, ele irá ajudá-lo não só a considerar hipóteses alternativas, mas também a evitar armadilhas como os vieses de ancoragem, de confirmação e de referência unilateral.

Se Stanovich e Kleiner estiverem certos, a teoria explica bastante coisa. Ela apoiaria Norman Dixon em sua teoria sobre as forças armadas e a hipótese da Armadilha de Decisão do fracasso em grupo, sugerindo que não só os grupos de pessoas brilhantes tomam decisões ruins – pessoas brilhantes podem agir irracionalmente por conta própria sem ajuda.

Há também um eco da teoria do Jogo Interior do Tênis, de Tim Gallwey (ver Capítulos 6 e 9), na qual ele fala sobre dois "eus" (o Self 1 seria o pensador e locutor, e o Self 2 seria o ouvinte e o fazedor).

O Self 2 é instintivo e competente, mas tende a ser dominado pelo Self 1, que está sempre racionalizando e dando conselhos indesejados. E todos nós temos um colega inteligente, mas inflexível, que não está interessado em acolher nenhuma ideia nova. Em geral, sinto-me atraído pela visão de mundo de Stanovich. Poderia ser a explicação para decisões loucas, a queda dos poderosos e muito mais.

Armadilhas de Decisão

Agradeço a contribuição de dois livros precursores na nomeação das Armadilhas de Decisões: *Decision Traps* (1989), de Russo e Schoemaker, e *Why Decisions Fail* (2002), de Paul Nutt. A maioria das melhores armadilhas crônicas foi abordada em um ou ambos os livros. A publicação da *The Harvard Business Review*, "Making Smarter Decisions" (2007), trouxe mais algumas, além de confirmar a importância das mais conhecidas. Algumas poucas das que listei abaixo foram cunhadas e definidas por mim mesmo. Já encontramos algumas das armadilhas destrutivas:

- Ignorar a análise – informação demais ou tempo insuficiente para analisar corretamente.
- Ancoragem – ser muito influenciado pela primeira informação ou visão que recebemos.
- Análise SWOT (*Strenghts, Weaknesses, Opportunities and Threats* [forças, fraquezas, oportunidades e ameaças]) equivocada – leitura errada de uma análise SWOT.
- Confirmação de evidências – acreditamos e concordamos com as pessoas que pensam como nós.
- Desvio ético – ignorar questões e ângulos éticos.
- Fracasso em grupo – grupo disfuncional que toma decisões ruins, apesar de ser formado pelas pessoas certas.
- Sobrecarga de informações – mais dados e informações do que você pode lidar.
- "Subcarga" de informações – acreditar que você tem conhecimento suficiente para prosseguir, quando na verdade precisa de mais inteligência e pesquisa.
- Falta de controle do enquadramento – tentar resolver o problema errado.
- Cegueira frente aos resultados – incapacidade de aceitar más notícias.
- *Gung-ho* – imprudência; apressar a decisão e empobrecer a implementação.
- Orgulho político – manter uma estratégia quando, obviamente, ela já falhou.
- Paralisia por pressão – obter o enquadramento de referência errado por conta de pressão externa.
- Atalhos míopes – depender de informações que estão à mão ou são bem conhecidas.
- Custos irrecuperáveis – continuar numa rota sob a influência de esquemas ou rotas que já custaram dinheiro.
- Otimismo indevido – ser otimista em relação aos resultados e cego para um desastre potencial.

- Uso excessivo de "e se?" – não ser suficientemente rigoroso na análise de cenários possíveis.

É hora de olharmos para mais algumas Armadilhas de Decisão que nos desviam de nosso caminho para o sucesso.

Condenado a repetir a experiência

Quando você começa a levar as tomadas de decisões a sério, torna-se uma segunda natureza seguir um processo sensato:

1. Ter clareza no seu objetivo.
2. Usar os melhores dados e inteligência disponíveis – e continuar procurando por mais.
3. Fazer o enquadramento – e, se necessário, continuar a delimitar até que o problema esteja verdadeiramente definido.
4. Estruturar as opções de tomada de decisão mais viáveis.
5. Identificar as vantagens e desvantagens de cada opção.
6. Analisar risco e recompensa, garantindo que você não vai se deixar levar pela atratividade de uma opção se ela tiver uma desvantagem perigosa.
7. Tomar a decisão, tendo cuidadosamente ponderado a recompensa do lado positivo e o risco do lado negativo.
8. Comunicar.
9. Implementar.

Mas a natureza abomina as lacunas e também os planos com nove itens. O que está faltando? Aprendizado e feedback. Ser meticuloso e sistemático ao tomar uma decisão e executá-la pode levar tempo e sugar sua energia. É fácil esquecer de acompanhar o que acontece a seguir. É igualmente fácil não discutir o aprendizado e dar feedback às partes interessadas, membros da equipe, chefes etc.

Daí decorre que uma das armadilhas mais comuns para a tomada de decisão é aquilo que chamamos de "condenados a repetir a experiência". É a recusa em aprender com os erros. É não acompanhar o rastro de sucesso ou fracasso deixado por uma decisão tomada, ou fazer isso de forma desonesta. O nome para esta armadilha é, em si mesmo, uma corrupção da famosa citação do filósofo norte-americano George Santayana: "Aqueles que não se lembram do passado estão condenados a repeti-lo."

Bons exemplos dessa Armadilha de Decisão:

1. Quando saímos à noite e nos excedemos. Essas ocasiões podem ter consequências duradouras, bem como a inevitável ressaca a curto prazo que chega logo na manhã seguinte.
2. Tomar decisões sob a influência de estimulantes e estímulos além do álcool – drogas, libido, raiva, desespero.
3. Qualquer tipo de aposta – exceto aquelas feitas por apostadores mais experientes e sistemáticos.
4. Agências que perdem muitos pitches e prestam mau serviço aos seus clientes.

E, já que estamos falando de publicidade, Santayana também tinha uma citação para isso: "A publicidade é o substituto moderno do argumento; a sua função é fazer com que o pior pareça melhor."

Tente evitar a maior armadilha de todas: ignorar o lado negativo

Isso acontece quando o tomador de decisão subestima as possíveis desvantagens. Quando digo "desvantagem" ou "lado negativo", também estou me referindo a danos colaterais, publicidade negativa, divisões na equipe da casa etc.

É provavelmente o erro mais comum quando falamos de decisões, dadas as inclinações inatas do homem de se manter positivo. Esqueça *Homo sapiens*. Às vezes, penso que *Homo optimisticus* teria sido um nome melhor para a espécie.

Quando você tira um tempo para refletir sobre uma decisão, é natural que se entusiasme com o lado positivo. Quanto mais entusiasmado estiver com o resultado que projetou mentalmente, menos atenção você dará às preocupações, aos problemas e a outros aspectos negativos.

Suponha que esteja interessado em comprar uma nova propriedade e estabeleça os três critérios seguintes:

- uma área melhor;
- mais espaço;
- design e acabamento superiores — digamos, em banheiros e cozinha.

Você encontrou propriedades promissoras em cada categoria, mas:

- a casa na área melhor não tem jardim ou espaço externo;
- a casa maior está meio detonada e precisa de reforma;
- a casa mais bem-acabada não é maior do que a que você já tem.

Mantendo-se dentro desse enquadramento de decisão, não é difícil elaborar as prioridades e lidar com os conflitos. Você pode, por exemplo, chegar a uma escolha entre o melhor endereço (boa rua, bom potencial de investimento e existência de um parque nas proximidades) e a casa maior (mais espaço, e a família pode fazer as reformas e redecoração por conta própria). Mas, nesse tipo de situação, é fácil esquecer as potenciais desvantagens que já foram discutidas e descartadas apenas em prol de seguir adiante na decisão:

- Podemos mesmo pagar a mudança? Para qualquer uma dessas casas?
- Perderemos o contato com os vizinhos que têm sido a maior parte da nossa vida social?
- Como as crianças vão lidar com as novas escolas?

Não há resposta fácil aqui, especialmente se os pontos positivos se tornarem mais influentes do que os possíveis pontos negativos. A melhor maneira de evitar uma ilusão quanto ao lado negativo é enfrentar cada uma das potenciais desvantagens. Continue fazendo a si mesmo as perguntas difíceis ao mesmo tempo em que pondera sobre o brilho do lado positivo de cada opção. Só escolha a nova casa se estiver satisfeito em conviver com a pior desvantagem que tenha identificado.

E isso sem mencionar as questões de financiamento. Não admira que as pessoas decidam ficar onde estão!

Aversão à perda

Há um princípio de economia comportamental chamado "aversão à perda". Esse é o fenômeno que descreve o fato de as pessoas serem mais motivadas a se agarrarem a algo conhecido do que a ir atrás da possibilidade de obter algo novo. É uma faceta da possessividade. Acredito que isso também pode se transformar em uma Armadilha de Decisão.

A aversão à perda nos profissionais de marketing é o motivador para vários pitches. Eles odeiam a ideia de que sua marca possa estar em declínio. E, sejamos realistas, as marcas naturalmente perdem o interesse do consumidor. Isso é seguido por uma queda no volume de vendas e de participação no mercado. O diretor de marketing sente a necessidade de ressuscitar a marca problemática. Ele ou ela frequentemente decide que apenas uma análise de agência resolverá o problema.

Vejo inúmeros relatórios de pitches otimistas que basicamente afirmam que determinada marca vai crescer/ganhar participação/ser um sucesso estrondoso novamente, mas sem muita indicação sobre como e por quê. O objetivo é claramente expresso, porém, é raro haver provas concretas de que a recuperação daquela marca é algo provável. Raramente haverá novos insights comportamentais. Seja qual for a série de problemas que tenha contribuído para o declínio da marca, ela provavelmente não estará devidamente elaborada no relatório.

Portanto, o pitch é anunciado, e é claro que as agências respondem entusiasticamente — apesar de o relatório não ser muito convincente. Por quê? Porque esse é um mercado incrivelmente competitivo, e ganhar novas contas é realmente importante.

As Armadilhas de Decisão nesse cenário? Para o cliente: chamo isso de otimismo indevido (apostando em um resultado favorável). Para as agências: cegueira no enquadramento (propondo-se a resolver o problema errado) ou ignorar o lado negativo (estão tão ocupadas sonhando com a chance de ganhar a conta que não pensam muito sobre a pequena chance de a marca atingir seu objetivo).

Quais são as chances de um pitch como esse levar a um resultado brilhante no mercado? Não são altas. Na minha opinião, as probabilidades seriam mais favoráveis se as agências participando do pitch fossem requisitadas a contribuir para a resolução do problema a partir do briefing, em vez de serem limitadas a encontrar respostas criativas para as perguntas erradas.

Estar muito ocupado

Ocupado é o oposto de ocioso? Ou o oposto de eficaz?

Quando uma decisão não corre bem, as pessoas dão uma variedade de desculpas. Elas falam sobre ação competitiva ou eventos externos, desastres, contratempos ou pura má sorte. Além de sugerir, levemente, que talvez algumas dessas eventualidades pudessem ter sido previstas, não há muito que se possa dizer para alguém que está convencido de que não teve culpa.

Outras desculpas tendem a relacionar-se com o próprio processo de tomada de decisão:

- Não tínhamos informações suficientes para dar seguimento.
- Tínhamos informação demais. Foi muito confuso.
- Determinadas pessoas não puderam participar da reunião principal.
- Ele/ela veio para a reunião do dia 26 de julho e determinou que seria assim.
- O chefe disse que não haveria problema, mas talvez...

- Contratamos aqueles consultores e achamos que tínhamos de dar ouvidos a eles, mas...
- Talvez não tenhamos explorado opções suficientes.
- Analisamos opções demais, foi difícil manter o foco.
- Estávamos tão entusiasmados com o lado positivo dessa opção que provavelmente subestimamos o potencial de catástrofe.
- Estávamos tão preocupados com as desvantagens que provavelmente fomos negativos demais.

No entanto, a desculpa mais comum de todas é (e há algumas variantes familiares):

- Eu estava muito ocupado.
- Ele estava muito ocupado.
- Ela estava muito ocupada.
- Estavam todos muito ocupados.
- Estávamos todos muito ocupados.

É uma coisa engraçada essa ocupação toda. "Ocupado" é uma palavra que usamos por várias razões:

- por orgulho (eu sou tão ocupado, sou indispensável);
- como desculpa para não fazer qualquer coisa;
- como um ataque a alguém que acreditamos não ser tão ocupado como nós.

Estou cada vez mais convencido de que estar ocupado, embora, sem dúvida, lhe dê mais status do que estar ocioso, não substitui a eficiência ou a eficácia. Em nenhum outro lugar isso é mais verdadeiro do que no mundo da tomada de decisão. As decisões devidamente ponderadas são, por natureza, importantes. Todas as etapas-chave do processo merecem o máximo de consideração e concentração. É difícil entender como um membro de uma equipe de tomada de decisão pode estar ocupado demais para dar sua atenção integral a cada um dos importantes passos desse processo. Se alguém estava muito ocupado, isso não é desculpa. É uma admissão de culpa. É também uma Armadilha de Decisão.

Fique atento à decisão antecipada

Já comentamos sobre decisão antecipada. Não é uma Armadilha de Decisão clássica, mas é igualmente negativa. Quanto mais profundamente eu estudo a ciência da tomada de decisão, mais certo estou de que decisões antecipadas são insidiosas e capazes de dar má fama ao processo de tomada de decisão, e de tornar as pessoas cínicas.

Essa é uma maneira educada de descrever uma restrição a certas opções: em um processo de tomada de decisão, é a determinação aberta ou encoberta (muitas vezes encoberta) de um dos líderes de levar a decisão por um caminho e não por outro. Estou falando das fases iniciais, antes de qualquer tentativa de equilibrar aspectos positivos e negativos. Para ser considerada uma decisão antecipada, tem de ser tomada antes da análise de riscos e recompensas.

Esse é um raciocínio muito simples, mas tão importante quanto o conceito de limitadores. Um limitador é um fator que restringe ou exclui as opções de um tomador de decisões. Quando a decisão envolve uma compra, por exemplo, a falta de fundos pode ser um limitador significativo. O tempo (no sentido de não ter tempo ou disponibilidade) é outro fator que restringe as opções no início. A decisão antecipada não é, por definição, uma decisão equilibrada. Veja três exemplos:

Autoridade política

O governo do momento decide sobre uma política, e ela é transmitida por um ministro ou o primeiro-ministro em um discurso em algum lugar, ou tipicamente em uma entrevista em um jornal de domingo. É publicado um livro verde.[11] Seguem-se as "consultas" e as "sondagens", mas essas irão, no máximo, alterar os pormenores. A decisão política já está tomada. Segue-se um livro branco[12] e o processo legislativo. Não há ponderação das vantagens e desvantagens de uma série de opções. Não há outras opções na mesa. É uma decisão antecipada.

Escolher uma equipe esportiva

A seleção no esporte envolve análise multivariada. Uma equipe de críquete só pode ter um número finito de batedores ou lançadores, e um goleiro é normalmente suficiente. Para os times de rugby ou futebol americano, é necessário equilibrar a distribuição entre a retaguarda, o meio de campo e a linha ofensiva. Uma decisão equivocada tomada por um presidente de um determinado time de incluir ou excluir da equipe um "adolescente problemático" ou um jogador particularmente versátil pode reduzir significativamente o espaço de manobra e enfraquecer a seleção final. É uma decisão antecipada.

Escolher uma agência (entrando no território familiar do autor que vos fala)

Se um diretor de marketing insiste em incluir na lista final de candidatos uma agência que não tem chances realistas de ganhar, o pitch em si perde o sentido, e o lugar que poderia ser ocupado por um concorrente dinâmico é desperdiçado. Há também pitches em que boas agências são dispensadas por conta da presença de alguma agência considerada referência na lista de concorrentes. Qualquer pessoa tem o direito de trazer uma visão preconcebida a um processo. Mas é essencial que o preconceito seja declarado abertamente de forma que a decisão antecipada não seja vinculativa aos outros.

---

11 No Reino Unido, o livro verde é um relatório governamental produzido como etapa inicial para algum tipo de mudança legislativa. [N.E.]

12 Etapa seguinte ao livro verde, já com caráter de publicação oficial. [N.E.]

Bom senso. Se há uma verdade universal na tomada de decisão, é que bom senso nunca é demais.

Outra forma de analisar uma decisão antecipada

Joseph Hallinan, em seu livro *Errornomics* (2009), traz uma citação maravilhosa de Frank Bascombe, o herói do romance de Richard Ford, *O sal da terra*, e dos outros dois livros da trilogia:

> O momento exato em que qualquer decisão parece estar sendo tomada é normalmente muito depois de a verdadeira decisão ter sido tomada. É como a luz que vemos emitida pelas estrelas que já morreram. Isso significa que geralmente nos decidimos sobre coisas importantes cedo demais e geralmente com pouca informação. Mas depois nos convencemos de que não fizemos isso porque a) sabemos que é estúpido, e ninguém quer ser acusado de ser estúpido; b) ignoramos as nossas necessidades vitais e não gostamos de pensar nelas; c) o ato de decidir acreditando que não decidimos faz com que criemos um segredo escondido de nós mesmos, o que é delicioso demais. Em outras palavras, enganar a nós mesmos é o que nos faz feliz. (Tradução livre.)

Suspeito que a analogia de Bascombe com as estrelas possa ser levada além. Quando tentamos investigar o processo que produziu uma decisão que não foi bem-sucedida, a nossa visão do momento e do lugar em que a decisão realmente ocorreu é, muitas vezes, obscurecida por uma nuvem pesada!

A crise financeira foi causada por Armadilhas de Decisão?

Sou o primeiro a dizer que muitas decisões desastrosas decorrem de um processo deficiente, de uma inteligência inadequada e de decisores pouco talentosos. Mas como avaliamos a tomada de decisão de alto nível que parece ter conduzido diretamente à nova crise financeira? Os mercados de ações estão caindo drasticamente em todo o mundo à medida que as dúvidas se multiplicam sobre a Itália e a Espanha, e talvez sobre outros membros da Zona do Euro.

Como podem os líderes de tantos países estar tão errados? O que aconteceu no Fundo Monetário Internacional (FMI) e no Banco Central Europeu? Acredito que estamos olhando para o dividendo desastroso de cinco Armadilhas de Decisão distintas, mas bem conhecidas:

- Cegueira no enquadramento — resolver o problema errado. Será que os líderes estavam se concentrando no resgate grego sem perceber que havia outras catástrofes potenciais esperando para acontecer?
- Viés histórico — a história tende a se repetir. Teriam eles acreditado erroneamente que as medidas que funcionaram antes funcionariam novamente?
- Sobrecarga de informações — a crença de que mais dados é sempre melhor e de que vale a pena adiar uma decisão até que você tenha ainda mais informações. Nunca saberemos, mas será possível que os exércitos de funcionários públicos e executivos dos bancos tenham fornecido dados demais? As pessoas ocupadas sabem que há um limite de fatos e números que podem ser fisiologicamente levados em conta.
- Fracasso em grupo — a recusa em aceitar que um *dream team* de especialistas pode estar espetacularmente enganado. Escritores da ciência da decisão sempre usam o fiasco da Baía dos Porcos como exemplo célebre da categoria. Talvez a conferência europeia de junho de 2011 acabe se revelando igualmente equivocada.
- Força nos números — a ilusão de que comunidades políticas e econômicas maiores são mais seguras. Que nível de proteção a União Europeia (UE) e a legislação descentralizada oferecem atualmente a um reino insular de sessenta milhões de almas que é impotente em se desviar das decisões tomadas em Bruxelas em nome da Letônia, Malta, Eslovênia e 24 outras antigas nações independentes?

Se a minha análise está certa ou não, pouco importa. Especialistas muito mais renomados do que eu alegremente anunciavam que uma crise tinha sido evitada e que a vida continuaria como esperado. No entanto, em quatro curtos dias, o FTSE[13] caiu 125 bilhões de libras e instituições e investidores individuais fugiram de seus acordos. Nossa moeda está perdendo terreno, porque as taxas de juros são muito baixas para atrair a entrada de fundos. Investidores e poupadores estão em pânico.

Esse pesadelo se propaga em todos os mercados de capitais. Os fundos de hedge e os detentores de ouro estão fazendo a limpa. As pessoas comuns estão assustadas. Os desempregados e marginalizados estão com problemas desesperadores. Os grandes tomadores de decisão se enganaram outra vez. Se essa análise estiver basicamente correta, eles se mostraram inaptos. Quando é que todos aprenderão que tomar decisões acertadas é a maior das habilidades?

Artigo do blog

Não acredite na sua própria publicidade

Hoje de manhã tive uma experiência que me fez pensar. Fui convidado para um workshop de demonstração de habilidades de liderança desenvolvido e realizado por uma empresa inteligente chamada ProfitAbility, que se especializou em simulações de negócios. Sou fã da empresa desde que fui a um de seus cursos para o Guinness, no Quênia, no final dos anos 1990.

A simulação de hoje (e foi efetivamente uma simulação de uma

13 Índice que indica a movimentação da Bolsa de Valores de Londres. [N.E.]

simulação) é chamada de Liderança Magnética. É extremamente sofisticada — e um trabalho árduo, porque ninguém dorme em um evento da ProfitAbility. Sou um grande adepto da ideia de que a gente aprende as coisas ao fazê-las. Fazia algum tempo que eu queria entender como as habilidades de tomada de decisão poderiam ser melhoradas em uma simulação.

Por que estou lhe contando tudo isso? Porque eu fiquei realmente envergonhado pela minha atuação inepta. Só dois dos integrantes de nossa equipe não entendiam como o jogo funcionava. Eu era um deles. O outro colega que não havia entendido era um jogador de pôquer infinitamente superior. Ele fez algumas boas perguntas e manteve uma expressão inescrutável para tentar acompanhar, e acabou tornando-se um contribuinte prático para a situação.

Eu fui reduzido ao status de observador, até mesmo pela percepção de que, se eu persistisse em querer que tudo fosse explicado, eu atrasaria toda a equipe e comprometeria suas chances de ganhar. Então... eu admiti o fracasso, tendo ficado muito impressionado com a rapidez com que o resto da minha equipe absorveu as questões, e como eles trabalharam bem em equipe. A lição que ficou? Aprenda a ser humilde!

Foi preciso apenas uma sessão em um curso aberto para me reduzir a um desastre disfuncional. O dia estava lindo, o local era esplêndido e os meus colegas encarregados foram encantadores. Mas eu era tão útil quanto um picolé em um churrasco. Não pude contribuir para a tomada de decisão em grupo porque não entendi o suficiente sobre a tarefa. Mesmo todos aqueles anos tomando notas, uma compreensão decente sobre tomada de decisão e a dádiva da palavra não serviram de nada. Nunca acredite que pode aceitar qualquer desafio na sua caminhada. Somos todos tão bons hoje quanto éramos ontem — ou não.

Todos temos de aprender essa lição. Por melhor que seja a nossa publicidade, ela pouco significa se perdermos. Estou determinado a me recuperar da próxima vez que tiver que entender uma situação difícil em muito pouco tempo e em uma situação de pressão.

O que torna uma decisão ruim? (uma lista de verificação à qual você pode adicionar outros itens)

É tudo uma questão de resultados? A maioria dos livros sobre tomada de decisão está cheia de histórias sobre decisões que não funcionaram:

- batalhas, guerras e vidas perdidas;
- pacientes morrendo;
- erros de juízes e árbitros;
- erros em processos seletivos;
- aquisições que falharam;
- erros judiciários.

Os autores costumam escrever sobre assuntos mais próximos do conhecimento deles:

- investimento em ações que perderam valor;
- venda da casa quando o mercado está em baixa ou compra de uma casa quando o mercado está em alta.

E, claro, decisões cujo risco era muito alto:

- dirigir depois de beber;
- dirigir em estradas perigosas;

- apostar em jogos usando o dinheiro destinado às contas domésticas;
- sair mais cedo de uma partida que parece perdida;
- terminar a noite na cama errada.

Temos de compreender se essas decisões ruins foram um caso de mau julgamento ou má sorte:

- Sempre sabemos a diferença?
- Devemos ser igualmente críticos se uma decisão mal tomada correr bem no fim das contas?

Discernimento ruim. O fracasso deveu-se a...?

- processo deficiente – incluindo a não gestão de decisões ao longo da jornada;
- má definição de objetivos ou motivação;
- problema(s) não resolvido(s);
- erros nos dados e/ou nas análises;
- má avaliação comparativa (partimos do princípio de que essa situação era exatamente como outra com a qual lidamos bem no passado – mas o paralelo estava errado);
- critérios errados;
- opções erradas;
- avaliação de risco deficiente;
- fraca antecipação de fatores externos ou da reação da concorrência;
- má execução ou gestão da jornada.

...ou, mais fundamentalmente, deveu-se a um estado em que não havia clareza de julgamento para tomar uma boa decisão?

- zangado;
- estressado;

- desesperado – por causa de, por exemplo, fome, sede, frio, calor, dor;
- mentalmente perturbado – seja permanente, clínica ou temporariamente;
- coagido – ameaças, espancamento, tortura;
- alcoolizado;
- sob efeito de drogas;
- entusiasmo (ver o livro de Dan Ariely, *Previsivelmente irracional* [2008], para algumas experiências interessantes).

Má sorte?

- O processo foi correto?
- Por que o resultado foi decepcionante?
- Reação ou iniciativa competitiva ou inimiga.
- O tempo/clima.
- Força maior.

Mais perguntas a fazer após uma decisão falha

1. Os tomadores de decisão tinham informações ou evidências suficientes? (Ou não tinham a informação correta? Ou tinham informação demais para analisar?)
2. Eles tiveram tempo o suficiente para tomar a decisão? (Ou tiveram tempo demais?)
3. As pessoas certas estavam envolvidas? (E os membros da equipe desempenharam as funções mais apropriadas aos seus talentos?)
4. Quanto tempo e esforço foram dedicados à análise dos perfis (personalidade e pensamento) dos decisores?
5. Como foi tomada a decisão?
6. Era uma situação secreta, em que os verdadeiros critérios e motivos podem ter sido ocultados?
7. A decisão foi influenciada pela hierarquia?

8. O fim justificou os meios?
9. Ou estavam todos mais preocupados com os objetivos e a motivação?
10. Foi dada ênfase à geração de ideias na criação de opções e na gestão do processo?
11. E como essas ideias foram validadas?

3. OPORTUNIDADES E PROBLEMAS

Antes de tomar uma decisão, é fundamental definir oportunidades e lidar com problemas

> *Isso é fantástico. Vai ajudar as pessoas a encontrar o amor, mas é complexo. Vai ser preciso pensar muito. Além disso, do ponto de vista da carreira, eu sabia que queria passar de um cargo de marketing para a posição de diretor-geral.*
>
> **KARL GREGORY,**
>
> AGORA DIRETOR-GERAL DO SITE MATCH.COM, FALANDO SOBRE COMO ELE VIU A OPORTUNIDADE QUANDO ENTROU PARA A EMPRESA

As oportunidades são tão importantes quanto os problemas enquanto estímulos à tomada de decisão, e aqui devemos ampliar a definição normal de oportunidade para abraçar a inspiração — que é uma espécie de oportunidade de nível superior. Exemplos de oportunidades que requerem tomada de decisão são inúmeros. A lista pode incluir:

- um novo emprego (como no caso de Karl, acima);
- uma casa nova;
- um novo relacionamento;
- uma proposta de negócios;
- um convite.

A resolução de problemas faz uma ponte na lacuna entre a forma como as coisas são e a forma como deveriam ser (Steve Kneeland, *Effective Problem-Solving*, 1999).

Antes de embarcar em uma grande decisão, você tem de definir a oportunidade ou resolver o problema

Isso vai exigir as melhores informações, inteligência e dados que você puder encontrar. Resolver problemas e tomar decisões são duas coisas diferentes. Você já deve ter lido vários livros e artigos que confundem os dois. É uma confusão fácil de se fazer. Muitas das decisões que as pessoas têm de tomar derivam diretamente de um problema que tem de ser resolvido. O problema pode ser da nossa responsabilidade, pode ser o resultado da ação de um concorrente ou inimigo, ou pode ser culpa de terceiros. Seja qual for a causa do problema, ele ainda precisa ser resolvido, de preferência antes de passarmos para um modo de tomada de decisão sério.

Definir oportunidades e resolver problemas é essencialmente a primeira etapa do Sistema Inteligente de Tomada de Decisão, conforme descrito no Capítulo 4:

1. Tenho certeza sobre qual é a oportunidade? Ou tenho certeza sobre qual é o problema?
2. Se é uma oportunidade, será que a identifiquei corretamente e sei como vou tirar vantagem dela?
3. Se é um problema, sei exatamente o que é e como vou resolvê-lo?

As oportunidades e os problemas são semelhantes na medida em que são ambos estímulos para a tomada de decisão, mas há uma distinção importante. Uma oportunidade, por natureza, é algo que nos acolhe de braços abertos ("bom momento ou conjunto de circunstâncias para fazer alguma coisa", *Little Oxford Dictionary* [tradução livre]), ao passo que um problema nos ataca ("uma coisa com a qual é difícil de lidar ou entender", mesma fonte [tradução livre]).

Sem ser excessivamente semântico, uma oportunidade é uma oportunidade, se é que é uma oportunidade. A palavra "oportunidade" é um ingrediente essencial na história da decisão. Faz dupla jornada. Uma oportunidade pode ser o gatilho para o início de um processo de decisão crucial ("agora que x aconteceu, temos de agir rapidamente para aproveitar ao máximo a nossa oportunidade"). Ou pode ser a palavra que usamos para descrever o que podemos alcançar se fizermos um conjunto de coisas de maneira correta.

Em ambos os casos, a oportunidade precisa ser cuidadosamente definida e avaliada. Nem todas as oportunidades têm o mesmo valor. Nem todas merecem ser seguidas. O novo diretor de negócios de uma agência pode ver uma excelente oportunidade de ganhar a conta de uma marca famosa. O chefe dele sabe que o pitch para ganhar a conta trará altos custos financeiros e de dedicação de tempo, além do fato de que a chance de vencer a disputa é baixa e que a rentabilidade será fraca a curto prazo, mesmo que a agência fosse bem-sucedida e ganhasse.

"Perder uma oportunidade" é uma frase que carrega um juízo de valor. Algumas oportunidades devem ser dispensadas, pelo menos até que você tenha avaliado completamente o equilíbrio entre altos e baixos. Uma oportunidade pode não ser tão atraente ou acessível como parece à primeira vista. Mas é por isso que temos de ter a certeza do que é. Se não a tivermos definido com precisão, não poderemos saber qual a melhor forma de aproveitá-la. Precisaremos de informações para isso — fatos, números, pormenores —, que podem estar prontamente disponíveis ou não. Pode ser necessário uma ou mais reuniões presenciais ou telefonemas, e talvez precisemos investir em inteligência — análise de todos os aspectos internos e externos, uma visão objetiva, mais algumas informações. Depois de todo esse esforço, talvez descubramos que a oportunidade poderia ter sido uma ótima oportunidade *prima facie*, mas que, ao olharmos de perto, não é assim tão boa ideia. É por isso que ainda temos uma decisão a tomar: ir atrás da oportunidade ou não; e, em caso afirmativo, por qual razão? Se não explorarmos a oportunidade, isso não constituirá um problema. É apenas uma oportunidade que escolhemos não aproveitar. Havia outras antes, e esperamos que outras venham.

A coisa é diferente com os problemas. O problema precisa igualmente ser definido. Que tipo de problema é esse? Qual é a gravidade? Preciso agir, ou posso viver com isso? Vai desaparecer? Se não vai, como é que eu devo começar a resolver? Ao contrário da oportunidade inexplorada, o problema não resolvido ainda é, pelo menos potencialmente, um problema, e pode ficar muito pior. Se a oportunidade desaparecer porque você optou por não aproveitá-la, ou se chegou tarde demais, é bem provável que outra oportunidade apareça, ou que a original volte. Mesmo que isso não aconteça, você não estará em uma situação pior.

Capitalização de oportunidades

A grande oportunidade de Ellen MacArthur foi a que ela mesma imaginou e aproveitou:

> Estudava na escola de vela durante a noite e trabalhava no meu barco porque tinha o plano de levá-lo em uma viagem. Trabalhei no pequeno barco que eu havia conseguido, e o encarregado da marina me deixou estacioná-lo de graça no barracão. Dormi debaixo dele no estaleiro em novembro. Dediquei cada segundo a fazer isso. Adorava aprender. Eu fazia mais perguntas do que você pode imaginar para todos na escola de vela — todos os caras nas barcaças. Queria entender como aquele mundo funcionava.
>
> Precisava saber como um motor é desmontado. Precisava entender quais são os efeitos do clima. Precisava entender o que acontece com as areias movediças e a lama no Rio Humber. Esse mundo de aprendizado estava disponível, e eu só queria aprender tudo. Fui surpreendida, fascinada e desafiada e, sim, ainda sou desafiada, e sempre serei porque adoro aprender.
>
> Naveguei pela Grã-Bretanha quando tinha dezoito anos. Depois consegui um patrocinador. Quero dizer, isso é abreviar três anos em duas frases e, na verdade, é uma das partes mais difíceis de todo o negócio da navegação. Essa foi uma jornada inteira em si mesma. Encontrar um patrocinador quando ninguém faz ideia de quem é você é uma das coisas mais difíceis. Houve algumas

> coisas que ajudaram significativamente na viagem. A escola de vela em que trabalhei me inscreveu no Prêmio de Jovem Marinheiro do Ano antes de eu navegar pela Grã-Bretanha, sem que eu soubesse — não fazia ideia. E eu ganhei.
>
> Ganhei esse prêmio aos dezoito anos. Nunca tinha experimentado nada assim antes.

A grande oportunidade de Colin Moynihan na política é uma história interessante. Sua carreira em Oxford foi estelar para alguém que teve de trabalhar tanto para entrar na universidade de Monmouth. Obteve um diploma em Filosofia, Política e Economia, com nota boa o suficiente para ganhar uma bolsa de pesquisa de pós-graduação na University College London. Ele ganhou competições no remo (equipe vencedora de 1977) e boxe. Ele também derrotou Benazir Bhutto e se tornou presidente da Oxford Union. Ele ganhou uma Medalha de Prata nos Jogos Olímpicos de Moscou de 1980 por seu desempenho no remo. Mas, a essa altura, já tinha estado envolvido em uma controvérsia que ameaçava pôr fim aos seus relacionamentos políticos, antes mesmo de tê-los. Durante o governo da primeira-ministra Margaret Thatcher, houve uma tentativa de persuadir os grandes atletas britânicos a boicotar os jogos de Moscou em protesto contra a invasão soviética ao Afeganistão. Colin discordou. Ele me disse:

> A questão central era que, por mais que todos nós, e eu acho que todos nós no remo e em outros esportes, sentíssemos que a invasão soviética do Afeganistão foi injustificada e repreensível, era minha opinião que os governos não deveriam demonstrar sua oposição a uma medida dessa magnitude concentrando-se exclusivamente nos atletas e pedindo a eles que não competissem nos Jogos Olímpicos. Foi errado porque o *nosso* Governo continuou nutrindo relações diplomáticas e comerciais e permitiu, por exemplo, que o público descesse a Piccadilly, comprasse um bilhete na Aeroflot e passasse um fim de semana em Leningrado para ver o Bolshoi. E a única coisa que o governo estava preparado para fazer era dizer aos atletas, que tinham dado suas vidas para treinar e competir, que somente eles seriam o método de demonstrar a opo-

sição a essa invasão. Isso foi extremamente errado. A batalha política deve ser travada, em primeiro lugar e principalmente, em uma arena política, e, naturalmente, se tivéssemos um embargo comercial, retiraríamos o nosso embaixador. Se tivéssemos dado todos esses passos, os atletas teriam respondido de acordo, tenho certeza.

Eu acreditava firmemente que devíamos ir aos Jogos, e isso foi amplamente divulgado na imprensa. E achava que devíamos adotar uma abordagem diferente em relação ao que teríamos feito normalmente. Então, não fomos trajados com o kit britânico, e quando a bandeira foi hasteada para que pudéssemos receber a medalha, não foi a Union Jack,[14] mas sim a bandeira olímpica. Não fomos às cerimônias de abertura ou encerramento; fomos competir e depois voltamos para casa.

Apesar de ofender a primeira-ministra (como Douglas Hurd deixou claro quando Colin foi convocado para cuidar das relações exteriores como líder da campanha dos atletas), ele competiu e ganhou Lewisham East em 1983, aos 27 anos de idade. Ele foi reeleito quatro anos depois, nas eleições gerais de 1987.

Colin retoma a história:

Fiquei agradavelmente surpreendido e fui para Dorset. Era segunda-feira à tarde, depois dos resultados terem sido anunciados. O telefone tocou e era uma jovem muito alegre que disse que a primeira-ministra gostaria de me ver. "Aqui é o nº 10.[15] Poderia estar aqui dentro de uma hora?" Eu disse que estava em Dorset, por isso, não, não poderia. Pensei que um dos meus amigos do remo estava brincando comigo. Ken Clarke tinha se tornado um amigo muito próximo na política, e eu tinha trabalhado com ele em vários departamentos. Liguei para o Ken e disse que havia acabado de ser caçoado e pedi o telefone do nº 10.

---

14 Nome dado à bandeira do Reino Unido. [N.E.]

15 Residência oficial e escritório do primeiro-ministro do Reino Unido. [N.E.]

Assim, ele me deu o número, eu liguei e a mesma moça atendeu: "Olá, aqui é do nº 10."

Eu disse que lamentava muito, pensava que tinha sido uma piada. Ela disse: não se preocupe, todos dizem isso. Portanto, entrei no carro e fui até Londres no meu pequeno MG 1100. Fui ao meu pequeno apartamento, vesti um terno e desci. Primeiro, o policial no fim da Downing Street não me deixou entrar até ter autorização.

Compreensivelmente, ele não me reconheceu e não tinha certeza de que aquele jovem tinha um compromisso ali, mas, depois, finalmente pude entrar; subi as escadas e fui para a sala de estar dos fundos. Havia ali um sofá muito grande e passei dez minutos ouvindo a sra. Thatcher falar da desilusão de perder um punhado de assentos. Estava nervoso, pensando se devia ou não me sentar mais na ponta do sofá com meus pés no chão, ou mais recuado para trás com meus pés apenas tocando levemente o chão. Estava me mexendo pra lá e pra cá, confiante de que não estava lá por causa do que houve em 1980, achava que Margaret lembrava de mim como um membro do Partido Trabalhista, e eu ainda era muito jovem [31]. Quero dizer, eu sabia que não estava sendo demitido porque não tinha um emprego, e fiquei um pouco surpreso por estar lá, e pensei que pegaria um cargo na Irlanda do Norte porque eu era solteiro e a PM sabia que não deveria enviar jovens ministros casados para a Irlanda do Norte naqueles dias turbulentos.

Por isso, preparei o meu pequeno discurso de agradecimento para ser nomeado ministro no gabinete da Irlanda do Norte, mas ela disse que gostaria que eu fosse o novo ministro do Esporte e que assumisse também as responsabilidades do Departamento do Meio Ambiente. Fiquei muito surpreendido, e ela disse: "Quero que trabalhe arduamente e ouça o programa *Today* todos os dias, e, caso ouça nele alguma coisa errada, ligue e diga a eles que estão errados."

Ela ordenou: "Colin, não quero que você diga nada à imprensa até as seis horas, porque a imprensa tem um jeito estranho de se concentrar em quem vai ser o ministro do Esporte. E será a história principal das notícias. Venho nomeando vários ministros durante todo o dia, mas é essa a história que vai ganhar destaque, por isso, por favor, não diga nada." Saí do nº 10 para voltar ao meu apartamento, e a imprensa estava toda alinhada atrás das barreiras do outro lado. Fui questionado: "Então, será do Esporte, Col?" Eu sorri e não disse nada, voltei para o apartamento e estava tão nervoso que não liguei para ninguém. Era cinco e meia, e eu não havia telefonado para ninguém. Estava só à espera das seis horas. Eis que ela estava absolutamente certa. Os jornais das seis horas estavam repletos do novo ministro do Esporte, Colin Moynihan.

Simon Calver iniciou sua carreira de marketing como trainee da Unilever. Correu tudo bem, mas ele estava impaciente:

Na Unilever, eu fiz minhas qualificações financeiras e CIMA[16] fase um e dois, porque eu queria aprender sobre finanças e pensei comigo mesmo: se alguma vez quiser gerir um negócio, tenho de saber como funcionam as finanças.

Desse modo, com base nisso e em outras coisas, juntei-me ao grupo de estratégia e marketing da Deloitte e peguei muito do conhecimento numérico, estatístico e de informática que eu tinha e construí um produto que se destinava a ajudar as pessoas a compreender o funcionamento do seu marketing e a ajudar no processo de tomada de decisão. É importante notar a diferença de como você viabiliza a tomada de decisão como consultor e como o faz como indivíduo, como gerente na área. Na verdade, é completamente diferente. É fácil agir como consultor: "Eu pego emprestado o seu relógio e lhe digo as horas." Mas, na verdade, boa parte da consultoria é ser um facilitador e estimulador da discussão e da tomada de decisão.

Depois de um tempo apreciando meu cargo em consultoria, a empresa se fundiu com a Coopers, e todos nós nos tornamos pequenas engrenagens em uma máquina muito grande, já que eles eram mais focados no setor público. Assim, trabalhamos em projetos grandes, por exemplo, um trabalho que envolveu cinco milhões de libras para uma companhia de seguros líder e um grande departamento do governo. Isso me deu o desejo de completar meu currículo,

---

16 Chartered Institute of Management Accountants. [N.E.]

> sair dali e tentar outra coisa, que acabou por ser a Pepsi. Fui responsável pelo marketing da Pepsi e tive alguns anos fantásticos lá.
>
> Meu primeiro projeto foi lançar a Pepsi Max, que foi a primeira variante que tinha sido lançada fora dos EUA, e essa era a minha marca. Por que lançamos a Pepsi Max? A tomada de decisão foi motivada pela vontade de produzir uma vitória coletiva para todas as partes envolvidas na proposta. Tem de haver uma vitória para o consumidor. Acredito na importância de ter a percepção do consumidor para diferenciar a marca em termos de proposta de mercado. O insight do mercado de bebidas era que os consumidores de bebidas diet consumiam maiores quantidades, mas não gostavam de beber a opção diet por duas razões: não gostavam do sabor e porque esse tipo de produto tinha conotação feminina.
>
> Assim, nosso objetivo estratégico era produzir uma bebida que fosse muito masculina em todos os aspectos e que tivesse todo o sabor do açúcar, mas sem açúcar. Então, não haveria barreira ao consumo para as pessoas. Daríamos aos consumidores o que eles queriam. Como o mercado total cresceria, daríamos ao comércio o que eles queriam – a nossa segunda vitória. Devido à nossa estrutura e à forma como conseguimos cobrar pelos concentrados, também pudemos dar um benefício ao nosso negócio. Portanto, foi uma vitória para todos os lados.

O lançamento da Pepsi Max também foi uma vitória para Simon. Isso o levou a se tornar o diretor de marketing da Pepsi no Reino Unido com apenas 27 anos. Dois anos mais tarde, tendo sido diretor-geral na Irlanda, foi nomeado vice-presidente da Pepsi no Reino Unido.

A entrada de David Jones no ramo da publicidade surgiu porque ele falava alemão, que estava aprendendo na faculdade. Ele me disse:

> Sempre quis morar e trabalhar em Paris. Mas meu primeiro emprego foi no norte da Inglaterra, em um cargo de uma agência chamada BDH, que mais tarde se tornou TBWA Manchester. Naquela altura (1989), ninguém no ramo de publicidade do Reino Unido se importava realmente com a Europa. Eu era

muito apaixonado pela Europa, e a agência teve uma oportunidade em um pitch pan-europeu para a Henkel. Em uma reviravolta do destino, o que aconteceu foi que o diretor de contas do conselho de administração da empresa acabou por ser destacado para ser diretor de marketing da Silentnight durante seis meses. O gerente de conta estava muito doente, infelizmente, então acabei trabalhando diretamente com Bryn Butler, que era o diretor-geral, e Arnold Single, que era o CEO.

Fui responsável pela supervisão de grupos de pesquisa na Alemanha, pela tradução de todo o trabalho criativo e pela apresentação de tudo em alemão ao conselho mundial da Henkel. Ganhamos a conta. Eu tinha 21 anos e devia voltar para a faculdade no final do meu estágio. A empresa basicamente disse: "Olhe, nós entendemos que você não vai querer começar a trabalhar em tempo integral até terminar seu curso, mas você poderia vir trabalhar para nós dois ou três dias por semana, porque a Henkel não sabe que você é um estudante. Eles acham que você faz parte da equipe principal!"

Acabei passando meu último ano na faculdade de administração com uma vida fantástica: voava para a Alemanha em classe executiva, ficava em uma acomodação de hotel que era três vezes maior do que meu alojamento estudantil e, muitas vezes, apresentava-me sozinho ao diretor mundial de publicidade da Henkel. Pensei que aquela era a área mais incrível e juntei-me a eles depois de me formar. Trabalhei na Henkel e em outras grandes contas. Mas eu realmente queria trabalhar em mais negócios globais e internacionais, e eles só tinham a Henkel. Foi quando fui contratado pelo J. Walter Thompson em Paris. Sempre quis trabalhar fora. Portanto, mudei-me para Paris e deu tudo certo.

Transformar um grande problema em uma oportunidade

Paddy Eckersley teve de viajar por toda a África e além para encontrar sua oportunidade. Nós o vimos pela última vez na Zâmbia, depois de ter obtido a sua licença de piloto privado.

Eu fiz alguns serviços para uma série de empresas aéreas, mas novamente me deparei com os problemas habituais. Os passageiros não voavam comigo, porque a maioria das pessoas que utilizavam esses aviões fretados eram gestores das grandes companhias na Zâmbia, e os preconceitos que as pessoas tinham há muitos anos estavam sempre presentes. Suponho que era muito difícil para eles aceitarem algo que não era um acontecimento diário. Tive muitos problemas, pois ninguém queria me contratar. Eu não conseguia arranjar emprego. Eles diziam coisas como "não podemos te contratar, porque ninguém vai voar com você".

Eu ainda dava aulas, mas queria parar. Depois tive sorte, porque conheci um dos políticos zambianos, que mais tarde se tornou ministro, um homem chamado Valentine Musakanya. Durante a época de colônia, Valentine estava sendo preparado para cargos mais elevados no governo da Rodésia do Norte. Ele tinha sido trazido para o Reino Unido, e até se tornou um magistrado em Londres. Voltou depois para a Zâmbia e, pouco antes da dissolução da federação, tornou-se secretário de gabinete. Como ministro da Educação Técnica, interessou-se pelo meu caso e me perguntou: "Você gostaria de deixar seu cargo como professor e me ajudar a montar uma escola de aviação em Lusaka?" Foi uma verdadeira oportunidade para mim, e eu disse: "Vai ser incrível." Então, nós montamos a escola de aviação para ensinar os zambianos a pilotar e, quando a gente estava com tudo pronto, ele me perguntou: "Bem, o que eu posso fazer por você, já que você me ajudou a montar isso?" E eu propus: "Bom, eu gostaria de me juntar à Zambia Airways." Ele disse que não havia problema e que me colocaria lá, e foi o que ele fez.

O governo tinha convencido a Alitalia a gerir a Zambia Airways e não estava interessado em contratar mais ninguém, exceto italianos. Mas graças a esse cara eu me tornei primeiro oficial, alguns anos depois me tornei capitão e, mais tarde, capitão de treinamento em 737s. Tinha-me candidatado à cidadania zambiana e fui recusado, o que provavelmente foi um favor para mim, de certa forma. Pensei: "Bom, não há futuro para mim na Zâmbia, não há necessidade de ficar." Vi um anúncio nos jornais da Saudi Arabian Airlines, e minha mulher e eu decidimos: "É melhor ir embora, se a Zâmbia não tem nada para nos oferecer."

Escrevi aos sauditas e eles me pediram para vir a Londres para uma entrevista. Eu meio que matei dois coelhos com uma cajadada só, porque eu tinha que vir até aqui para fazer meus exames com um médico em Londres para a Zambia Airways. Estávamos no bar do Penta em Heathrow, e os sauditas estavam sentados do lado oposto do bar, todos tomando uma bebida e assim por diante. Um deles me viu e disse: "Recebemos uma carta sua, candidatando-se para se juntar a nós." Eu estava sentado ao lado do meu chefe da Zambia Airways. Foi um pouco constrangedor, na verdade. De qualquer forma, eu fui para a Saudi Airlines, com base em Jeddah, e comecei em 737s, depois pilotei Tristars, em seguida jumbos, e dei aulas de voo sobre todos eles.

Desperdiçando oportunidades

Eis o que os CEOs decidiram

Em junho de 2011, o *The Times* recrutou mais de cem CEOs e presidentes de nossas maiores empresas para fazer parte de uma conferência de dois dias chamada "Ambitious for Britain". O comunicado que resultou da conferência foi publicado no jornal sob a forma de uma carta ao chanceler do Tesouro. A carta concentrava-se em cinco formas de "retirar a Grã-Bretanha de sua recuperação anêmica" (esperávamos que a tal retirada fosse em um sentido positivo, em direção a uma recuperação mais vívida, e não uma retirada completa da recuperação como um todo).

As cinco áreas de ação:

1. Capital humano: devemos galvanizar o investimento a longo prazo nas competências e na base científica da Grã-Bretanha.
2. O sistema fiscal deve ser utilizado para promover a criação de riqueza.
3. Dar apoio a grandes projetos de infraestrutura.
4. É hora de fazer uma mudança radical no investimento em pequenas e médias empresas.
5. Lidar com os obstáculos ao investimento: reguladores, planejamento e governo local.

Particularmente, a minha primeira reação foi decepção. Os grandes e os bons não poderiam ter criado um pacote mais dinâmico e motivador?

- E a inovação e a invenção?
- E o marketing e as indústrias criativas?
- E as medidas destinadas a aumentar a confiança dos consumidores?
- E o encorajamento às exportações?
- E o crescimento inicial do valor das ações por meio do aumento do valor acionário e do valor dos investimentos em geral?
- E o incentivo ao crescimento fora da Londres estrangulada e perturbada?

Além disso, se olharmos para os "Big Five Recovery Boosters" (Os cinco grandes impulsionadores da recuperação), tudo parece um pouco frágil.

1. A meta do capital humano começa com uma palestra sobre como incentivar os jovens a optar pela matemática, ciências, engenharias e tecnologia. Mas isso não vai ter impacto a curto prazo, então a ênfase se desloca subitamente para o incentivo à imigração qualificada!
2. O ponto relativo ao sistema fiscal não se destinava, obviamente, a ser entendido como um interesse próprio. Mas a meta não se preocupa em reduzir a taxa "50p"[17] nem impostos corporativos. Não é preciso ser excessivamente cético para perguntar quantas pessoas acreditam que o sistema fiscal nesta era de cortes está preocupado com a criação de riqueza. Certamente, trata-se de aumentar as receitas do governo para igualar as reduções nas despesas do governo.
3. Grandes projetos de infraestruturas? A princípio, tudo bem. Mas todos eles têm de estar, em grande parte ou completamente, no setor privado para fazerem sentido do ponto de vista econômico. Construir uma

---

17 O imposto conhecido como "50p tax" é uma taxação sobre grandes salários criada em 2009 como resposta de emergência à crise financeira no orçamento público do Reino Unido. [N.E.]

autoestrada entre Oxford e Cambridge para formar um "corredor de alta tecnologia" tem que ser a ideia mais excêntrica de todos os tempos! Grande parte do centro de Londres já vive o completo caos por conta da aceleração da construção da tão necessária ligação ferroviária entre Maidenhead e Stratford. Imagine a alegria e a aceitação do consumidor quando ela for inaugurada...

4. "O governo deve trabalhar com os bancos para identificar três mil PMEs (pequenas e médias empresas) que tenham a possibilidade de criar o maior número de postos de trabalho." Honestamente! Você consegue imaginar o desafio desse projeto? Dois anos, no mínimo, para acordar quais seriam as PMEs. Provavelmente mais dois anos para conseguir dez empregos extras em cada uma delas.
5. Reduzir os obstáculos decorrentes da regulamentação, do planejamento e do governo local? Não vai acontecer da noite para o dia, vai? E por onde isso começa? Talvez regulando algumas mudanças? Não vá por aí!

Parece-me uma oportunidade perdida. Seria difícil encontrar um exemplo mais óbvio da dificuldade de tomar grandes decisões às pressas.

Contei apenas seis mulheres, e só havia uma CEO feminina. Por que cem machos alfa podem achar difícil executar um processo de tomada de decisão eficiente? Houve sequer um processo de decisão? Não tenho ideia. Assim, o que se segue é uma suposição e (espero que bem informada) adivinhação.

Vamos começar pensando em quais Armadilhas de Decisão esperam um grande grupo de líderes empresariais poderosos, temporariamente obrigados a operar em conjunto, com uma causa comum. Há problemas específicos quando você tira esses "grandes jogadores" das áreas que normalmente dominam?

Existem várias Armadilhas de Decisão possíveis, todas mencionadas no Capítulo 2, que podem ter dificultado o trabalho do grupo:

- Fracasso em grupo: recusa em aceitar que uma equipe de pessoas brilhantes pode tomar decisões ruins.

- Paralisia por pressão: obter o enquadramento de referência errado por conta de pressão externa.
- Ignorar a análise: informação demais ou tempo insuficiente para analisar corretamente.
- "Subcarga" de informações: acreditar que você tem conhecimento suficiente para prosseguir quando, na verdade, precisa de mais inteligência e pesquisa.
- Uso excessivo do "E se?": não ser rigoroso na análise de cenários possíveis.

Mas acho que o maior problema foi não aprender com Meredith Belbin, teórico do campo de pesquisas sobre gestão que, ao mesmo tempo em que lecionava na Administrative Staff College (que mais tarde viria a se tornar a Henley Management College) nos anos 1960, descobriu que equipes bem equilibradas teriam sempre um desempenho superior ao das equipes mais ou menos compostas exclusivamente por "estrelas". O livro *Management Teams*, de 1981, definiu as principais funções dos membros na maioria das equipes de negócios. Escrevo mais sobre Belbin no Capítulo 6.

Outro problema para os participantes dessa conferência deve ter sido um desequilíbrio dos perfis de personalidade: muitos condutores e pessoas expressivas, poucos conduzidos e analíticos. Falo mais sobre isso também no Capítulo 6.

No geral, há uma grande lição a se tirar da conferência, acredito: é muito improvável que uma grande equipe composta por líderes dominantes seja funcional! Nesse caso, não se trata de uma crítica aos próprios líderes, mas à ideia de que a conferência poderia alcançar seus objetivos.

Resolução de problemas

Em 1999, um psicólogo de negócios chamado Steve Kneeland escreveu um livro fino e direto chamado *Effective Problem-Solving: How to Understand the Process and Practice It Successfully*. É triste que aparentemente poucas pessoas tenham lido ou aproveitado o conteúdo do livro. Por quê? Porque acredito que Kneeland cristalizou uma das principais questões na ciência da decisão: onde a resolução de problemas termina e a tomada de decisão começa. Interpretando a obra de Kneeland, o que ocorre é o seguinte: resolver problemas é preencher a lacuna entre o modo como as coisas são e o modo como elas deveriam ser. É basicamente um desafio analítico. O foco é concentrado no passado, em termos do que correu mal e da razão por que nos encontramos em determinada situação. Normalmente, a resolução de problemas é uma tarefa que é delegada, não envolvendo — pelo menos inicialmente — pessoas em cargos seniores. Antes de começarmos a procurar uma solução, precisamos fazer algumas perguntas:

- Qual é exatamente o problema?
- Quão urgente é?
- Quão importante é isso?
- De quem é a responsabilidade?

Kneeland diz que a tomada de decisão é uma atividade mais ampla. Está centrada no futuro, e implicará fazer uma escolha entre duas ou mais opções. Em uma empresa ou organização, é uma responsabilidade de alto nível dentro da hierarquia. Normalmente, demanda uma abordagem criativa. O problema principal precisa ser resolvido antes de essa atividade começar. Kneeland aconselha que a opção "não fazer nada" não seja descartada, mas adverte que a decisão de não decidir tem a força total de uma decisão. Ele também é cauteloso com o que eu chamo de "decisão antecipada" (tomar uma decisão antes que ela seja necessária; veja o capítulo anterior). Ele sabiamente escreveu que nunca é tarde demais para mudar uma decisão, e concorda com aqueles que acreditam que mudar de ideia não é necessariamente um sinal de fraqueza.

Coisas simples, sim. Mas, diante de problemas que não acabam nunca, que todos nós temos, é útil ter alguma ligação entre a resolução de problemas e a tarefa adulta de tomar decisões. Obrigado, Steve.

Simplificar os problemas — e por que achamos isso tão difícil. O acúmulo de conhecimento formal nos torna arrogantes que complexificam tudo, ou nascemos assim?

Os aspirantes a autores precisam entender que o caminho da verdadeira pesquisa nem sempre tem uma superfície lisa. Na verdade, passei a ficar especialmente desconfiado quando me deparo com aquele adjetivo gasto e clichê: seminal (como em "trabalho seminal", "artigo seminal" etc.). Essa palavra, quando usada para caracterizar algo ou alguém, indica que aquilo é altamente influente de uma forma original, que constitui ou fornece uma base para um maior desenvolvimento. Estou convencido de que, por vezes, a palavra é usada erroneamente, ou, pelo menos, está mais ligada ao seu outro sentido: relativo a sêmen. Digo isso porque alguns dos objetos caracterizados como "seminais" teriam pouco uso se não fossem fertilizados.

Eis o que quero dizer. Meu amigo Serge Nicholls chamou minha atenção para um artigo realmente interessante de Oliver Burkeman no site do *The Guardian*. Era sobre a nossa tendência de assumir que, quanto mais complexo é um problema, mais importante deve ser. E, portanto, que as decisões difíceis são mais importantes do que as fáceis.

Oliver estava escrevendo sobre um trabalho de pesquisa feito por Aner Sela e Jonah Berger. Então, procurei o trabalho original na internet. Era impenetrável, extremamente complicado. Desse modo, percebi que Oliver não tinha pegado o trabalho original, mas um resumo altamente legível dele no fascinante blog de neurociência de Jonah Lehrer.

Lehrer escreveu o excelente *The Decisive Moment*, de 2009, e a julgar por isso e pelo seu blog, ele tem a qualidade inestimável de simplificar o complexo – em vez da "habilidade" oposta. Essa é uma forma divagante de dizer que concordo plenamente com a tese de Sela e de Berger. Mesmo que eu tenha precisado que Lehrer e Burkeman me explicassem. Não estou questionando os resultados. Todos nós observamos amigos, colegas, parceiros, clientes, agências, os famosos "especialistas" e até mesmo nós mesmos acrescentando complexidade em vez de tirá-la. O que me intriga é: por que somos "esnobes da complexidade" e por que (como outros pesquisadores descobriram) parece que queremos deliberadamente complicar um problema, mesmo que alguém possa mostrar o quão simples ele é realmente?

Possíveis explicações:

- Será que isso se dá por conta de nossa educação formal, na qual as tarefas e os exames que nos foram atribuídos ficaram mais difíceis à medida que fomos envelhecendo?
- Está chumbado em nós desde o nascimento?
- Tem a ver com atribuição de valor? Um anseio por algum tipo de crachá de status?
- É basicamente um traço mercenário? (Quanto mais difícil o problema, mais dinheiro eu posso ganhar resolvendo-o.) A boa e velha economia comportamental de novo!

Existe uma diferença tão grande assim entre oportunidades e problemas?

Vejamos o mundo em que sempre trabalhei: o marketing. É supostamente um mundo que gira ao redor de oportunidades:

- vendas e crescimento de ações;
- lançamentos e relançamentos;
- desenvolvimento de novos produtos;
- novos mercados.

Exceto talvez por currículos e encartes de automóveis, os planos de marketing são os documentos mais positivos. Então, por que legiões de agências, conselheiros e consultores ao redor do mundo do marketing são empregados por clientes como solucionadores de problemas? Seriam eles incapazes de reconhecer uma oportunidade quando a veem?

Da mesma forma, mesmo os problemas mais graves parecem apresentar oportunidades para os proprietários de marcas e suas equipes internas e externas encarregadas de resolvê-los. Como isso é possível? Devemos abandonar os epítetos perpétuos e começar a falar sobre oportunidades difíceis e problemas simples?

Acho que não. Para mim, a questão é mais que os problemas e as oportunidades não são tão diferentes como sempre pensamos. Uma oportunidade é uma oportunidade não realizada até que tenha sido plenamente aproveitada e explorada. Um problema deixa de ser um problema quando a solução é identificada e implementada.

Há aqui uma aprendizagem clara da teoria da decisão. Os tomadores de decisão competentes sabem que decidir é uma conquista, mas apenas metade da batalha. Para que uma decisão seja eficaz, tem de ser executada. O mesmo acontece com a identificação de oportunidades e a definição de soluções. O sucesso não requer apenas um diagnóstico preciso e um acordo sobre que caminho seguir. Seja marketing, política, esporte ou guerra, você ainda tem de marcar os gols e sair vencedor.

Portanto, talvez devêssemos mudar a forma como olhamos para o que poderíamos chamar de oportunidades raras e problemas bem resolvidos. A rara oportunidade é apenas mais um tipo de problema, enquanto o problema bem resolvido efetivamente cria uma oportunidade.

O que veio primeiro: a decisão ou o problema?

Por que você acha que as pessoas acham que podem tomar decisões sem primeiro resolver um problema? Pior ainda, por que os "formuladores de políticas" (por exemplo, políticos e líderes de empresas e outras organizações) pensam que podem fazer declarações de novas políticas quando não há nenhuma evidência de que o que eles estão defendendo irá funcionar — no sentido de explorar uma oportunidade, evitar uma ameaça ou resolver um problema? Encontrar o que eu chamo de bons exemplos de "decisões antecipadas" é fácil. Todos os dias, todos os jornais e todos os boletins de notícias as demonstram. Enquanto escrevo estas palavras, os liberais democratas estão em sua Conferência de Primavera em Gateshead. O líder do partido Nick Clegg fez um discurso ontem defendendo o "Tycoon Tax".[18] Há semanas o Partido Trabalhista e alguns ativistas liberais democratas pedem um "imposto sobre mansões" para casas no valor de dois milhões de libras ou mais. Os impostos sobre propriedade no Reino Unido sempre foram controversos desde o infame "Window Tax"[19] (1696-1851). Os membros conservadores do parlamento definitivamente não votariam a favor disso depois do nêmesis da sra. Thatcher, o Imposto Comunitário. Agora, o sr. Clegg quer um novo imposto para assegurar que os britânicos ricos tenham de pagar um mínimo de vinte por cento dos seus rendimentos anuais totais. Você não precisa ser filho de um inspetor fiscal (mas eu sou) para saber que exércitos de contadores, assessores financeiros e advogados fiscais se intrometeriam – lenta mas inexoravelmente – para garantir que isso não aconteça! O sr. Clegg também sabe disso, mas cabe a ele fazer declarações beligerantes em conferências do partido, e isso lhe deu uma manchete de sábado.

Mas não é como se esse tipo de política se limitasse aos políticos, independentemente do partido. A pressão para sermos "decisivos" e sairmos de cima do muro pode nos tornar precipitados. Às vezes, vale a pena ser criticado por sentar um pouco em cima desse muro e pensar. Identificar o objetivo que você está tentando alcançar deve ser sempre o primeiro passo. Após isso, você tem de olhar para qualquer problema que pode impedir que você chegue lá. Grandes tarefas? Resolva os problemas e encontre opções de decisão.

Muitas vezes, a resolução de problemas demorará muito mais e dependerá de esforços muito maiores do que se gasta para inventar uma política que seja chamativa apenas para ocupar as manchetes. Olhar para as opções e fazer uma análise de risco e recompensa sobre as vantagens e desvantagens demanda tempo e consideração muito cuidadosa. Depois disso, você estará em posição de tomar uma decisão. E anunciá-la. E implementá-la. Parece mais científico agora, não é?

---

18 Uma espécie de imposto mínimo para os "ultrarricos". [N.E.]

19 Um imposto calculado com base no número de janelas das casas. [N.E.]

Tenha muito cuidado com essas decisões espontâneas

Estude a ciência da decisão tempo suficiente e você começará a acreditar que todas as decisões são estimuladas por um dos três seguintes estímulos: uma oportunidade, um problema que precisa ser resolvido, definição de um ou mais objetivos.

Depois, segundo a teoria, você cai na seguinte rotina praticada:

- buscar os melhores dados e inteligência;
- delimitar o enquadramento e, se necessário, continuar a fazê-lo;
- estruturar as opções mais viáveis;
- identificar as vantagens e desvantagens de cada opção;
- fazer a análise de risco e recompensa;
- tomar sua decisão.

Infelizmente ou não, isso nem sempre acontece! A maioria das decisões que você toma acontece no calor do momento ou não é totalmente pensada. Com a tomada de decisão a curto prazo (forças armadas, serviços de emergência, condução, voo, esporte etc.), não há alternativa. Quase não há tempo para pensar ou reagir, e espera-se que o treino e a técnica darão conta. É a decisão que você toma espontaneamente quando, na verdade, havia tempo para pensar que, muitas vezes, o coloca em apuros. Nas empresas, uma decisão de despesa que envolva trabalho comissionado de um fornecedor externo requer uma ordem de compra. É a ordem de compra que desencadeia o processo de aquisição.

Talvez devêssemos todos emitir mentalmente uma "ordem de decisão" cada vez que sentirmos que uma decisão espontânea está chegando. Em primeiro lugar, asseguraria que analisássemos atentamente as oportunidades e os problemas. No mínimo, a ordem de decisão pode nos fazer pensar duas vezes sobre as possíveis desvantagens, bem como sobre as vantagens mais óbvias. Como sempre, a forma como se toma uma decisão é tão importante quanto a própria decisão. Se você sente que deve fazer alguma coisa, pense primeiro.

Perguntas idiotas têm seu valor

Havia um famoso artigo de Geoffrey Colvin na *Fortune* (junho de 2005) chamado "The Wisdom of Dumb Questions" [A sabedoria das perguntas idiotas]. Colvin se inspirou em um aspecto do escândalo da Enron: a revelação de que a primeira frase do famoso memorando da contadora Sherron Watkins para Ken Lay em agosto de 2001 tinha sido: "A Enron tornou-se um lugar arriscado para trabalhar?" Claramente, a resposta era sim e, portanto, a pergunta era totalmente cabível. Colvin cita também a pergunta do consultor de Peter Drucker a seus clientes: "Em que negócio você está metido?" Idiota, talvez. Produtivo, muitas vezes. Lucrativo (do ponto de vista de Drucker), quase sempre.

Este capítulo trata de evitar os pesadelos que podem resultar de más decisões. Se uma ou duas perguntas idiotas de um membro da equipe podem evitar o desastre, vale a pena parecer idiota e fazer a pergunta. Colvin inventou o próprio exemplo fictício: "O que nos leva a pensar que o povo cubano se revoltará?" (contra o presidente Kennedy, antes do fiasco da Baía dos Porcos). Podemos tentar nós mesmos fazer esse tipo de pergunta. E devemos tentar já na próxima vez em que questionarmos seriamente a sabedoria de um plano em que estamos envolvidos.

Eu comecei a desenvolver minha própria teoria do que emergiu agora como Tomada de Decisão Inteligente, derivada do que aprendi com especialistas e gurus, mas enraizada na minha própria experiência e observações. É crucial para essa teoria ser cauteloso com o otimismo natural (seu ou de qualquer outra pessoa). O marketing (o mundo onde passei toda minha vida profissional) está cheio de otimistas. Cada vez que você escreve um plano de marketing, você tem de fazê-lo de modo que você mesmo acredite que ele é alcançável — mesmo que você aceite, no fundo, que nem todas as marcas de um setor podem ganhar participação. Cada vez que você participa de um pitch, você induz seu próprio estado psicológico a acreditar na vitória.

Mas o otimismo é perigoso. Quando você começa a olhar para opções e cenários, é muito tentador olhar para aquele com o maior lado positivo, em vez de se afastar daquele com o pior lado negativo. A melhor opção é, muitas vezes, aquela com a segunda melhor vantagem e a menos prejudicial desvantagem. O objetivo é sempre tomar as decisões importantes da forma correta e depois geri-las.

Existem três testes principais: responsabilização (temos de ser responsáveis por nossas decisões perante todos aqueles que serão afetados); processo (a decisão foi tomada de modo racional e lógico e de uma forma que fornece um bom caminho para o futuro?); e desempenho (a decisão teve um resultado positivo?).

Podemos arranjar desculpas para as "minidecisões erradas" que podem acontecer durante uma sequência de eventos, mas sem que todo o projeto termine em desastre. É mais difícil perdoar os verdadeiros erros. Espero que deixemos sempre espaço para um momento de "perguntas idiotas".

A pergunta de Sherron Watkins pode ter reduzido significativamente as oportunidades de emprego na Enron, mas esclareceu em absoluto o problema. Assim como a pergunta feita para o presidente Kennedy. A pergunta de Drucker, por outro lado – e a resposta comum: "Você sabe quem são seus clientes?" –, ambos apontam para oportunidades potenciais.

Dois problemas são melhores do que um

Parece contraintuitivo. Certamente, se você tem um problema sério para resolver ou uma grande decisão a tomar, você precisa dar-lhe toda a sua atenção.

Não tenho certeza sobre isso. Estudando decisões e os tomadores de decisão, cheguei à conclusão de que cem por cento de foco em qualquer questão não é necessariamente uma garantia de um resultado bem-sucedido. Para a maioria de nós, quanto mais exigente é um problema, mais se tende a analisá-lo a partir de cada ângulo e a buscar mais e mais dados e informações, até o ponto em que você pode facilmente cair no erro de rodar em círculos. Em pouco tempo, você estará revendo os mesmos aspectos pela segunda e terceira vez. Quase inevitavelmente, você terminará com duas ou mais opções que são mais ou menos igualmente atraentes – e igualmente perigosas.

A minha sugestão é *não* dar atenção total o *tempo todo*. Por que não resolver simultaneamente outro problema? Um que seja menos exigente, de preferência. Talvez um que você tenha subconscientemente movido para baixo na sua lista de afazeres, porque sabe que é um problema que, dado algum tempo, você pode resolver. Coloque-o lá em cima, bem no topo da sua lista. Entre no modo de resolução de problemas no problema número 2 e em pouco tempo você verá claramente qual a opção vencedora. Tome a decisão e elabore um plano de implementação ideal.

Refrescado e motivado pelo seu desempenho vencedor, retorne ao problema número 1. Você quase inevitavelmente vai achá-lo menos intratável. Uma das opções possíveis vai começar a parecer a mais atraente, com uma desvantagem menos preocupante. Você estava preocupado com o quê? Você é um talentoso solucionador de problemas. Provou isso com um desempenho elegante no problema 2. Tome a grande decisão com confiança. É mais um exemplo desta conhecida máxima: "Se você quiser que um trabalho seja feito, entregue-o a uma pessoa ocupada."

Técnicas de resolução de problemas

Chegar a um acordo sobre a questão central e diferenciar fatos de variáveis orienta todas as decisões. Existe um grande contraste entre, por um lado, os especialistas em tomada de decisão formados e os profissionais experientes e, por outro, as pessoas inteligentes que não foram formadas para tomar decisões. O sucesso tem de ser avaliado com base tanto nas medidas de input (o processo foi bom?) como nas medidas de resultado (o problema foi resolvido e os objetivos foram alcançados?). A resolução de problemas começa com a distinção entre os problemas que envolvem situações que precisam de *conserto* e os que envolvem situações que precisam de *ação*. Decompor grandes problemas em pequenos problemas também é algo que ajuda, de modo que você pode começar a resolver pelo menos algumas partes da questão. É também essencial extrair o máximo de informação e significado dos dados e fatos.

Há uma grande variedade de técnicas de resolução de problemas comprovadamente funcionais, e não é prático recomendar apenas duas ou três delas. Cada organização tem as suas favoritas, e algumas técnicas são mais compatíveis com a cultura de uma determinada empresa do que de outras. Algumas são úteis em várias áreas problemáticas, enquanto outras são muito específicas. Algumas podem ser facilmente adotadas por uma equipe sem treino prévio. Outras técnicas mais sofisticadas requerem habilidades de programação e, inevitavelmente, mais tempo.

No entanto, podemos agrupar os métodos, e a internet, sempre útil, pode lhe dar uma indicação geral de cada um, porque todos eles são de domínio público. Essa lista não é exaustiva, mas abrange as opções mais familiares:

1. Perspectiva financeira:
   - » análise custo-benefício;
   - » previsão do fluxo de caixa;
   - » análise de risco (uma forma de quantificar ameaças e desvantagens);
   - » método Monte Carlo (exoticamente nomeado, é um sistema de simulação originalmente desenvolvido por cientistas nucleares, mas agora usado para calcular graus de incerteza).
2. Valores (apropriados para indivíduos, empresários, exploradores, aventureiros):
   - » análise de valor (basicamente uma simples abordagem de listagem – quais são meus valores?);
   - » dinâmica em espiral (medidas de mudanças ou prováveis mudanças no seu sistema de valores).
3. Coleta e organização de informações e dados:
   - » Kepner-Tregoe (abordagem severamente racional e sequencial projetada para eliminar vieses);
   - » análise de ponto cego (todos nós temos pontos cegos, essa é uma forma organizada de computar, agregar e analisar os pontos cegos de todos).

4. Prós e contras:
   » SWOT (a forma mais básica de olhar para um equilíbrio entre o presente e o futuro);
   » análise de campo de força (como otimizar oportunidades e minimizar ou neutralizar ameaças);
   » análise comparativa pareada (técnica de priorização – qual é o problema mais importante a se resolver);
   » PMI (*plus*, *minus*, *interesting* – pontos positivos, negativos e "neutros", nem positivos, nem negativos, apenas interessantes. Os positivos e negativos serão avaliações objetivas; enquanto o "I" lhe dá a chance de introduzir fatores subjetivos na mistura);
   » análise por tabelas (forma mais sofisticada de olhar para prós e contras);
   » Pareto (pontuar problemas com base no princípio 80/20 de estimar o equilíbrio entre esforço e retorno).
5. Fazer com que a equipe funcione melhor ao analisar os problemas e as opções:
   » os seis chapéus de pensamentos;
   » evitar o pensamento em grupo (aplicar uma ou mais das técnicas abaixo para deter imposições e o consenso coagido);
   » escada de inferência (forma inteligente de desafiar pessoas ou grupos quando eles tiram conclusões precipitadas);
   » árvores de decisão (projetando resultados);
   » roda do futuro (fazer o *brainstorming* de maneiras de olhar para as consequências futuras da mudança);
   » técnica de grupo nominal (cada membro do grupo é tratado igualmente na fase de avaliação);
   » técnica da escada (cada membro do grupo contribui individualmente depois de ser informado sobre a questão em debate);
   » técnica Delphi (um facilitador analisa as contribuições individuais, geralmente anônimas, feitas por escrito).

4. TOMADA DE DECISÃO INTELIGENTE

Estamos todos à procura de um sistema que funcione. Tem de ser uma mistura de bom pensamento e aproveitamento do poder do cérebro subconsciente

Eu trabalho muito bem em equipe. Adoro tomar decisões e sinto-me muito confiante em fazê-lo. Mas eu realmente acredito no envolvimento, engajamento e aproveitamento da minha equipe e de sua sabedoria e conselho, e na força que vem de um consenso sobre o caminho a seguir. Ficarei feliz em tomar decisões e dar a última palavra quando necessário, mas prefiro muito mais fazer isso em uma equipe.

SIR NICK YOUNG, CEO CRUZ VERMELHA BRITÂNICA

O Santo Graal — as melhores decisões

A ciência da decisão é uma sopa de teoria empresarial, psicologia e neurologia. Tomar decisões tem a ver com fazer a melhor escolha a partir do melhor conjunto possível de opções. A menos que você projete uma série de cenários convincentes – cada um com suas vantagens e desvantagens –, é impossível saber se você tomou a decisão certa e empregou o processo mais rigoroso. Tem sido um prazer, não um fardo, ler os especialistas no assunto. Uma grande recomendação é o clássico de Russo e Schoemaker, *Decision Traps* (1989). Quando comecei a levar o processo de tomada de decisões a sério, li esse livro vorazmente e percebi que existe algo que pode ser chamado de "a ciência da decisão". É possível ensinar as pessoas a tomar melhores decisões. Talvez seja ir longe demais dizer que há um caminho certo e um caminho errado, mas podemos dizer com segurança que há maneiras melhores e maneiras "menos boas".

As decisões precisam ser baseadas em um equilíbrio entre recompensa positiva e risco negativo, e não em um ranking de vantagens atraentes. Somos educados para operar sozinhos. Somos testados no que sabemos, não no que fazemos com o conhecimento. Ninguém nos ensina como tomar decisões.

Contudo, a área de negócios enfatiza a importância do trabalho em equipe. Operar e pensar por si próprio é algo que é encarado com desaprovação. Há pouco tempo para pensar. O calendário está repleto de reuniões intermináveis, muitas das quais são para carimbar ou questionar "planos", que geralmente não podem ser concretizados. As reuniões geralmente não são concebidas como fóruns para a tomada de decisão. A linguagem utilizada muitas vezes não ajuda. Ser decisivo não é necessariamente bom. Se você tomar decisões o tempo todo e metade delas estiverem erradas, você é "decisivo"? Da mesma forma, ficar em cima do muro nem sempre é uma coisa ruim ou um sinal de fraqueza. Só querer que algo aconteça (estabelecer uma política, concordar com um objetivo) não fará com que aconteça. Só porque você fez alguma coisa não prova que tomou uma decisão.

Então, eu quis olhar para esse cenário mais amplamente do que focar apenas em clientes e agências. O ano de 2002, quando pela primeira vez me interessei pela ciência da decisão, foi o momento de pico para desastres corporativos como a Enron e a Arthur Andersen. Acadêmicos e jornalistas foram longe para tentar encontrar explicações. Comecei a desenvolver minhas próprias teorias — derivadas dos especialistas e gurus, mas enraizadas em minha experiência e observações.

Percebi como é importante ter cuidado com o otimismo natural (nosso ou de qualquer outra pessoa). O marketing está cheio de otimistas. Toda vez que escrever um plano de marketing, você precisa acreditar que ele é alcançável — mesmo que você aceite, no fundo, que nem todas as marcas de um setor podem se destacar. É um mundo que não é determinado pela análise multivariada. Se você tem uma ideia realmente muito boa e pode transformá-la em publicidade inteligente, a marca pode ser extremamente bem-sucedida. E a medida do sucesso também será explícita (se as vendas subirem cinquenta por cento, a participação da marca no mercado duplica).

O otimismo é perigoso, pois, quando você começa a olhar para opções e cenários, é muito tentador seguir pelo caminho que tem o maior lado positivo, em vez de ficar longe daquele que tem o pior lado negativo. Eu percebi que a melhor opção é, muitas vezes, a que tem o segundo melhor lado positivo e o lado negativo menos prejudicial (um pouco como escolher um vinho, quando se quer equilibrar hospitalidade com frugalidade).

O importante é tomar a decisão correta e depois geri-la. Há seis regras:

1. Cada decisão importante é uma jornada, não um único passo — e você precisa estabelecer um objetivo, uma rota e uma equipe antes de partir.
2. Você deve fazer as perguntas certas no início para ter certeza de que está operando dentro do enquadramento correto.
3. Você chega à decisão correta ao traçar possíveis cenários e, para isso, precisa da melhor inteligência possível.
4. Nenhuma decisão tem muito significado se não há adesão. A probabilidade de ganhar adesão de outras partes será inevitavelmente um fator na decisão de qual caminho seguir.
5. A execução é crítica. Uma grande decisão mal executada falhará.
6. O aprendizado e o feedback são fundamentais, porque a tomada de decisão é uma atividade constante — cada decisão que você tomar informará todas as outras decisões que você tem de tomar no futuro.

É como o mundo da medicina, em que você tem de fazer os testes e o diagnóstico antes de decidir sobre o tratamento e de iniciá-lo.

Ah, o tempo que gastei procurando por soluções...

Uma forma inteligente de tomar decisões melhores

É muito mais provável que melhores decisões venham de um bom processo de tomada de decisão. Acredito que um processo rigoroso aumenta as probabilidades de tomar uma boa decisão. Pelos comentários postados no meu blog e conversas com especialistas e tomadores de decisão experientes, vejo que estou no caminho certo.

Muitas coisas na tomada de decisão estão relacionadas com a gestão de mudança, em que a questão-chave tende a ser: qual é o objetivo final? Até que todos tenham chegado a um acordo sobre o objetivo, não é seguro avançar para o processo de decisão.

A Parte 1 da Abordagem de Decisões Inteligentes são as dez etapas até, mas não incluindo, a tomada de decisão em si:

1. Tenho certeza de qual é a oportunidade? Ou tenho certeza de qual é o problema?
2. Se é uma oportunidade, será que a identifiquei corretamente e sei como vou tirar partido dela?
3. Se é um problema, sei exatamente o que é e como vou resolvê-lo?
4. Qual é a minha meta? Ela deve ser exatamente o que eu espero da minha decisão. A menos que todos os envolvidos em uma decisão saibam qual é o resultado desejado, você não pode avaliar a sabedoria de uma decisão ou de um determinado curso de ação. Um político pode escolher entre diferentes objetivos: ganhar as eleições, reduzir os impostos, tornar-se primeiro-ministro. A decisão pode ser o que colocar na propaganda eleitoral. Um general pode ter decidido sozinho tentar recapturar uma cidade perdida na semana passada. Mas qual é a meta?
5. Estou perseguindo esse objetivo para alcançá-lo sozinho, ou é uma tarefa de equipe — e, nesse caso, temos a equipe certa para a situação?
6. Tendo concordado sobre a oportunidade ou o problema e definido o objetivo, é hora de olhar para as opções: quantas respostas possíveis existem? Quais são essas opções? Temos a certeza de que exploramos todas as opções significativas?
7. Há dados e informações suficientes para analisar cada uma das opções, e podemos obter mais, se necessário? Precisamos deixar aqui um tempo razoável (se disponível) para a coleta e análise de informação e inte-

ligência. Devemos controlar tudo o que pudermos e fazer nosso melhor para prever o que não podemos controlar.

8. Já vimos as vantagens e desvantagens de cada opção? Para cada opção, precisamos escrever o melhor lado positivo (maior recompensa) e o pior lado negativo potencial (maior risco).
9. Se não for imediatamente óbvio qual é a rota mais atrativa, primeiro olhe para o pior lado negativo e elimine essa rota, a menos que o lado positivo seja particularmente atraente. Depois, olhe para os aspectos positivos por ordem de atratividade. Queremos o melhor equilíbrio.
10. Qual parece ser a melhor decisão?

Isso pode parecer complicado e exaustivo, mas não acredito que seja.

Etapas 1–3: já devem ter sido cumpridas, como indicado no Capítulo 3.

Etapa 4: tendo sido rigorosos na delimitação da oportunidade ou do problema, devemos estar em forma para definir a meta para a qual buscamos uma decisão. Comprometer-se com uma meta é absolutamente essencial. Nem aproveitar uma oportunidade nem resolver um problema será, por si só, o objetivo. Temos de saber o que estamos buscando.

Etapas 5–10: a essência do lado racional do processo de Tomada de Decisão Inteligente. Cada passo é importante para todas as decisões, exceto as que devem ser tomadas instantaneamente ou muito rapidamente (ver Capítulo 5).

Etapas 1–10: isso é o mais longe que você pode chegar ao optar por uma abordagem puramente racional. Ainda precisamos:

- Conseguir adesão para a decisão. Isso pode envolver a venda – para seu chefe, um diretor, um CEO, um conselho – da ideia. Pode significar obter a concordância de colegas e opositores. Até que uma decisão seja acordada conjuntamente, não terá passado em um teste essencial: ser uma decisão mútua.
- Pensar na melhor forma de comunicar a decisão, porque uma decisão só se torna real quando se torna pública.

- E, fundamentalmente, refletir sobre a maneira de implementação, inicial e contínua, o que inevitavelmente envolverá feedback, mais inteligência e mais decisões.

Mas, antes de tomarmos a decisão, é crucial usarmos um pouco do nosso instinto. Como fazemos isso? Bem, obviamente já teremos tido pensamentos muito menos do que puramente lógicos enquanto avaliávamos as opções. É quase certo que pelo menos uma das opções terá sido instintivamente mais atraente do que a opção mais lógica. Mesmo quando estamos sendo rigorosos, é difícil sermos completamente frios e analíticos. Assim como os passos 1–10 nos terão dado um vencedor na mente, provavelmente também teremos um vencedor no coração. Com sorte (mas nem sempre) será o mesmo.

Quanto mais eu pensava sobre esse dilema entre raciocínio e intuição, mais me lembrava do que faço diariamente em meu trabalho há 24 anos. Em nome de clientes, supervisionei centenas de pitches de agências usando um sistema estruturado que oferece espaço para reflexão racional e reação instintiva.

O método da AAI — rigor, mas também espaço para a identificação e a intuição

O processo de pesquisa e seleção da Agency Assessments International (AAI) é lógico e rigoroso. A sequência de pesquisa acontece conforme a Figura 4.1.

O cliente não se encontra presencialmente com as agências até a fase 6 (reuniões de identificação). As respostas escritas na fase 5 (questionário aplicados para a lista ampla) podem pré-condicionar a equipe do cliente. Mas as reuniões de identificação são contribuições importantes para a próxima fase — o acordo sobre a lista reduzida. E a seleção segue com mais sete fases (ver Figura 4.2).

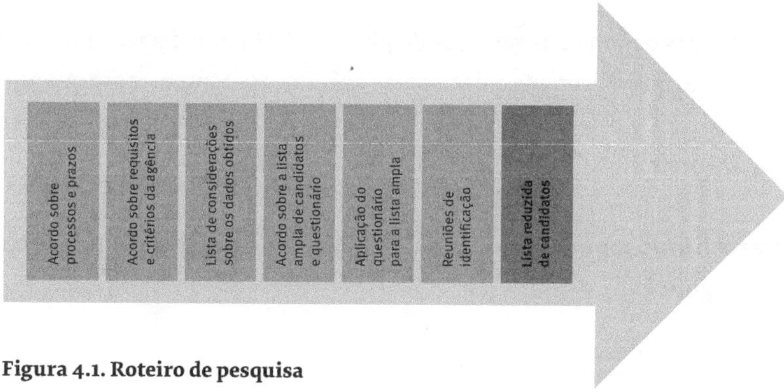

Figura 4.1. Roteiro de pesquisa

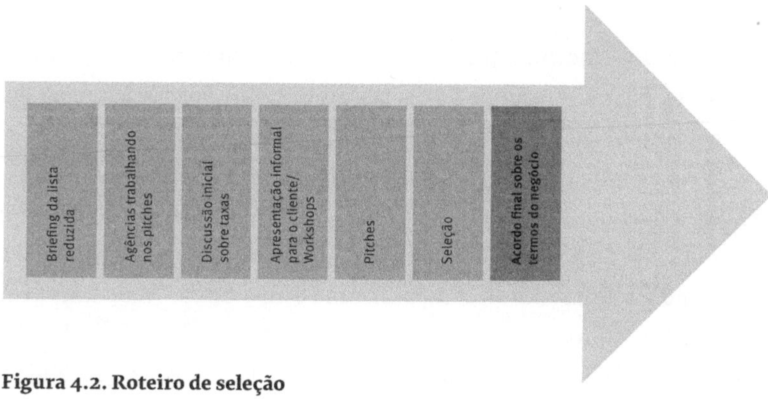

Figura 4.2. Roteiro de seleção

A equipe do cliente agora se encontra com frequência com as três ou quatro agências que continuam no páreo — nas fases 1, 3, 4 e 5, e provavelmente por fora do processo também. Isso é bastante tempo para começar a construir laços emocionais.

Mas a decisão do cliente de nomear a agência vencedora é apenas uma parte da equação. A outra é a agência decidir aceitar o novo cliente. É claro que a linguagem corporal da agência durante o processo de pitch é amplamente, se não totalmente, entusiasmada. Mas concordar em trabalhar com um novo cliente é como aceitar uma oferta de emprego ou comprar uma casa pela qual você se apaixonou: você ainda tem de concordar com os termos e assinar os papéis.

Mudar o nome dos serviços de pitch da AAI para "decisão mútua" foi o modo de reconhecer que a decisão da agência é tão importante quanto a do cliente para o estabelecimento de uma nova parceria comercial potencialmente produtiva.

Permitindo a participação da intuição na Abordagem de Decisões Inteligentes

A Parte 2, Etapas 11-15, funciona assim:

11. Se há um caminho que é obviamente o melhor, dê uma pausa no assunto, durma e repense no dia seguinte. Como você se sente na manhã seguinte? Não seja racional demais. Agora que você configurou o processo de uma forma lógica, é hora de confiar na intuição.
12. Se houver duas decisões possíveis, passe um dia pensando na primeira e durma. Depois, no dia seguinte, pense na segunda opção e durma. Como você se sente ao comparar uma com a outra? Mais uma vez, confie no instinto.
13. Decida. Em seguida, comunique a decisão a todos os envolvidos — o que inclui vender a ideia e obter a aprovação necessária para tornar a decisão mútua. Naturalmente, em uma situação de confronto, você não quer que seu inimigo ou adversário saiba o que você está pensando. Em muitas situações, a decisão só se torna real quando você a comunica.
14. Invista tanta energia na implementação da decisão quanto investiu na elaboração dela.
15. Mantenha-se a par de como a decisão está procedendo. Tente pelo menos tomar notas, para que possa usar os aprendizados nas próximas vezes.

As decisões precisam ser baseadas em um equilíbrio entre recompensa positiva e risco negativo, não apenas em um ranking de vantagens atraentes.

Outra razão pela qual precisamos incluir a intuição

Fiquei muito impressionado com o livro de Errol Wirasinghe, *The Art Of Making Decisions* (2003). Sem Errol, eu nunca teria tomado conhecimento de um ótimo artigo de 1956 escrito por George A. Miller, um psicólogo cognitivo de Princeton. Miller cunhou a ideia de que sete, mais ou menos dois, é o número mágico para caracterizar uma das principais limitações da capacidade do cérebro. Aparentemente, a mente consciente só pode reter sete, mais ou menos duas, informações ao mesmo tempo, tanto coisas que pensamos nós mesmos quanto coisas que importamos de fora. Se formos analisar, algo entre cinco e nove unidades de informação não é muito, especialmente em algo complexo como o processo de tomada de decisão. É um longo caminho para explicar por que a escolha (ver Capítulo 7) difere de outros tipos de tomada de decisão. Quando escolhemos, temos de eliminar candidatos menos promissores (muitas vezes um de cada vez) para nos darmos uma tarefa exequível, com apenas um número limitado de comparações binárias a fazer. Na tomada de decisão, a regra de Miller "5-9" torna essencial permitir que a intuição desempenhe o seu papel – ainda que em um processo que tenha sido estruturado desde o começo.

O lado emocional da tomada de decisão

Apesar do que aprendemos sobre o instinto (e a regra das "5-9 informações"), a maioria dos livros e documentos sobre tomada de decisão partem do pressuposto de que a racionalidade e a lógica são os principais impulsionadores. A teoria de avaliar as vantagens e desvantagens por meio da aplicação da análise de riscos e recompensas baseia-se em indivíduos e equipes realizando suas deliberações de forma fria e distanciada.

Já percebemos que essa suposição não é segura. Outro artigo famoso escrito em 1979 por um acadêmico japonês, Masanao Toda, da Universidade de Hokkaido, desafia essa ideia. Em "Emotion and Decision Making", um relatório de ciência comportamental para a Universidade de Hokkaido,

Toda afirma que a tomada de decisão emocional era a norma corrente no período anterior da evolução do homem, quando a espécie vivia no limite e era frequentemente colocada em situações de estresse extremo (*Homo iratus?*).

Toda acredita que o ambiente selvagem e primitivo em que os nossos antepassados viviam exigia uma abordagem emocional, porque muitas decisões estavam relacionadas com a vida e a morte. Sua teoria é que um sistema de decisão não emocional e mais analítico é produto de um período muito mais tardio na evolução. Mas, curiosamente, ele acreditava que essa abordagem cognitiva foi projetada não tanto para substituir a abordagem emocional, mas para complementá-la.

Se ele estiver certo, a racionalidade não deve ser o único princípio organizador. A racionalidade e a emoção podem estar frequentemente em conflito, mas pode ser que o sistema cognitivo de decisão não funcione sem a ajuda do sistema emocional.

Pensando na aplicação prática desse ponto de vista em 2012, questiono se devemos elevar automaticamente a abordagem lógica e rejeitar motivadores "terrenos" como o amor, o ódio e a vingança. Certamente, há uma enorme evidência empírica de que "pessoas comuns" (isto é, nós) tomam muitas decisões movidas por afeição ou aversão e pelo desejo de vingar os erros, insultos e o que vemos como injustiça.

Eu diria que, quando estamos em posições de autoridade, em comissões ou usando uniforme, é muito provável que tenhamos ilogicidade e preconceito permeando nossas deliberações. Acrescente o interesse próprio à lista de emoções, e não há absolutamente nenhuma dúvida sobre isso.

Pode ser que entender que o lado emocional desempenha um papel na tomada de decisão exponha uma grande diferença entre tal processo e a resolução de problemas (que tem a probabilidade de ser mais racional como um todo).

Neste livro, examino com particular atenção as áreas fora do âmbito empresarial para descobrir se estamos subestimando a influência da emoção. Já sabemos, pela psicologia que usamos em marketing e publicidade, que fazer escolhas pessoais de parceiros, carreiras, casas, carros etc. são tão guiadas pela emoção quanto pela lógica. Talvez a economia comportamental ocupe uma área mais ampla da tomada de decisão do que pensávamos. Uma boa pergunta é se a influência emocional vem da mente consciente ou subconsciente. O preconceito, quase por definição, vem por piloto automático do subconsciente. Mas todos nós conseguimos lembrar de situações em que fomos conscientemente emocionais em nosso julgamento ou tomada de decisão. "Emocional" não implica que estamos fora de controle — apenas que não estamos sendo totalmente racionais.

Como racionalizamos a intuição?

A teoria diz que algumas decisões são tomadas somente após cuidadosa consideração, enquanto outras são baseadas em sentimentos instintivos. De um modo geral, quanto mais tempo tivermos para decidir, mais vamos, no mínimo, ponderar sobre as opções — fazendo listas e avaliando prós e contras (como Benjamin Franklin aconselhou seu sobrinho a respeito de como escolher entre duas esposas potenciais há mais de duzentos anos). Se há pouco ou nenhum tempo disponível, geralmente contamos com experiência, instinto e/ou treinamento. Veja os pilotos, soldados, bombeiros, árbitros, enfermeiras de triagem e assim por diante.

Até agora, tudo bem. Dois livros: *Blink* (2005), de Malcolm Gladwell, e *Gut Feelings* (2007), de Gerd Gigerenzer, são bons para nos levar através dos prós e contras da tomada de decisão de curto prazo. Achei o livro de Gigerenzer útil, porque explica como funcionam os nossos instintos e faz com que o leitor se sinta melhor por confiar neles. Por exemplo:

- É a Heurística do Reconhecimento que explica a fidelidade a uma marca, mesmo diante de uma marca mais barata.
- Eu amo o Grau Beneficente de Ignorância proposto pelo autor, que permite que os competidores inteligentes de programas de perguntas e respostas obtenham a resposta certa a partir da maneira como uma

pergunta é feita, mesmo quando ela está fora de sua zona de conforto de conhecimento (e ele provavelmente nunca assistiu Chris Tarrant apresentando a versão britânica de *Quem quer ser um milionário?*).
- Eu acho a Inteligência Inconsciente uma maneira muito boa de explicar como frequentemente conseguimos usar regras gerais para resolver problemas e tomar decisões de forma precisa e, muitas vezes, mais rápida e melhor do que o faríamos usando a lógica e o método.

Gigerenzer usa outro termo que me parece verdadeiro: o Cérebro Evoluído. A maioria de nós é tão condicionada pela nossa educação formal que queremos fazer da aprendizagem um processo totalmente lógico e linear, com relações previsíveis capazes de ligar entradas e saídas. Em *Gut Feelings*, há numerosos exemplos de como o cérebro dá um jeito de solucionar os problemas sozinho:

- A intuição dos detetives (que acredito ser algo que se estende a outros agentes, como juízes, árbitros, professores, parceiros que suspeitam de algo errado).
- A determinação de cientistas pioneiros.
- As associações promovidas pelo amor romântico (e Gigerenzer afirma severamente que a intuição é tanto uma habilidade masculina como feminina, apesar do mito!).
- Até mesmo um código moral instintivo.

Em *Blink*, o tema central de Gladwell é que a intuição não é uma habilidade vaga com a qual nascemos, mas uma habilidade crua que podemos conscientemente desenvolver e aguçar para nos tornarmos melhores tomadores de decisão. Ele também adverte que o instinto pode nos decepcionar e nos ajudar. Por exemplo, a aparência das pessoas (sexo, cor, forma, tamanho) pode influenciar a forma como pensamos sobre elas e reagimos a elas. Aqui reside o preconceito e a mente fechada, em vez da mente aberta de que precisamos para tomar decisões imparciais. É interessante ler as resenhas on-line de *Blink*. Gladwell tem sido criticado por dar mais e mais exemplos de onde o viés inconsciente tem dificultado a tomada de decisão, sem fornecer um caso convincente da habilidade da intuição como uma ferramenta confiável. É um tanto complicado.

Ambos os livros reafirmam que uma decisão instintiva pode vir a ser tão certa e tão bem-sucedida quanto uma decisão meticulosamente tomada. Uma vez atravessada essa barreira de credibilidade, podemos abraçar alegremente o instinto e a intuição e aceitar que são ferramentas úteis (e de fato confiáveis). Dessa forma, racionalizamos a intuição e lhe damos o mesmo respeito que o processo lógico e o pensamento. Nenhum dos métodos de tomada de decisão é infalível. Do mesmo modo, seria errado considerar a lógica e a racionalidade como o caminho óbvio para os homens em oposição às mulheres, ou quando se tem mais tempo.

A percepção de que as emoções, as intuições e a álgebra de Benjamin Franklin têm o seu lugar, e que são habilidades complementares, facilita muito mais nossa missão de viver! Em vez de olharmos separadamente para decisões racionais e decisões influenciadas pela emoção e pelo instinto, deveríamos provavelmente aceitar que a maioria das decisões tem de ter uma dose liberal de razão, emoção e instinto. Pode até ser que as mentes conscientes e subconscientes estejam brigando entre si pela supremacia, mas, muitas vezes, elas trabalham juntas, quer percebamos isso (conscientemente) ou não.

Rápido e frugal

Em um artigo escrito em parceria com Daniel Goldstein em 2004, "Reasoning the Fast and Frugal Way: Models of Bounded Rationality", Gigerenzer elogiou heurísticas simples que não requerem grandes quantidades de coleta e análise de dados. Mas há um problema:

> A simplicidade cria não só robustez, mas também transparência. Um perigo é que os métodos complexos tão frequentemente utilizados pelos gestores em

> áreas como finanças, economia, marketing e planejamento estratégico podem se tornar um fim em si mesmos, um ritual para impressionar os outros, que pode não oferecer nem um pingo de impacto adicional no mercado. Além de querer impressionar os outros, os líderes, às vezes, optam por propagar a complexidade em vez da transparência porque acreditam que ela tem um efeito tranquilizador sobre as partes interessadas, transmitindo a ideia de que a maior qualidade disponível em processos está sendo usada arduamente para a resolução dos problemas importantes.

Como os autores salientam, voltamos à conhecida citação que é equivocadamente propagada de Albert Einstein: "Torne as coisas o mais simples possível, mas não simplificadas."

Lições da neurologia moderna

Mente consciente versus subconsciente

Kia Nobre é professora de neurociência cognitiva na Universidade de Oxford. Seu livro *Attention and Time* (com Jennifer Coull, 2010) confirma plenamente a teoria de Miller. Embora possamos notar literalmente centenas de coisas (incluindo informações e dados) em um curto período de tempo, a mente consciente só pode lidar com uma pequena fração delas. Aparentemente, piscamos cinco vezes por segundo e assim tiramos uma "fotografia" a cada duzentos milissegundos. Por causa das câmeras digitais, sabemos que não demora muito para adquirirmos quantidades absurdas de imagens, razão pela qual temos de apagá-las regularmente. O subconsciente faz a mesma coisa. Não surpreende que ele distorça o que levamos em conta de acordo com nosso nível de interesse. Como costumamos dizer, "o tempo voa quando você está se divertindo" e "uma panela vigiada nunca ferve".

Controle automático e inconsciente

Julien Doyon é diretor da unidade de neuroimagem funcional da Universidade de Montreal. Sua pesquisa é sobre como nós meticulosamente aprendemos habilidades que requerem destreza e, em seguida, armazenamos o conjunto de habilidades no cerebelo, para que possamos subconscientemente utilizá-las quando precisarmos. O cérebro tem a capacidade de se reorganizar, formando novas conexões entre as células cerebrais (neurônios). A forma como o cérebro se adapta a qualquer número de habilidades que aprendemos e usamos é conhecida como neuroplasticidade, ou apenas plasticidade. Pode levar muito tempo para nos tornarmos realmente proficientes em, digamos, tricô (uma atividade em que o dr. Doyon conduziu experimentos), golfe, artesanato, cozinha, qualquer coisa... mas, sempre que aprendemos algo novo, é memorizado pela plasticidade. Torna-se algo nosso, disponível para nosso uso, e não precisamos nem mesmo pressionar um botão, clicar num mouse ou emitir um comando para recuperar a habilidade aprendida. Os cientistas descreveram o estado em que nos encontramos quando estamos subconscientemente usando uma dessas habilidades como piloto automático ou controle de cruzeiro. Como a "panela vigiada" citada, temos muitas frases para descrever os resultados da plasticidade, muitas vezes usando exemplos familiares, como aprender a nadar ou andar de bicicleta. Procurei na internet ao acaso e encontrei as seguintes palavras tranquilizadoras em um site chamado about.com: "Andar de bicicleta é facilmente aprendido e não facilmente esquecido."[20] Exatamente. No início do Capítulo 9, há uma descrição memorável do mesmo fenômeno por Nigel Jones, que era jogador profissional de xadrez antes de se tornar executivo de publicidade.

O subconsciente pode falhar?

De fato, pode, como todas as partes do nosso corpo. Não surpreende que muitas informações sobre aspectos neurológicos surjam como resultado da busca por conhecimento e terapias potenciais em cuidados geriátricos. As pessoas mais velhas esquecem-se mais, e isso pode tornar-se um problema grave. Há também pesquisas fascinantes sobre problemas de destreza.

---

20 "Bike Riding is easily learned, and not easily forgotten." [N.E.]

Tanto o professor Charles Adler, da Clínica Mayo, no Arizona, como o dr. Mark Edwards, do Instituto de Neurologia da UCL, ganharam notoriedade com histórias de casos de tratamento de um profissional de golfe e um guitarrista, respectivamente. Ambos sofriam de uma condição chamada distonia – contrações musculares involuntárias. Para o profissional de golfe, isso provocou um mau funcionamento que os golfistas chamam "*yips*", nome dado à perda súbita de habilidade em um jogador experiente; para o guitarrista, aquilo simplesmente o impedia de ganhar a vida, porque ele não conseguia mais tocar sem errar. O tratamento envolveu o envio de corrente elétrica direta para o cerebelo.

A aprendizagem da neurologia

Deduzo:

- O subconsciente desempenha um papel vital em todas as atividades aprendidas.
- Conseguimos aprender qualquer atividade quando seguimos conscientemente instruções ou diretrizes racionais, e depois as guardamos na memória (graças à plasticidade).
- O processo decisório e seus elementos constitutivos são uma atividade que envolve aprendizagem complexa.
- Toda tomada de decisão (mesmo quando não é perfeitamente executada) deve ser feita a partir da plasticidade e da lógica.
- Temos de usar muito de nosso modo de piloto automático.
- Podemos aprender a nos tornarmos melhores no processo de tomada de decisão e reter esse conhecimento. Essa melhoria, tal como o aprendizado inicial, envolve tanto a mente consciente quanto a inconsciente.
- A teoria de Descartes (que só a mente pensa) não estava errada, apenas incompleta.

O contra-almirante David Snelson fala sobre o efeito do "piloto automático"

A Marinha fala sobre a capacidade de lidar com navios. Tem muito a ver com a consciência espacial. A consciência espacial é algo que você tem ou não tem, mas é possível melhorá-la. Talvez o caso mais claro em que ela é realmente necessária seja a função de piloto de caça tradicional. Se conversar com alguém que pilotou um jato rápido em combate aéreo, ele te dirá que consegue manter o cérebro focado no norte, enquanto o jato faz algo bem diferente. No entanto, o cérebro desse tipo de piloto ainda sabe onde está tudo à sua volta. É uma habilidade extraordinária, e os pilotos de caça a têm. Curiosamente, os marinheiros também a possuem, especialmente os capitães de submarinos, porque eles aparecem rapidamente na superfície, dão uma olhada ao redor para ver o que os navios estão fazendo na superfície, descem novamente, viram seu submarino e vão em uma direção diferente. Entretanto, estão pensando naqueles navios que viram pela última vez. Tal embarcação estava ali, outra estava indo para lá, e eu estou indo para acolá. Há uma consciência espacial muito complexa acontecendo no cérebro. Colocar um navio na direção certa é uma versão menor disso, porque você ainda pode ver tudo o que está acontecendo ao seu redor. Um piloto de caça e um capitão de submarino não podem.

A tomada de decisão é um jogo que funciona melhor em equipe

Um aspecto da nossa herança educativa é a nossa tendência de tentar enfrentar desafios e resolver problemas sozinhos. Equacione isso com um exemplo básico de economia comportamental: o papel do computador pessoal em nos tornar solitários autossuficientes. Temos aí uma receita para tomadores de decisão de baixo desempenho.

Se já não era óbvio que o trabalho em equipe é um elemento essencial para uma tomada de decisão bem-sucedida, o aspecto do enquadramento é o gol. A melhor forma de tomar decisões depende significativamente do enquadramento que usamos para centrar o nosso pensamento. A sequência do processo começa assim:

1. Qual é o problema que está nos forçando a tomar uma decisão?
2. *Qual enquadramento estamos usando?*
3. *Podemos pensar em outros enquadramentos possíveis?*
4. Temos toda a informação, experiência e feedback necessários para tomar uma decisão? Ou precisamos de mais informações?

Um dos grandes benefícios do trabalho em equipe é que é provável que tenhamos quase tantos enquadramentos quanto participantes. No dia do referendo eleitoral, pude observar os diferentes enquadramentos usados pelos principais protagonistas políticos no debate sobre voto alternativo. É claro que o objetivo de uma equipe não é maximizar o número de enquadramentos, mas sim aprender a partir dos que são relevantes, trazidos para a discussão por cada membro da equipe.

Mas, antes de marcarmos reuniões para selar um consenso, vamos ser um pouco radicais. É extremamente difícil chegar a um consenso (no sentido de adesão voluntária a um ponto de vista, linha de pensamento ou curso de ação) em reuniões convencionais. A cultura de reunião, a hierarquia, os perfis de personalidade e a falta de tempo significam que se reunir em uma sala de conferência é uma forma realmente ineficiente de partilhar diferentes abordagens. Há um excelente artigo de Ram Charan sobre esse fenômeno ("Conquering a Culture of Indecision"), publicado na *Harvard Business Review*, em relação à tomada de decisão mais inteligente (2007). Charan fala sobre "falsas decisões" que emergem de tais reuniões. Elas são falsas porque a adesão não é sincera, e os participantes da reunião que não concordam (mas não o dizem) farão seu melhor depois para minar a decisão e derrubá-la.

A solução? Charan defende o diálogo franco e honesto, de modo que todos os membros-chave do grupo de tomada de decisão se comprometam a seguir o caminho acordado, mas reconheçam as opiniões dissidentes (e, muitas vezes, sensatas) de cada indivíduo. Minha opinião sobre isso é que, sem um consenso artificial, a implementação de uma decisão importante tem mais chance de ser flexível (e, portanto, provavelmente mais bem-sucedida), porque os membros da equipe podem aplicar sua expertise em aspectos cruciais da execução da decisão.

As equipes têm de trabalhar em conjunto de forma sinérgica, não concordar em tudo. Mas uma coisa sobre a qual precisam concordar é a questão-chave.

A questão-chave

Você deve fazer as perguntas certas no início para ter certeza de que está operando dentro do enquadramento correto. Delimite o enquadramento e reformule essa delimitação quantas vezes forem necessárias para garantir que você esteja fazendo a pergunta crucial. Pode parecer contraintuitivo fazer perguntas quando os outros estão à procura de respostas, mas isso é fundamental para a ciência da decisão. De todas as Armadilhas de Decisão comuns, a cegueira no enquadramento (tentar resolver o problema errado) é provavelmente a mais destrutiva. Certifique-se de que você está fazendo e respondendo às perguntas certas. Quais são os problemas? As oportunidades? Qual é a pressão a que estamos sujeitos, e será que isso nos impede de pensar direito? A maioria das decisões desastrosas são tomadas sob pressão e baseadas em avaliações incorretas sobre problemas e oportunidades. A identificação da questão-chave é crucial.

A jornada não é um passo único: mapeando um processo de decisão e gerenciando-o ao longo da vida de um projeto

Quando avaliamos as opções, olhamos para quatro aspectos: entender quais são os riscos; identificar as ameaças potenciais; prever possíveis resultados; e avaliar a viabilidade: podemos executá-las? A fórmula vencedora exige pensamento crítico – uso rigoroso da informação, experiência, observação e raciocínio – e também análise de impacto – identificar todas as consequências da mudança e executar planejamento de contingência.

Você não pode ser um tomador de decisão eficiente a menos que tenha dominado uma série de técnicas de resolução de problemas e de tomada de decisão. É essencial também:

- dominar processos para lidar com dados e informações;
- saber como fazer as perguntas certas;
- compreender as Armadilhas de Decisão comuns e como evitá-las;
- estar preparado para lidar com o que pode correr mal na implementação;
- ser dedicado ao feedback e ao aprendizado (caso contrário, você pode estar "condenado a repetir a experiência");
- estar preparado para pôr em prática pensamento proativo e sistemático para equilibrar as pressões reativas do momento – de smartphones, e-mail e notícias.

Há graus relativos de estresse em jogo aqui. Ter que tomar uma decisão no final de um processo controlado, desencadeado por suas próprias ideias ou pelas dos colegas, é materialmente menos estressante do que ter que decidir de forma reativa. Em seu livro *What They Don't Teach You At Harvard Law School* (1987), Mark McCormack diz que ele nunca atende uma ligação de negócios no escritório. Ele coloca outra pessoa para atender as ligações, e em seguida ele próprio retorna, depois de verificar os arquivos necessários ao assunto ou falado com os colegas que podem ter algo a dizer sobre a questão. Curiosamente, Nigel Jones, da Publicis, disse-me algo semelhante: "Não tente tomar uma grande decisão ou responder a um e-mail crucial sem antes passar uma noite pensando no assunto." É igualmente importante compreender que a implementação é tão importante quanto a decisão. Exige o mesmo grau de planejamento e análise de risco e impacto.

Mais do que

Isso nos leva à questão da priorização — um dos principais elementos da tomada de decisão. Tanto como indivíduos quanto como parte de equipes em organizações, precisamos constantemente tomar decisões não em um vácuo neutro, mas em relação a outros objetivos e outras decisões.

Nós damos prioridade a certos aspectos em todos os tipos de situações, classificando uma meta à frente da outra ou julgando que "x" é mais importante do que "y". Chamo isso de "Mais do que". Alguns exemplos:

- Os jogadores de críquete da Índia claramente valorizam jogar na IPL (Indian Premier League) **mais do que** na Test Cricket, disputa entre seleções nacionais de críquete.
- A mais recente Revisão de Defesa[21] considerou que a manutenção do poder militar em terra é importante, **mais do que** a potência naval, dispensando assim o investimento em alguns veículos de guerra.
- Para o governo Cameron-Clegg, investir no Serviço Nacional de Saúde é importante, **mais do que** investir em qualquer outro departamento. Para esse mesmo governo, cortar gastos é importante, **mais do que** assegurar postos de trabalho.

A ideia de "Mais do que" funciona como qualquer outra matriz de decisão, porém são necessários dados e inteligência para ajudar a classificar a importância relativa de objetivos diferentes antes de criar uma série de opções. Portanto, o processo é assim:

1. Use os melhores dados e inteligência — e continue procurando por mais.

---

21 *Defence Review* é o processo pelo qual o governo do Reino Unido toma decisões sobre políticas de defesa e sobre os meios e recursos dedicados a esses objetivos de defesa. [N.E.]

2. Tenha clareza sobre qual(is) objetivo(s) é(são) mais importante(s) do que os outros.
3. Delimite o enquadramento – e, se necessário, continue delimitando até que a questão central (e quaisquer outras) tenha sido verdadeiramente definida e acordada.
4. Estruture as opções mais viáveis para atingir os objetivos (em ordem) e resolver os problemas.
5. Identifique as vantagens e desvantagens de cada opção.
6. Execute análise de risco e recompensa, garantindo que você não vai se deixar levar pela atratividade de uma opção se ela tiver uma desvantagem perigosa.
7. Pondere cuidadosamente a recompensa e o risco, e então tome a decisão "Mais do que".

O que sempre temos que lembrar é que priorizar não é um fim em si mesmo – esse processo apenas define o ranking de metas. Ainda temos de formular perguntas, resolver problemas e tomar decisões.

A priorização, assim como qualquer desafio mental multidimensional, é o que faz com que os excelentes tomadores de decisão se destaquem dos demais. Também é muito difícil de fazer sozinho. Até mesmo déspotas corporativos, generais rebeldes e você e eu, como indivíduos, somos aconselhados a perguntar a opinião de outros antes de concluir qual é a questão "Mais do que" central. Não sou fã da maioria das reuniões, mas, para organizar prioridades em uma situação difícil ou em uma onde existem oportunidades conflitantes, você vai precisar de reuniões – reuniões produtivas!

Identifique os limitadores e você tomará decisões melhores

Até agora, nos concentramos principalmente na necessidade de avaliar o lado positivo e o lado negativo de várias opções antes de tomar uma decisão. Na verdade, a avaliação de recompensas e riscos é fundamental para qualquer situação de escolha.

Mas é irreal excluir o papel dos "limitadores" (fatores que restringem ou excluem opções). O dinheiro é um exemplo óbvio. Quer se trate de um jovem casal olhando máquinas de lavar roupa, quer seja um oligarca russo comprando iates gigantescos, haverá sempre orçamentos e questões de preço. Mas a economia comportamental nos ensina que a arquitetura de escolha não é puramente moldada por considerações financeiras. O dinheiro não é o único limitador. Exemplos de um espectro bizarramente vasto podem incluir:

- escolha de carreira: qualificações inadequadas, falta de experiência, falta de empregos atrativos;
- selecionar uma agência: falta de capacidade, conflito de contas;
- escolher um destino de férias: sem creche no local, sem passeios atrativos;
- fornecer cobertura aérea em um conflito: nenhum porta-aviões disponível para levar as aeronaves até o local;
- virar um jogo: escalação ruim do time, jogadores exaustos e fora de forma.

Desvantagens e limitadores são coisas diferentes. No golfe, um obstáculo de água é uma desvantagem (a bola pode cair na água se você não der a tacada certa). Uma árvore obstruindo a trajetória da sua tacada é um limitador (você precisa tomar medidas evasivas). Não reconhecer a diferença pode sair caro. A mesma previsão de chuva contínua pode ser uma desvantagem para uma equipe de Fórmula 1 (a previsão pode não ser precisa durante todo o tempo da corrida), um limitador para uma equipe de críquete (mesmo que a chuva pare, um terreno molhado atrapalhará) ou uma vantagem para os jardineiros (não precisarão regar suas plantas). Refletir sobre os limitadores torna a tomada de decisão mais realista. Isso evita que se perca tempo considerando opções hipotéticas.

Por qual razão o planejamento de marketing tantas vezes não leva em conta os limitadores? Provavelmente, a mistura tóxica de otimismo natural e medo de ser demitido por não ser otimista o suficiente, que é praticamente uma exigência da área do marketing. Se um general comete um erro, pode ainda assim ganhar uma batalha por algum golpe de sorte – mas uma guerra? Improvável!

Sorte

Falamos de limitadores, ou seja, fatores que restringem ou excluem opções. O dinheiro (ou melhor, a acessibilidade) é um exemplo óbvio para a maioria de nós. Mas o limitador é apenas um dos fatores na teoria da decisão que não é nem uma vantagem nem uma desvantagem em qualquer opção que você analise. Outra consideração muito importante é a sorte. O meu blog se chama *Making Better Decisions, Better*, o que significa "Como melhor tomar decisões melhores". A palavra "melhores" aqui refere-se ao resultado da decisão. A palavra "melhor" refere-se à qualidade do processo de tomada de decisão. O processo só pode realmente ser julgado pela razão e pela lógica. Quando se trilha determinado caminho até uma decisão, este caminho pode ter sido solidamente bem pensado ou, simplesmente, não. Mas uma decisão pode ser qualificada como inspirada, brilhante, clarividente etc. quando, na realidade, houve uma grande fatia de sorte na maneira como as coisas aconteceram. "A melhor decisão que já tomei!" é frequentemente algo que é dito com entusiasmo apenas quando o pior já passou. Da mesma forma, uma equipe de talentos trabalhando em perfeita sinergia pode avaliar todas as opções, decidir sobre o caminho que estabelece o equilíbrio ideal entre recompensa e risco, e chegar a um resultado abaixo da expectativa.

A sorte é, muitas vezes, o fator decisivo. Pergunte aos apostadores – àqueles que fazem apenas três ou quatro apostas por semana, tendo em conta quantidades incalculáveis de dados e evidências, e àqueles que têm um registo consistente de apostar em cavalos lentos. Apostadores profissionais podem ver suas "certezas" perderem, assim como algum sortudo pode apostar aleatoriamente e ganhar o Tote Trifecta.[22] A sorte vai desempenhar um papel importante.

Você pode estar no lugar certo na hora certa e ver sua vida virar do avesso. Mas, se estiver no lugar errado na hora errada, pode virar o alvo de uma bala ou cruzar com um motorista bêbado dirigindo do lado errado da rua.

Você pode ser inteligente, calculista, organizado e ponderador das probabilidades. Entretanto, se não tiver sorte, você ainda pode perder. Se alguém souber a fórmula para ter sorte, compre o livro dele!

Volte atrás se precisar

Um fim de semana eu estava dirigindo de minha casa em Reading para ir jogar golfe a quase quarenta milhas de distância, em Surrey. Enquanto dirigia na rodovia M4, percebi que tinha deixado para trás a minha bolsa esportiva, contendo uma muda de roupa. Pensei rapidamente: "Em um dia quente como este, vou precisar de uma ducha e de uma camisa limpa para a entrega do prêmio." Então, decidi virar no cruzamento seguinte e voltar para casa. O falso começo custou-me cerca de vinte minutos. Mas valeu a pena. Eu ainda cheguei a tempo, e, puxa, como foi bom tomar aquele banho depois de quatro horas ao sol!

"Ficar em cima do muro" não é uma boa atitude na teoria tradicional de decisão. Nem voltar atrás. Mas por quê? Todos nós tomamos decisões (complicadas, simples) com base em uma série de opções que foram trabalhadas e seguimos pelo caminho que demonstrou ter o melhor equilíbrio entre o lado positivo e o lado negativo. Quando saí de casa para ir ao campo de golfe, não tinha levado em conta a desvantagem da possibilidade de eu esquecer a minha bolsa. Mas uma vez que isso passou a fazer parte da equação... foi hora de recalibrar.

---

22 Acertar quais serão os cavalos que ganharão o primeiro, segundo e terceiro lugar, na ordem correta, em uma única aposta. [N.E.]

Muitas vezes, as coisas mudam entre o momento da tomada de uma decisão e da implementação. Se as novas circunstâncias não forem tão favoráveis, volte atrás na decisão. Grupos muito diferentes, como empresários, gestores de futebol e políticos, reconhecem a verdade disso.

No mundo dos negócios, os estrategistas e os profissionais de marketing frequentemente fazem afirmações sobre a ação competitiva (ou a falta dela). Mas, se a concorrência lançar um novo produto ou reduzir os preços, não vale a pena seguir implacavelmente um plano quando está claro que mudar de rumo seria mais vantajoso.

Um determinado esquema tático pode ter parecido uma boa ideia antes do começo do jogo, mas uma lesão em um jogador-chave ou dois gols feitos pelo adversário logo no começo podem mudar completamente o cenário. Volte atrás e tente algo diferente.

"A situação mudou"

Tomadores de decisão não podem se dar ao luxo de colocar os pés para cima após tomar decisões importantes. A situação continua, e você sempre terá um alvo em movimento para acompanhar.

As melhores ilustrações disso vêm de situações de desdobramentos rápidos, como no esporte e nas guerras. Por mais astuto que seja o plano de jogo de uma equipe de críquete, tudo depende do clima, do cara ou coroa no começo do jogo, do que os adversários decidem fazer e do desempenho deles. Os capitães de críquete têm de aceitar que nenhum desses quatro fatores está sob seu controle – embora eles tenham os recursos para influenciar o quarto fator.

Da mesma forma, os generais não podem confiar no planejamento futuro. Há tantas coisas que podem mudar ou correr mal – desde aliados não confiáveis a armamento desconhecido utilizado pelo adversário, além do próprio clima e as estratégias e táticas do inimigo. É por isso que o xadrez é uma boa analogia à jornada da tomada de decisão. Procure as reconstruções dos movimentos dos grandes embates da história do xadrez (por exemplo, Fischer *vs.* Spassky, em 1972, ou Karpov *vs.* Kasparov, em 1985), e verá que, depois de praticamente todos os movimentos, um a um, é possível dizer com segurança que "a situação mudou".

Não basta que os decisores cumpram as regras:

- estabelecer metas;
- usar os melhores dados e inteligência;
- delimitar o enquadramento e, se necessário, continuar a delimitar;
- estruturar as opções mais viáveis;
- identificar as vantagens e desvantagens de cada opção;
- analisar riscos e recompensas;
- tomar a decisão.

Você também tem de implementar a decisão e estar preparado para navegar por todos os altos, baixos, prós e contras.

Os estudiosos da tomada de decisão continuam observando avidamente enquanto o Governo Cameron-Clegg (conhecido como "governo da Coligação" no Reino Unido) toma uma série de decisões estratégicas e táticas, de longo e curto prazos, para lidar tanto com as consequências das manifestações quanto com os desafios futuros.

"A situação mudou" é um clichê, bem como o "reflexo patelar".[23] Penso que é um pouco difícil utilizar essa frase para rotular todas as respostas de curto prazo do governo. Após o choque e a brutalidade das ruas em chamas e dos saqueamentos executados por gangues, um primeiro-ministro que se limitasse a responder com palavras sábias e planos a médio prazo seria considerado um fraco.

Os negócios enfatizam a importância do trabalho em equipe. A operação e o pensamento solos são desaprovados. Há pouco tempo para pensar.

---

23 O teste do reflexo patelar é um conhecido teste de diagnóstico em que o médico dá uma pequena pancada no joelho do paciente para estimular uma reação automática. [N.E.]

O calendário está repleto de reuniões intermináveis, muitas das quais são para carimbar ou questionar "planos" que geralmente não podem ser concretizados. As reuniões não são geralmente concebidas como fóruns para a tomada de decisão. A linguagem utilizada muitas vezes não ajuda. Ser decisivo não é necessariamente bom. Se você tomar decisões o tempo todo e metade delas estiverem erradas, você é "decisivo"?

Artigo do blog

Plano B: a semântica de um clichê. Mas você realmente precisa de um segundo plano.

É agora um lugar-comum ouvir os críticos das políticas econômicas da Coligação dizerem que ela "nunca teve um plano B". Presumivelmente, isso significa que o novo governo optou por um programa imediato de redução da dívida sem considerar outras opções.

Pessoalmente, duvido disso. Depois de tantos anos fora do poder (catorze anos de partido conservador, 96 de partido liberal democrata), arriscar alienar praticamente toda a população com cortes em seu nível de vida habitual não era exatamente a decisão mais óbvia.

As políticas anunciadas por Cameron, Osborne e Clegg foram praticamente a única solução sensata para o desastre econômico confrontado. A Coligação deve ter calculado que a impopularidade à frente seria mais do que compensada pela retidão da decisão e pela esperança de que a poda drástica acabaria por produzir uma árvore mais saudável.

Mas ninguém, no início do verão de 2010, previa um colapso na zona do euro. A previsão do Banco da Inglaterra para a economia do Reino Unido era de um crescimento muito modesto. Para além da situação desastrosa enfrentada pelos nossos maiores parceiros comerciais na Europa continental, assistimos a um grave aumento da inflação, impulsionado sobretudo por uma explosão dos preços dos combustíveis.

Então, o que fará agora o governo? Certamente, eles estão nesse momento trabalhando, e em breve revelarão, o plano B. Não o plano B alternativo, mas o plano B sequencial. Todos que tomam uma grande decisão percebem que se trata de uma jornada, não de um único passo. Generais, governos de transição, CEOs, até mesmo gestores de times de futebol e rugby e capitães de críquete precisam de um plano sequencial para o caso de a grande decisão não funcionar como planejado.

Cameron está falando em aliviar as restrições de crédito e estimular a construção de habitações. Osborne admitiu ontem que a redução da dívida está com um ano de atraso. A falta de crescimento causará mais problemas econômicos, a menos que medidas sejam tomadas. A escalada do desemprego tem grandes consequências políticas e sociais, bem como econômicas. O desemprego juvenil ameaça a validade da estratégia educacional do país à medida que os jovens que abandonam a escola e a faculdade passam a precisar de benefícios.

O plano B destinado a corrigir as coisas — ou, pelo menos, a encaminhá-las em um rumo mais positivo — deve estar agora nas reservas. Quando anunciado, será uma admissão de fracasso ou uma demonstração de tomada de decisão sensata? Todos sabemos como é importante ponderar os prós, os contras e todos os dados e fatores disponíveis antes de tomarmos uma decisão séria. O que, por vezes, é esquecido é que a tomada de uma decisão é apenas o primeiro passo. Em seguida, tem de ser implementada e gerida. O plano B faz parte dessa gestão.

Decisões difíceis

"Vai ser uma decisão difícil" é uma daquelas frases que traem a angústia da pessoa que as profere e comunicam o que pode ser uma má notícia a quem estiver ouvindo. Perguntei a sir Nick Young, da Cruz Vermelha, sobre a decisão mais difícil que ele teve de tomar:

> Dispensar quinhentas pessoas. Eu absolutamente odiei fazer isso, porque eram pessoas que tinham dado tudo à organização, que acreditavam nela, eram apaixonadas por ela, não tinham feito nada de errado, mas era necessário dispensá-las; tínhamos que economizar catorze milhões de libras. E esse foi um período horrível, horrível, horrível.

Fiz a mesma pergunta a Colin Moynihan, da BOA:

> Decidir fazer um acordo no caso com o Comitê Organizador dos Jogos Olímpicos e Paralímpicos de Londres sobre um fundo de legado esportivo duradouro em vez de levar a disputa aos tribunais; essa foi uma decisão difícil. Àquela época, fechar um acordo era o mais certo para que pudéssemos nos concentrar nos atletas, mas eu sabia que tínhamos razão no caso e sabia que devíamos ter dado continuidade.

Na verdade, utilizamos a expressão "decisão difícil" de duas maneiras diferentes:

- É uma decisão difícil; ou seja, eu ou outra pessoa vamos ser prejudicados ou perder alguma coisa.
- É difícil tomar essa decisão; ou seja, é difícil resolver os problemas, não é fácil fazer a análise de risco e recompensa ou é complicado escolher entre dois cursos de ação.

Deveríamos, então, tornar a coisa menos complicada? Ou será que a decisão difícil e o processo de decisão complexificado são adequados se quisermos tomar decisões com seriedade? Acredito sinceramente que o último é verdade. Como disse HL Mencken: "Para cada problema complexo, há uma resposta que é clara, simples e errada."

Por exemplo, você não precisa de uma acuidade anormal ou grandes poderes de dedução para fazer qualquer uma das seguintes coisas:

- fazer um gol em um gol aberto (literal ou figurativamente);
- aceitar uma oferta de emprego para trabalhar em condições agradáveis por menos horas e mais dinheiro;
- devolver um sorriso a uma pessoa atraente;
- aceitar um almoço grátis;
- concordar em assumir uma tarefa ou contrato sem a realização de um pitch ou precisar competir com outra pessoa.
- Por outro lado:
- Se o gol está assim, aberto, poderia ser uma armadilha?
- Será que o "trabalho dos sonhos" tem alguma pegadinha?
- Ele ou ela está sorrindo para você por pura alegria de viver ou pode ser um movimento calculado? Pense no gol aberto novamente.
- Sério, você sabe o que pode acontecer ao aceitar comida grátis!
- Poderia ter sido uma boa ideia ser mais cauteloso em assumir esse contrato. Por que aqueles que o ofereceram não passaram pelo processo competitivo normal?

Assim, a "decisão rápida que não é difícil" pode facilmente tornar-se uma "decisão realmente difícil" assim que você começar a olhar para as possíveis desvantagens que acompanham o óbvio lado positivo. Além disso, todo bom processo de tomada de decisão foi concebido para ser rigoroso, portanto, exigente e difícil. Pesar as combinações de altos e baixos nunca vai ser fácil. Você não estará olhando apenas para cálculo de recompensa e risco. Você também deve procurar a diferença entre dados mais e menos confiáveis. Não é suficiente prever o respectivo potencial vencedor do seu lado contra o do inimigo, ou do seu cavalo contra o cavalo favorito... também é necessário prever as implicações do tempo!

Artigo do blog

Demitir-se é uma das maiores decisões

Sir Paul Stephenson foi notícia de primeira página quando se demitiu do cargo de comissário da polícia após apenas dois anos na posição. Foi então a vez do comissário adjunto, John Yates, outro policial muito proeminente. Somadas às renúncias do alto escalão da News International e News Corp, as consequências do escândalo de invasão de privacidade já foram espetaculares.

É um lugar-comum na política britânica que a oposição exija que os indivíduos colocados em altos cargos "considerem rever sua posição". Mas, por mais agudo que seja o apelo, é relativamente incomum que as pessoas apresentem sua demissão tão rapidamente.

Até onde eu sei, não há muito para orientar o aspirante a demissionário, além do aconselhamento jurídico personalizado e inevitavelmente caro. No entanto, deparei-me com um site prático, chamado **www.i-resign.com**, que contém alguns conselhos práticos, por exemplo: "Se você está saindo em circunstâncias tensas ou ruins, resista à tentação de falar mal e desabafar."

Em termos de ciência da decisão, a grande questão (e eu estou falando em geral, e não sobre nenhum caso em particular) tem de ser: qual é o seu objetivo ao renunciar?

- Está buscando expiação – fazer reparações por supostos erros ao sacrificar seu trabalho?

- Está jogando a toalha – colocar distância entre você e uma confusão?
- Está tentando ganhar empatia?
- Está liberando o caminho para assumir algo mais agradável, mais bem pago, menos estressante ou mais perto de casa?

Em muitos círculos elevados, renunciar a um cargo é também potencialmente limitador para a própria carreira, para não mencionar financeiramente custoso. O problema com as demissões é que elas estão sempre abertas a falsas interpretações. Pessoas amigáveis podem falar sobre a situação de uma maneira positiva. Inimigos ou críticos podem imputar motivos presumidos:

- "Ele fez a coisa mais honrosa."
- "Ele se atirou à espada."
- "Ele saiu antes de ser chutado para fora."
- "Há mais nessa situação do que aquilo que se pode ver."
- "Pedir demissão assim é a mesma coisa que admitir o erro."

Uma coisa é certa: pedir demissão não é fácil nem confortável. De todas as categorias de tomada de decisão pessoal, é uma das mais difíceis. Às vezes, a pesagem de vantagens e desvantagens pode deixar o tomador de decisões com a sensação de que a melhor vantagem não é tão grande assim, e que todas as opções têm desvantagens potencialmente enormes.

Decisões e jornadas

Toda decisão importante é uma jornada, não um único passo. Sem ser muito metafísico, uma jornada de decisão começa bem antes que você saiba qual decisão você vai tomar. Começa na etapa de planejamento, normalmente a partir de um problema. Se definirmos "problema" como a diferença entre onde estamos e onde queremos estar, esse problema pode, na verdade, ser uma oportunidade.

Resolver o problema e considerar as opções é o prelúdio para a escolha do caminho preferido a se seguir. É aí que você está pronto para tomar a decisão em si. A jornada não acaba aqui. Ela continua na implementação, em que mudanças de rumo ou ajustes mais sérios podem ser necessários para continuar a navegar em direção ao seu objetivo.

Falando em jornadas e navegação, lembro-me de alguns anos atrás, quando tive uma nova companheira em minha vida. Viajamos juntos. Ela liderou. Eu a segui. Toda a experiência me deu uma nova perspectiva de vida, particularmente na questão controversa da comunicação entre os sexos. Você não precisa ser um ativista "mulheres de Vênus, homens de Marte" para acreditar que, tanto nos negócios quanto na vida pessoal, homens e mulheres falam uns com os outros de maneiras fundamentalmente diferentes.

Homens: quantas vezes vocês já anularam a fala de uma colega do sexo feminino usando erroneamente uma estratégia de debate de homem para homem, tal como "Que parte de 'Faça do meu jeito' você não entendeu?". Mulheres: vocês conseguem se lembrar do olhar na cara de algum colega de trabalho do sexo masculino quando vocês disseram a ele que a ideia inovadora dele se baseava claramente em algo que vocês já haviam explicado meticulosamente seis semanas antes?

Minha nova namorada era diferente. Ela inventou uma palavra que resolvia os problemas da comunicação entre os sexos. Quando surgia um problema, ela não recorria a falas tipicamente femininas ("Não consigo me concentrar se você estiver gritando comigo"), ou mesmo a falas tipicamente masculinas ("Por que você não me disse para virar à direita antes de chegarmos na saída?"). Ela simplesmente usava a palavra "recalculando". Sem culpas. Sem rancores. Nenhum "eu te avisei". Nenhum "a culpa é sua". Apenas "recalculando". Ela não criticava meus erros. Ela fazia tentativas positivas de encontrar uma solução. Economia puramente comportamental.

Funciona no carro. Ou em casa. Funcionaria no escritório. Ou durante uma tomada de decisão. Muito bem, SatNav.[24]

"Inteligência emocional de um poste"

Vamos avançar rapidamente a partir de um processo de decisão perfeitamente executado.

O problema diabolicamente difícil foi resolvido.

A melhor opção possível foi escolhida depois de vantagens e desvantagens, riscos e recompensas terem sido cuidadosamente ponderados.

Temos uma decisão, e os principais membros da equipe estão trabalhando sem descanso no plano de implementação.

Tudo o que resta para hoje é que nosso querido líder anuncie a decisão dentro da organização e nos meios de comunicação. Isso não é uma guerra nuclear, portanto, não faz mal levantar o cobertor de segurança que mantivemos durante semanas e revelar o que há por debaixo dele.

E o que ele faz? Ele faz um pronunciamento completamente errado. Daí a descrição pouco lisonjeira do seu desempenho nas manchetes.

Por que isso acontece tantas vezes? Por que os governos e as organizações anunciam decisões perfeitamente sãs de uma forma totalmente deturpada? Três razões principais, creio eu:

1. A tomada de decisão é um processo difícil e demorado. Pessoas cansadas e aliviadas por finalmente terem chegado a uma decisão podem, infelizmente, dar lugar ao mau humor na hora de preparar e entregar a comunicação. Essa é uma armadilha em que as pessoas tão diversas como políticos e aqueles no topo das organizações esportivas muitas

---

24 SatNav (abreviação de *satellite navigation*) é um dispositivo de GPS embutido nos carros em países do exterior. O trocadilho aqui se refere à frase proferida pelo sistema, "recalculando rota", quando o motorista do carro desvia do caminho sugerido. [N.E.]

vezes caem. O comportamento que fez sucesso na sala de reuniões pode ser pouco impressionante na conferência de imprensa. Tony Blair entendeu isso e floresceu. Gordon Brown fez exatamente o oposto.

2. Muitos líderes simplesmente superestimam suas habilidades de comunicação. Os tipos de falha que são ignorados em reuniões com colegas, familiares e amigos podem ser salientados na TV e no rádio, ou sob a pressão de um jornalista. O infeliz Tony Hayward, ex-CEO da British Petroleum, foi um exemplo recente. Não foi tanto o que ele disse sobre a resposta da BP ao derramamento de petróleo no Golfo do México, mas sim como ele disse que causou sua queda.
3. É fácil esquecer todo o dano que pode ser causado por pessoas sem poder se uma decisão que as afeta for interpretada de forma antipática ou alienante. Tudo o que é necessário para transformar os não poderosos em oponentes e manifestantes eficazes é um sentimento de injustiça generalizado e o oxigênio da publicidade para alimentar as chamas.

Assim, a toda a expertise cerebral, processual e analítica que constitui um grande tomador de decisões, precisamos acrescentar as habilidades de plausibilidade e comunicação de um porta-voz desenvolvido.

"Send three and fourpence, we're going to dance"

A mensagem bizarra acima foi a corrupção apócrifa de uma mensagem transmitida durante a Primeira Guerra Mundial que deveria ter dito "*Send reinforcements. We're going to advance*".[25]

A propósito, quanto valiam três e quatro pence? Resposta: dezesseis pence, cerca de metade da quantia necessária hoje em dia para usar o banheiro em Paddington a caminho de uma festa. Apenas as pessoas com mais de quarenta anos no Reino Unido se lembram da introdução da moe-

25 Em vez de o receptor entender "mande reforços, nós vamos avançar", o que chegou até ele foi "mande moedas de três e quatro pence, nós vamos dançar". [N.E.]

da decimal (em 15 de fevereiro de 1971). Aqueles com menos de quarenta e o resto da população mundial lutam para entender por que diabos contávamos vinte xelins para totalizar uma libra, e doze pence para formar um xelim.

A falta de comunicação é um grande inimigo da boa tomada de decisão. Clareza é tudo, e todos nós entendemos isso. Então, como é que as linhas são cruzadas com tanta frequência? Acho que o advento do e-mail tem muito a ver com isso. Confiamos completamente nele. Mas, se pararmos para pensar, o e-mail funciona de forma diferente de qualquer tipo de comunicação de massa que usávamos antes:

- Não foi concebido para conversas (como uma reunião ou um telefonema).
- É uma forma conveniente de eu fazer uma pergunta enquanto, ao mesmo tempo, dou a resposta – ou pelo menos a minha opinião sobre essa resposta.
- Se você e eu entrarmos em um diálogo através de e-mails que serão lidos por mais pessoas, teremos a preocupação de registrar nosso próprio ponto de vista para saber o que pensam os outros. Dessa forma, o e-mail também é um sistema de arquivamento.
- Antes da internet, costumávamos escrever cartas uns aos outros. Mas o ritmo de entrega dos correios implicava um período de tempo muito mais longo – geralmente lento demais para o estabelecimento de um diálogo. Simplesmente tínhamos que nos encontrar ou falar ao telefone se quiséssemos fazer as coisas avançarem em tempo real.

As mensagens de texto são sutilmente diferentes, devido à restrição do número de caracteres que você pode usar. São também mais íntimas, mesmo em um contexto empresarial. Uma troca de SMS é como uma versão de um telefonema, com as contribuições de ambos os lados escalonadas por conveniência.

Então, por que digo que o e-mail, muitas vezes, leva a erros de comunicação? Principalmente porque é um meio de fala, não um meio de escuta. Se estou mais preocupado em lhe dizer o que penso do que em ouvir o que você pensa, essa é uma receita para as linhas cruzadas citadas anteriormente.

Não é um bom resultado para um diálogo entre duas pessoas. Mas pode ser um desastre ainda maior se os participantes de um importante processo de tomada de decisão estiverem usando o e-mail para disseminar e comparar opiniões (o que acontece o tempo todo).

Erros, mal-entendidos e falhas de comunicação resultantes de tais situações custarão muito mais do que três e quatro pence para serem resolvidos.

Destaques sobre a tomada de decisão a partir das entrevistas

Daniel Topolski é famoso principalmente pelo seu notável recorde como treinador da tripulação de Oxford na Corrida de Barcos, competição de remo que acontece anualmente entre as equipes de Oxford e Cambridge. Ele levou a equipe de Oxford a doze vitórias dentre quinze corridas durante o período em que foi o treinador, incluindo dez vitórias consecutivas sem precedentes desde 1976. Ele também é remador, autor, comentarista e amante de viagens.

Topolski fez uma admissão incomum:

> Não sou um bom tomador de decisões. Tenho tendência a deixar as coisas para lá com frequência. Tenho tendência a pensar em algo por muito tempo. Mas sou capaz de tomar decisões muito rapidamente se for preciso. Então, por exemplo, onde estamos, esta casa – entrei e disse "sim, vamos ficar com ela". Era como se soubéssemos que tínhamos de decidir rapidamente, caso contrário iríamos perdê-la. Só tínhamos de fazer com que acontecesse. Então, em uma decisão como essa, você sabe, com certeza, e pensa "vá em frente, vá em frente".
>
> Uma decisão, por exemplo, de ir à África, largar tudo, passar um ano viajando por lá e talvez escrever um livro, tirar fotografias, esse tipo de coisa – sim, eu faço esse tipo de coisa também. Reservei uma passagem e depois pensei para onde iria. O resto do planejamento era seguir em frente da maneira

que eu quisesse e passar o tempo que eu quisesse onde eu quisesse. Só precisei decidir que iria.

Esse tipo de decisões, decisões a nível prático, tomo com muita facilidade. Vou às seis da manhã de amanhã para outro lugar que planejei para minha viagem ou vou ficar aqui? Decisões como começar uma família, casar — essas eu adiei. Não decido coisas assim. Em termos de qual caminho tomar em relação à carreira. Não, não consigo.

Desconfio um pouco de pessoas rápidas e decididas, porque há cinquenta por cento de chance de você errar. Eu prefiro um médico que demora um pouco para tomar uma decisão do que um médico que prontamente diz "sim, isso é o que vamos fazer, vou encaixá-lo amanhã e faremos tudo". A mesma coisa nos negócios, a mesma coisa na vida na cidade. Você sabe, esses caras que estão jogando com o nosso dinheiro nos bancos — decisões rápidas, alto risco. Nós temos algum respeito por eles? Não sei se temos. Isso é altamente valorizado um tomador de decisão no topo do negócio. Não sei se isso me agrada. Prefiro levar meu tempo.

Para mim, os alemães, os japoneses, são povos que têm uma espécie de hierarquia plana e que recebem conselhos até do trabalhador da fábrica. Portanto, o modo como tomam decisões é realmente bem-informado, e eles baseiam toda a ética empresarial nisso, enquanto nós temos essa coisa de "eu sou o chefe e tenho de tomar esta decisão". Acho que tem um pouco a ver com classe. Há a hierarquia militar, que tendemos a levar para o mundo dos negócios.

Quem está no comando toma todas as decisões. Tudo para nele.

Nigel Jones, CEO da agência de publicidade londrina Publicis, disse-me algo semelhante: "Não tente tomar uma grande decisão ou responder a um e-mail crucial sem ir dormir pensando nele." Ele disse:

Tenho feito exatamente o que faço no xadrez, ou seja, quero andar depressa, quero poder fazer cinquenta coisas por dia, não apenas uma. Você tem de encontrar uma maneira de pensar que permita que você faça isso, que seja pragmática, então eu tenho uma abordagem do tipo intuitiva, sensorial, estética,

> se-joga-e-vê-no-que-dá, e isso me levou até onde eu estou agora. Não estou dizendo que é perfeito, e tenho certeza de que cometo muitos erros, mas penso que estou mais vezes certo do que errado!

A minha entrevista com Nigel foi notável. Absolutamente ninguém mais descreveu o processo de decisão visualmente (ver Capítulo 9). De todas as pessoas cujos livros li e de todas as pessoas com quem falei, ele foi o único que o fez.

A pessoa que chegou mais próximo disso é Ellis Downes, ginecologista, que diz que provavelmente realiza quinze ou dezesseis procedimentos por semana. Ele me disse que sempre sabe instintivamente quando vai haver um caso, a cada semana – "nunca é mais do que isso" –, que não é o que ele espera ver, ou que se apresenta de forma diferente, como dizem na medicina. Em outras palavras, ele faz os exames, verifica o histórico médico, talvez já tenha até tratado a mulher antes, e que geralmente ele tem "provavelmente 98% de certeza do que [vai] encontrar ao examinar alguém, e [sabe] o que [pode] fazer a respeito; mas, ocasionalmente, algo inesperado ocorre".

Compartilhei isso com o Nigel. "Bem, é assim que me sinto", disse ele, "sinto isso com os briefings – se você me desse agora um briefing que escreveu ontem à noite, eu o leria e teria um pressentimento. Seria um instinto estético: isso é bonito ou feio?"

Ellis Downes me contou:

> Mesmo médicos experientes cometem erros, e outros membros da equipe saberão o suficiente para perceber quando algo não está certo. Lembro-me sempre que, embora nem todas as decisões (e eu provavelmente tomo uma centena de decisões todos os dias úteis) sejam difíceis, todas são de importância monumental para o meu paciente e sua família. A medicina é diferente de outros campos, pois não fazer nada não é uma opção.

Ellis me disse que as decisões em medicina podem ter efeitos financeiros e geográficos dramáticos. Uma mesma intervenção ginecológica tem uma frequência de duzentos casos em Dallas/Fort Worth em comparação com dezenove em Leeds/Bradford – com aproximadamente a mesma população. O limite de reanimação no Reino Unido é de duas horas, mas é muito menor na Zâmbia.

Sir Jeremy Greenstock é um diplomata aposentado que por um longo período atuou como embaixador das Nações Unidas (ONU). Ele me disse:

> Não me coloquei conscientemente em frente ao espelho e perguntei: "Sou um tomador de decisão? O que é a tomada de decisão?" Se você está fazendo o que é necessário em sua carreira e chegando em algum lugar com isso, você gradualmente percebe que é mais capaz de tomar decisões do que as pessoas em posições juniores que têm menos experiência, ou mais do que você mesmo era dez ou vinte anos antes. Você olha para seus colegas ou seus concorrentes que têm experiência semelhante e pensa se eles podem tomar decisões ou se têm de recorrer a outra pessoa, porque você está procurando vantagem competitiva o tempo todo. Minha carreira foi em uma profissão competitiva e, portanto, você faz julgamentos sobre os seus adversários como se estivesse em campo, para saber se a bola pode passar por eles ou ir em uma direção diferente onde eles não serão capazes de seguir. Ou, se vocês se encontrarem, como aconteceu com Sergei Lavrov no Conselho de Segurança, um formidável oponente que é capaz de destruir seu movimento de avanço, você encontrará outra maneira de ultrapassá-lo.

O bispo Urquhart me disse:

> As teorias da tomada de decisão são, como diria o maravilhoso sociólogo Zygmunt Bauman, "passar do complicado ao complexo", porque a maioria das organizações, e particularmente aquelas como a Igreja Anglicana, são excessivamente complicadas. Penso que, na verdade, nossa legislatura, agora no Parlamento, é complicada demais. Temos legislação excessiva, o que a torna complicada demais. Mas os seres humanos são bons, e eu diria que Deus nos deu esse dom de trabalhar com complexidade. Variedade, criatividade, pensa-

> mento lateral, todo esse tipo de coisa. Portanto, estou em busca de uma tomada de decisão eficaz em um sistema complexo que não é complicado devido a complicações desnecessárias.

Perguntei ao general sir Mike Jackson, antigo chefe do Exército Britânico, se ele ensinava os mais jovens a tomar decisões, como quando lecionava no Staff College.

> Não quando você coloca assim, em letras maiúsculas. É algo que é endêmico no mundo das forças armadas, mas não é visto como uma habilidade separada, uma competência ou qualquer palavra da moda no momento. A forma militar de abordar um problema é friamente analítica, inclui a decisão, mas não é apenas a decisão. É a análise da situação, o surgimento, a menos que você tenha muita sorte, de mais de um curso de ação, e eles terão suas vantagens e suas desvantagens, e é preciso pesar isso na balança, chegando ao julgamento, chegando à decisão, e então implementando. Agora, se tudo isso puder ser contido nas palavras "tomada de decisão", como você deseja definir, tudo bem. Mas muita ênfase é colocada na análise que leva à melhor decisão disponível, dependendo do tempo. O tempo, é claro, vai ser, muitas vezes, um grande prêmio. Às vezes, não será, mas o que importa é o plano que então emerge do curso de ação escolhido. Quanto melhor for a inteligência, melhor será a decisão que tomaremos. É um dos fatores que deve ser considerado como parte da análise. Você olhará para a situação, olhará para as forças relativas das tropas, e isso é, em parte, inteligência e pesquisa. As intenções inimigas, o tempo que você tem. Novamente, o tempo faz parte de sua análise. Qual é a finalidade? Qual é o objetivo? Que recursos eu tenho? E então, é claro, a arte da liderança é a maneira pela qual você aplica os recursos. E assim a inteligência, claro, contribui para isso.

Sir Tom Hughes-Hallett, CEO do Marie Curie, falou-me sobre algumas das decisões mais importantes que ele tomou:

O que encontrei foi uma organização notável com um grande número de funcionários, cinco mil, totalmente comprometidos com o que estávamos fazendo. Nós não éramos financeiramente robustos e, com uma grande variedade de atividades – serviços de enfermagem, o maior provedor de cuidados hospitalares, um bilhão de libras em educação e formação, e um instituto de pesquisa científica –, não estávamos levantando dinheiro suficiente.

Eu não conseguia entender por que empregávamos tantos enfermeiros. Adaptei-me, assim, ao ritmo da cidade. Dessa forma, reestruturei a captação de recursos, e, como resultado, um número considerável de diretores optou por sair. Tipo, todos eles. E me tornei diretor de angariação de fundos e diretor executivo. E fiz isso em todas as áreas da organização, exceto em uma. Então, uma vez que comecei a arrecadar fundos, o chefe do setor de cuidados médicos decidiu sair, depois que ele e eu conversamos sobre o caminho a seguir. Após isso administrei o setor por dois anos.

Sendo assim, eu realmente pus a mão na massa e melhorei a organização a partir da posição forte em que ela já estava. E agora temos mil funcionários a menos do que quando eu entrei, fornecemos três vezes mais cuidados e arrecadamos mais do que o dobro do dinheiro. Portanto, é uma organização drasticamente diferente. Dessa forma, é muito mais eficiente. Também é mais focada. Livrei-me do setor de educação e formação e fechei nosso instituto de investigação científica, que ontem foi vendido. Então, agora é uma caridade muito mais focada, é verdade, focada em uma única coisa, que é dar às pessoas a chance de morrer onde quiserem e recebendo cuidados. E nós cuidamos de 55 por cento de todas as pessoas que morrem em casa, de câncer e, atualmente, de todas as doenças terminais, porque deixamos de ser voltados apenas para o câncer. Pensei que era algo antiético. Assim, abordei os administradores e perguntei: "Vocês vão retirar a restrição, para que possamos cuidar de todos?" Houve um tempo e uma época.

No início, essas decisões eram solitárias, difíceis. Não é fácil reduzir números em uma instituição de caridade, porque em outras áreas você tem um talão de cheques, então pode pagar às pessoas. Aqui você não pode. E, quase sem exceção, isso tem sido doloroso. Mas depois de cerca de quatro anos, por volta de 2004, deixei de tomar decisões sozinho.

Tomei outra decisão que foi muito contracíclica no mundo da caridade em termos de comportamento. Comecei a promover as pessoas. As instituições de caridade têm o estranho hábito de procurar pessoas de fora para preencher os cargos seniores, como aconteceu comigo, e depois se surpreendem quando a equipe sênior não está muito motivada. Então, se você olhar para o nosso conselho agora, todos eles foram promovidos de dentro da organização, com duas ou três exceções. Desse modo, o conselho é composto por nove pessoas, sendo seis delas antigas na organização e muito apaixonadas pelo que fazem.

Algumas outras falas:

Ellen MacArthur: "Antes da viagem, pensamos em todos os problemas e desastres possíveis... Temos de tomar centenas de decisões por dia no mar, mas fazemos isso processando informação."

Colin Moynihan conta a história de uma decisão incomum tomada pelo seu mentor político:

> George Jellicoe estava no coração do Partido Conservador, foi um grande esportista em sua juventude, um esquiador extraordinário e um dos fundadores do Serviço Aéreo Especial a pedido de Churchill. Sua decisão no final de uma guerra corajosa e bem decorada (a Segunda Guerra Mundial) foi jogar fora seu relógio. Ele nunca mais usou o relógio, mas sabia exatamente que horas eram. Ele sentiu que os anos de guerra tinham sido determinados pela precisão do tempo, e seu relógio representava isso, por isso decidiu nunca mais usar um relógio, mas sabia exatamente que horas eram. Ele tinha uma agenda cheia e uma vida muito ocupada, e nunca se atrasou para nada.

Karl Gregory, do Match.com:

> É a decisão mais importante que você vai tomar na sua vida. Quando você pergunta às pessoas quais foram as grandes decisões que elas tomaram na

> vida, todas dizem coisas como "minha casa", "meu emprego", "meu carro"... mas, na verdade, se você parar para pensar sobre isso, é encontrar sua alma gêmea e decidir ter filhos com ela, e passar por toda essa experiência. É melhor do que todo o resto.

E é claro que essa decisão — quase mais do que qualquer outra — tem de ser mútua!

5. É UMA QUESTÃO DE TEMPO

O número mágico 60 — é vital saber quanto tempo você tem

Ouvi uma voz distante no meu ouvido: "Antes de começarmos esta seção, vamos passar pela ata da última reunião. David, pode confirmar para mim que você fará as atas da reunião de hoje com imenso prazer?"

Sr. presidente, eu só queria que isso acabasse logo.

A nossa obsessão global por reuniões não está nos custando minutos. Está tirando horas do nosso dia, dias da nossa semana e semanas do nosso ano. Contando fins de semana, feriados, férias anuais e dias de ausência por doença, temos provavelmente um ano de trabalho efetivo de 220 dias. Vamos supor que, em média, estamos envolvidos em uma reunião que dura uma hora, e mais uma que dura uma hora e meia, por dia. Isso significa 550 horas por ano gastas em reuniões – mais de quatro meses completos de trabalho! Como chefe do meu próprio departamento de estatísticas inventadas, mas plausíveis, acredito que cinquenta por cento de todas as reuniões não levam os participantes para mais perto de uma decisão, e que mais de sessenta por cento das horas são desperdiçadas.

Culpo uma cultura de reunião que nos dá a ilusão de que estamos avançando com as coisas, quando, na verdade, as reuniões, muitas vezes, não servem a nenhum propósito útil e absorvem bilhões de horas comerciais que poderiam ter sido produtivas de outra forma.

Para mim, uma reunião é um fenômeno que é intrinsecamente pouco ligado à tecnologia, nascido do gregarismo do *Homo sapiens*. Penso que foi gerado por instintos sociais, não comerciais. Gostamos de nos juntar para conversar!

Tempo é relativo

A tomada de decisão é uma questão de tempo. Quando estamos confiantes, sentimos que temos tempo suficiente para tomar decisões. Dirigir, ir para o trabalho ou para a escola, caminhar pelas calçadas cheias de gente, cozinhar, praticar um esporte em que somos bons. Se a atividade e o ambiente são familiares, não temos problema em executar qualquer tarefa e não é necessário encontrar tempo para tomar infinitas microdecisões. Agimos no piloto automático.

Isso é igualmente verdade se você foi treinado para tomar decisões rápidas – em sessenta segundos ou muito menos – como parte do seu trabalho.

Nós tendemos a avaliar as opções em termos de melhor vantagem em consonância com a desvantagem menos negativa. Mas, por vezes, há pouca vantagem óbvia e temos de votar na desvantagem menos desagradável. Muitos exemplos desse tipo de escolha são enfrentados por pessoas com boa formação e longa experiência: soldados, policiais, médicos, socorristas, tripulações de barcos salva-vidas, enfermeiros de triagem etc. Frequentemente, há muito pouco tempo para pensar e absolutamente nenhuma chance de intelectualizar. Mas o fato de esse tipo de decisão ter de ser tomado rapidamente não o torna menos difícil.

Contudo, se você tem uma reunião de uma hora marcada, pode planejá-la com antecedência para torná-la o mais produtiva possível. O planejamento antecipado é ainda mais prático se o tempo do projeto for de 60 horas, 60 dias ou 60 semanas. Os últimos são projetos maiores, mas que abrem mais espaço para falhas. Com períodos de tempo mais longos, há tempo para planejar. No entanto, o projeto não funcionará a menos que haja uma mistura de pensamento linear e lateral e que haja uma boa gestão do andamento. Também é útil traçar o perfil dos membros da equipe para garantir que a equipe seja complementar e funcional (ver Capítulo 6).

Kevin Murray, presidente da Bell Pottinger, escreveu um livro chamado *The Language of Leaders* (2011). Ele entrevistou sessenta CEOs e presidentes, e os pressionou para saber mais sobre seu estilo de comunicação. Ele acabou com cerca de quinhentas mil palavras de transcrição e marcou as palavras mais usadas, das quais as mais comuns foram "velocidade" e "agilidade".

São pessoas na posição afortunada de poder invocar exércitos de tenentes. Eles têm acesso a todos os recursos, dados e inteligência que o dinheiro pode comprar. Mas, ainda assim, acreditam que velocidade e agilidade são cruciais. Na tomada de decisão, assim como no resto de suas vidas empresariais, o tempo é crítico.

60 segundos ou menos

A rápida tomada de decisões é resultado de treinamento e experiência, seja uma questão de vida ou morte, ou apenas de rotina. De soldados a bombeiros, de controladores de tráfego aéreo a enfermeiros de triagem, da polícia aos árbitros de futebol, o tempo é um luxo que simplesmente não existe. Paddy Eckersley me contou sobre uma ocasião, quando era capitão da Saudi Airlines:

> Abri a porta da cabine do piloto e entrei nela, e claro que estava um caos absoluto. Havia um alarme tocando, luzes vermelhas piscando e, ah, Deus, ele estava saindo do lugar dele e dizendo: "Sente-se, sente-se aqui!" E eu pensei: bem, há muito barulho. A primeira coisa a fazer é parar o barulho do alarme.

Ele estava voando como passageiro de Jeddah a Casablanca quando um motor de bombordo explodiu e o outro pegou fogo. O chefe dele estava pilotando o avião e chamou Paddy para a cabine de pilotagem para assumir o comando. Paddy lidou muito bem com a emergência porque foi meticulosamente treinado. Isso é o que acontece a todos de quem se espera decisões rápidas, tomadas em segundos ou menos. Um soldado entrevistado em uma estação de rádio sobre as ações que lhe valeram uma cruz militar disse que "todo o treinamento simplesmente foi ativado".

60 minutos

O tempo médio de uma reunião. Podemos simplificar a tomada de decisão de negócios se tornarmos as reuniões superprodutivas. Os numerosos slots de 60 minutos que temos em nossos horários diários e semanais merecem mais atenção e planejamento, e ter resultados muito mais úteis do que, muitas vezes, é o caso.

Meetings, Bloody Meetings: título de um vídeo de treinamento da Video Arts, estrelado por John Cleese (1976). Trata-se de um programa de treinamento memorável que ridiculariza reuniões inúteis e mal geridas. Ainda está lá no YouTube e, infelizmente, continua igualmente relevante.

60 horas ou mais

A fórmula vencedora: lembrar que se trata de uma jornada, não de um único passo. Mapear um processo de decisão e gerenciá-lo ao longo da vida de um projeto. Muitas vezes, projetos significativos começam como uma questão a ser analisada durante o fim de semana, ou quando lhe é dado um resumo na segunda-feira e o chefe diz: "Vamos falar sobre isso na quinta-feira, depois que eu tiver a oportunidade de pensar nisso." Em todas as organizações, é preciso haver processos que proporcionem uma avaliação adequada para decisões grandes, mesmo que não haja tempo para fazer todas as consultas necessárias, com oportunidade limitada para analisar os dados disponíveis e sem possibilidade de fazer qualquer nova pesquisa. O intervalo de tempo de 60 horas é geralmente longo o suficiente para se ter uma visão, mas insuficiente para tomar uma decisão firme.

A emergência de Paddy Eckersley (que foi tanto um desafio de 60 segundos quanto de 60 minutos)

> Então, fui sentar-me atrás, no andar superior. Não queria ficar lá na frente porque tinha de fazer o voo de regresso; precisava descansar. Meu chefe, o capitão

sênior, queria passar algumas noites em Casablanca, portanto, ele não precisaria voltar com o voo. Essa era a ideia dele. Conforme estávamos iniciando a decolagem, houve um estrondo alto, e o avião meio que sacudiu. Eu pensei "ah, algum pneu arrebentou". O avião estava carregando muita carga, muito peso, combustível, e estava lotado de passageiros. Depois, ouvi o intercomunicador: "Paddy, venha à cabine do piloto."

Pensei "o que está acontecendo?". Então, levantei-me, claro, pois era meu chefe quem estava chamando, e eu pensando em tudo isso ao mesmo tempo.

A porta da cabine do piloto fica trancada na decolagem e aterrissagem, mas eu a abri e entrei na cabine. Há um alarme de aviso que soa quando há um incêndio ou algo de errado no motor, desse modo, eu me inclinei, cancelei o alarme e disse a ele: "Por que você quer trocar de lugar?", e ele disse: "Sente-se, sente-se aqui", saiu e passou por mim. Meu Deus, isso é errado. Não se pode mudar de comando em uma emergência, e eu não sabia o que se passava. Portanto, sentei no assento e afivelei o cinto. O primeiro oficial, um norte-americano, estava pilotando a aeronave àquela altura, porque meu chefe tinha acabado de sair de seu assento.

Reparei que ele estava virando à direita. Em Jeddah, tínhamos três pistas de aterrissagem. À esquerda estava o mar, e à direita as montanhas... Ainda estávamos subindo, a cerca de trezentos ou quatrocentos pés.

Eu lhe disse: "Tenho o controle, declare uma emergência." Eles sequer tinham declarado uma emergência ainda. Fiz uma varredura rápida e vi que eu não tinha nenhuma indicação de dois motores no lado esquerdo, que pareciam estar mortos, e estava muito difícil controlar o avião, porque os flaps estavam abaixados cerca de quinze graus. Eles não passavam disso. Então, eu disse ao engenheiro de voo, outro norte-americano, para começar a despejar combustível. Quando dei por mim, o capitão sênior estava de volta à cabine, atrás de nós, vendo o que se passava. Ele disse: "Você não pode jogar combustível fora, está despejando sobre o Royal State Palace." Eu respondi: "Olha, não quero saber, despeje. Você sabe que estamos muito pesados, não podemos subir, só temos dois motores."

Como não tinham declarado uma emergência, a torre não sabia o que se passava. As pessoas na torre disseram depois que estavam vendo nosso avião virando à direita e que tinham ouvido o estrondo. Elas conseguiam ver a fumaça, então sabiam que havia um problema. Dessa forma, quando coloquei os fones de ouvido, ouvi o homem da torre dizer: "Ok, faça o que tiver de fazer, declare uma emergência. Qual é a emergência?" Eu declarei: "Dois motores estão pifados." Dos quatro motores à esquerda, o motor número dois tinha mais ou menos explodido. O que tinha acontecido era que a turbina principal tinha se expandido e tocado nas paredes laterais da carcaça do motor, o que causou a sua desintegração em três partes. Uma parte tinha entrado na fuselagem logo abaixo dos passageiros de primeira classe, no porão de carga. Um segundo tinha entrado na fiação que percorre a borda dianteira da asa e que leva todas as informações dos diferentes motores para a cabine do piloto, e outros pedaços menores tinham entrado no motor número um. A terceira peça tinha saído pelo topo, quase acertou o tanque de combustível, e subiu para o céu, e a Boeing descobriu a rapidez com que essa peça caiu de lá pelo peso do pedaço de ferro que eles recuperaram e pela profundidade com que ela se enterrou no solo. Ela desceu diretamente pelo telhado de uma casa de uma pequena vila à beira-mar. Perfurou um telhado de concreto e um chão de concreto. Felizmente, não havia ninguém dentro dela.

Fizemos os exercícios de emergência habituais, check-ups de emergência e assim por diante, e conseguimos despejar o combustível necessário para ficarmos leves o suficiente de modo que eu pudesse fazer uma aproximação. No trecho final, não consegui baixar o trem de pouso; não havia hidráulica suficiente, pois o sistema hidráulico estava danificado. Pensei que teríamos de aterrissar sem trem de pouso. Isso não é um problema sério em si, mas não conseguimos baixar todos os flaps e estávamos vindo em uma velocidade muito alta. Conseguimos isolar os dois motores danificados e aterrissamos em segurança. Todo o incidente demorou cerca de quinze minutos.

Sem incêndio, sem maiores problemas, e depois todos saíram. Já em terra, disseram-nos para não sairmos da cidade e assim por diante, pois haveria um inquérito. Quando subi as escadas, vi que o buraco era tão grande que era possível colocar meu corpo inteiro no buraco da asa. Por alguma razão, a peça não atingiu o tanque de combustível, caso contrário, tudo teria explodido em uma grande bola de fogo.

Pouco depois, um avião El Al, o mesmo modelo de 747, também perdeu dois motores na decolagem. O capitão perdeu energia de um lado e teve um problema de simetria. O motor em funcionamento empurra o avião, e, se você não conseguir controlá-lo logo, ele vai simplesmente virar. Esse sujeito, infelizmente, entrou em um bloco de apartamentos em Amsterdã e explodiu. Felizmente era um avião de carga, senão teria sido muito pior. Acho que havia algo de errado com o volante dos motores, e eles resolveram tudo depois disso.

É engraçado, as pessoas me perguntam no que eu pensei durante a emergência. Acho que em duas coisas. Número um, não quero morrer. Número dois, eu estava preocupado com o que os meus colegas diriam — todos os pilotos com quem trabalhei — se eu estragasse tudo. É estranho, só essas duas coisas. Àquela altura, não pensei na minha família nem em nada. Não estava pensando nos passageiros. Eu tinha quatrocentos passageiros a bordo, mas nem uma vez eles vieram à minha mente. É algo que me incomoda. Nunca fui capaz de explicar por quê. Mas essas coisas sempre incomodam.

David Jones, da Havas, sobre decisões rápidas

Ele disse:

Decisões rápidas são críticas. As empresas que tomam decisões mais rapidamente têm melhor desempenho, mesmo que tenham tomado as decisões erradas. Porque, na verdade, elas fazem o necessário para corrigir a situação posteriormente de maneira mais rápida do que as empresas que ficam paradas. A velocidade da tomada de decisão é absolutamente crítica.

Uma tomada de decisão que eu achei que representou bem isso foi durante o escândalo Galliano com Christian Dior. O presidente, Sidney Toledano, agiu no segundo em que a coisa do Galliano surgiu. Ele o demitiu imediatamente, em vez de ficar sentado, pensando: "Bem, ele é um grande e famoso designer de moda, podemos precisar dele, vamos ver como a coisa toda vai correr." Ele simplesmente agiu e disse: "Não toleramos um comportamento assim na nossa empresa, ele [Galliano] está despedido. Ele está fora, e fim." É necessário responder instantaneamente nos dias de hoje, porque realmente estamos em um mundo em que as coisas acontecem em tempo real.

Penso que, na tomada de decisão, você deve definitivamente usar fatos e dados, mas não espere até que você tenha cem por cento dos dados.

Simon Calver, da Lovefilm, fala das decisões rápidas e de como elas podem ser importantes

Tive uma reunião com Jeff Bezos (presidente e CEO da Amazon, que é dona da Lovefilm) na qual ele disse: "Olha, temos duas decisões agora. Ou continuamos com isto ou vamos para casa. E eu não sou do tipo de ir para casa, por isso, vamos continuar. Certo?" E foi isso, bang, milhões de dólares de investimento rapidamente criados em uma reunião de 45 minutos. A ideia era a seguinte: é com isso que vamos nos comprometer, é assim que vamos fazer acontecer, porque é assim que eu vejo as peças se encaixando.

Eu também aprendi que a decisão certa no momento errado, na verdade, é a decisão errada se eu não for capaz de executá-la. Em 2005, lançamos um serviço de download digital que não era um serviço de streaming. Um terço de todas as pessoas que baixaram o serviço ligaram para o atendimento ao cliente porque tiveram uma experiência ruim. Foi uma grande ideia no momento errado. A infraestrutura de banda larga não acompanhava, a tecnologia não acompanhava, os PCs das pessoas não acompanhavam.

Em qualquer organização, é preciso ter uma estrutura clara para entender como as decisões são tomadas e, portanto, quais são os graus de liberdade para cada gerente, para que eles possam se sentir confiantes. Se você não fornecer essa estrutura e a organização interna for uma espécie de miscelânea política de tomada de decisão, nunca haverá eficiência. Grandes corporações norte-americanas bem-sucedidas tendem a ser dirigidas por uma ou duas pessoas que tomam as decisões. Eles então mantêm um contingente de pessoas inteligentes que os ajudam a tomar as decisões para que eles possam ser muito rápidos e muito decisivos no que fazem.

Há um certo número de dirigentes norte-americanos plenos e seniores que são incrivelmente inteligentes. Aqueles que estudaram na Ivy League. Pessoas com MBA. Eles provavelmente tiveram uma das melhores educações em negócios em geral e ficam confortáveis em níveis plenos e seniores dentro de grandes organizações, rodando os dados e usando-os de uma forma que os gestores europeus não fazem. Você sabe como é, o gerente europeu estereotipado, que pensa "eu cheguei a esse nível, eu não preciso mais perder tempo verificando os dados".

Nas empresas norte-americanas, o foco nas métricas e a transparência em torno delas e da tomada de decisão é absolutamente crítico. Os gerentes entendem exatamente o que está acontecendo e têm uma enorme curiosidade intelectual sobre o porquê. Tenho pessoas muito boas à minha volta; podemos ser igualitários, e todos arregaçamos as mangas para botar a mão na massa. Podemos ver os dados juntos. Podemos fazer com que aconteça. É assim que a tomada de decisão funciona em empresas norte-americanas maiores com as quais trabalhei, e é a mesma coisa em todas elas. Tudo isso torna os norte-americanos tomadores de decisão rápidos e eficazes, o que é importante em geral — especialmente nas decisões que envolvem pessoas, quando é preciso agir rapidamente.

Daniel Topolski, o treinador de remo, sobre o porquê de ele suspeitar de decisões rápidas

O meu papel como treinador envolve a tomada de decisão com base em evidências. Algumas das evidências eu basicamente criei (por meio da configuração de testes, cronometragem e assim por diante). Também criei o teatro por meio do qual as evidências podem ser apresentadas. O tempo todo, você está tentando construir a confiança do seu grupo e a própria confiança deles em si mesmos para darem o seu melhor. Você está dando-lhes a arena em que a motivação pode florescer e se desenvolver. Mas cabe a eles provar o que valem.

O meu processo de tomada de decisão se baseia na experiência que tenho com essas pessoas e todo meu histórico do passado. Quanto mais tempo você estiver em uma área, mais informada será sua decisão.

Partilhei dois pensamentos com Daniel – a armadilha da "Decisão Antecipada" e o conceito de as decisões serem jornadas:

Concordo. Grandes decisões, decisões complexas, têm de ser jornadas. Não podem ser apenas um ponto no tempo. De certa forma, eu gosto que as decisões sejam quase tiradas das minhas mãos. Gosto que as decisões surjam da experiência que estamos vivendo, em vez de eu ter de tomá-las. Acho que as pessoas que tomam decisões rápidas, muitas vezes, tomam a decisão errada porque encaram aquilo como um momento no tempo. Elas não dão tempo para as decisões se desenvolverem. Você pode querer tomar uma decisão diferente mais adiante. Mas a questão é: quando é que você toma a decisão? Quero dizer, você pode ficar dizendo que ainda é muito cedo, que ainda é muito cedo e, no final, não tomar a decisão.

Eu não fico aborrecido por não ser um tomador de decisão rápido, mas posso tomar decisões rapidamente quando tenho uma reação instintiva. Não faço listas de prós e contras, mas gosto de ter um bom palpite sobre algo estar certo ou não. Por isso, procuro aconselhamento e não me envergonho de pedir conselhos às pessoas, de conhecer suas ideias e de fazer um esforço conjunto na tomada de decisão. Porque muitas das coisas que foram escritas sobre a tomada de decisão terminam na parte em que a decisão é tomada, sendo que não há uma decisão importante cujo verdadeiro teste ácido não seja a implementação e o que se aprende com ela.

Um momento de indecisão

É um clichê: "Um momento de indecisão lhe custou a chance de uma vida."

Se você é alguém cuja vida profissional é julgada por suas ações e reações sob pressão (forças armadas, serviços de emergência, dirigir ou pilotar, ou mesmo árbitro de futebol), você é treinado para evitar momentos de indecisão. Se for uma questão de vida ou morte (ou se parecer que é uma questão de vida ou morte, com cinquenta mil espectadores gritando com um árbitro), você simplesmente não pode se dar ao luxo de ser indeciso. Mesmo usando a tecnologia, um quarto oficial ou o que quer que seja para verificar a situação, ainda conta como uma decisão, assim como pedir uma opinião a um colega de equipe. Mas você não pode adiar a decisão por mais tempo do que o necessário para verificar algo ou pedir opiniões. A indecisão nessas circunstâncias pode ser figurativamente — ou mesmo literalmente — fatal.

Entretanto, para o resto de nós, em situações em que há tempo para considerar e pensar sobre as coisas, um momento ou dois (ou mesmo uma hora ou três, ou um dia ou vários) não fará mal nenhum. Não tome uma decisão até que esteja pronto. Siga a lista de verificação familiar:

- Temos a certeza de qual é a oportunidade ou o problema?
- Sabemos como vamos capitalizar ou resolver isso?
- Esta é uma tarefa para eu resolver sozinho ou é uma tarefa de equipe?
- Temos a equipe certa trabalhando no caso?
- Há dados e informações suficientes?
- Podemos conseguir mais se for preciso?
- Já exploramos todas as opções significativas?
- Já vimos as vantagens e desvantagens de cada uma?
- Realizamos uma avaliação objetiva dos riscos?
- Também demos o devido peso à intuição?
- Sabemos como vamos comunicar a decisão e implementá-la?

Tirar tempo para tomar a melhor decisão possível da melhor maneira possível não é indecisão. É sensato e lógico. É vital não se preocupar em ser visto como indeciso quando você está totalmente preparado para gastar o tempo que você tem disponível na otimização da decisão. É claro que pode ser prudente manter os membros da equipe, a família, o parceiro ou quem quer que seja no circuito. Como vimos no Capítulo 4, é quase certo que vamos precisar da adesão de outros a qualquer grande decisão que tomarmos, para que ela se torne efetivamente uma decisão mútua.

A experiência é um estranho aliado. Por vezes, diz a você para agir logo, porque você já viu uma situação semelhante antes e sabe o que fazer. Em outras ocasiões, diz a você para ir com calma.

A experiência também lhe diz que o excesso de promessas sobre o resultado de uma decisão pode ser tão equivocado quanto apressar a decisão em si. O chanceler e seus conselheiros devem ter sido tentados a açucarar a Declaração de Outono de 2011.[26] A liderança do Partido Trabalhista deve ter querido apoiar as greves e protestos que se seguiram. Seria fácil para o cirurgião que operou meu joelho no último inverno prometer alívio de toda a dor e problemas.

Fico contente por não terem feito nada disso. Ser realista com relação aos resultados é tão importante quanto tomar grandes decisões através de um processo bem executado.

Há decisões sobre as quais ficamos felizes em falar e outras que preferimos esquecer?

Quando você começa a levar a sério a tomada de decisão, é fácil procurar lógica e racionalidade onde não existe. Isso acontece porque somos humanos e emocionais. Sabemos que a emoção pode, por vezes, levar nosso julgamento a ser impulsivo e imperfeito. Como acontece com a maioria das coisas na vida, estamos mais interessados em falar sobre as decisões que funcionaram bem. E as decisões de que nos arrependemos? E as decisões involuntárias? E as decisões que falham? Há muitas atividades em que simplesmente temos de tomar uma decisão após a outra:

---

26 Planejamento de gastos apresentado em 2011 por George Osborne em que foi admitido que a situação econômica do Reino Unido estava pior do que parecia e que mais cortes no setor público seriam necessários. [N.E.]

- dirigir um carro;
- conduzir uma negociação;
- praticar qualquer esporte;
- apostar em jogos de azar.

Nem todas as "minidecisões" que fazemos vão funcionar. Pela lei das médias, seria simplesmente impossível. Só temos de usar nossa experiência e nossos instintos para termos a certeza de que os erros não serão desastrosos.

Pense nos momentos de "bifurcação na estrada" (quer seja literal ou figurativo). Temos de ir para a esquerda ou para a direita – porque ficar parado não é uma opção válida. Muitas vezes, não há evidências suficientes para continuar. Não nos tornamos uma pessoa má de repente por fazermos escolhas erradas.

Viajar é tanto uma grande analogia para a vida quanto uma fonte de excelentes exemplos dos perigos da tomada de decisão. Todos já passamos por situações como estar a caminho de uma reunião e ter o voo adiado, o trem chegar atrasado ou ficar preso em um engarrafamento por algum acidente na rodovia. Pelo menos, temos comunicações móveis hoje em dia, o que ajuda. Porém, nesses cenários, precisamos decidir:

- A reunião deve continuar sem mim/nós?
- Devemos pedir que a reunião seja adiada até chegarmos? E quando será isso?
- Ou devemos sugerir que a reunião seja reagendada?

A última opção é contracultura (algo remanescente da mentalidade de "o show deve continuar"), mas, às vezes, é o melhor caminho. Nestas circunstâncias, não é possível NÃO tomar uma decisão. Atraso, procrastinação ou um período em cima do muro podem funcionar bem em um projeto de longa duração, mas não em qualquer tipo de crise.

Converse com tomadores de decisões profissionais de curto prazo (pilotos, bombeiros, profissionais dos serviços de emergência). Você tem de tomar uma decisão. Mesmo com tempo muito limitado, ainda é melhor fazer um cálculo instantâneo de recompensa/risco. Todos os decisores qualificados instintivamente evitarão a tentação de maximizar o lado positivo, se o lado negativo potencial for realmente ruim.

Nem sempre há tempo para resolver o problema antes de tomar uma decisão. Às vezes, você ainda não saberá qual é o problema, muito menos terá uma solução pronta. Lembre-se de que ser um tomador de decisões é um modo de vida, e a vida não é perfeita. Às vezes, a decisão que você toma não se sustenta. O importante a ser lembrado é que você precisa ser capaz de se erguer novamente e lutar para vencer mais um dia.

Certamente a tecnologia facilitou as grandes tomadas de decisões, não é?

Basta olhar para todas as ajudas artificiais que agora tomamos como garantidas:

- celulares onipresentes e outros dispositivos portáteis que garantem que todos estejam acessíveis 24 horas por dia, 7 dias por semana;
- notícias instantâneas em inúmeros canais de transmissão, no celular, na rua, nos transportes e áreas de recepção;
- serviços de e-mail e mensagens (bem como linhas telefônicas) para acelerar a comunicação com colegas e associados;
- vídeo e teleconferência;
- Skype;
- redes sociais;
- a vastidão da internet, que acelerou demais a investigação e tornou redundantes as bibliotecas e os serviços de informação.

Então, por que tantas pessoas, tanto em suas vidas profissionais quanto nas pessoais, erram tantas vezes e de tantas maneiras tão diferentes?

Meus leitores regulares sabem que eu deposito uma culpa considerável no nosso compromisso com a cultura de reuniões, que nos dá a ilusão de estar adiantando coisas que na verdade não estamos. É irônico que a tecnologia nos tenha dado agora o sistema automatizado de convites que institucionalizou ainda mais as reuniões. Mas a reunião não é o único vilão da peça. Aqui estão outros cinco candidatos:

- Chamadas em conferência (sem vídeo). Catastroficamente defeituosas quando você tem mais de quatro participantes, e/ou quando as pessoas na chamada não se conhecem.
- Linguagem de e-mail: limitada, propensa a sobreposições emocionais e irracionais e pode facilmente provocar respostas rápidas demais (e mal orientadas). Também é fácil termos/darmos a impressão de que estamos trabalhando quando estamos simplesmente trocando e-mails!
- Facebook e Twitter: potenciais desperdiçadores de tempo e narcisistas, a menos que usados com parcimônia. Tiram o foco das pessoas do problema real muito mais vezes do que incitam a revolta contra as coisas certas.
- A tendência de telefonar e enviar mensagens de texto às pessoas que não estão com você, em vez de se envolver com as pessoas que estão.
- A falta de confiabilidade de tantos dados que suas pesquisas podem oferecer. Isso pode acontecer, como diz Simon Hall da Savvy Friends (fundador da BHWG), porque é muito fácil distorcer e enviesar informações por razões comerciais. Pode também dever-se ao que o jornalista David Aaronovitch, do *The Times*, chama de "má ciência".

Não demoraria muito tempo para adicionar mais coisas à minha lista. Estaríamos perdidos sem nossas ferramentas inteligentes, mas estou longe de estar convencido de que a tecnologia, de um modo geral, tenha avançado a causa da tomada de melhores decisões.

Apagão

Na semana passada, liguei meu Blackberry e não conseguia fazer ligações por "congestionamento" das linhas. Depois disso, a banda larga do hotel não funcionou. Temos tido cortes de energia recentemente. A situação de seca aumenta o espectro de restrições de água.

Suponha que um dia isso (e coisa pior) aconteça, de maneira permanente. Sem chamadas, sem mensagens de texto, sem e-mails, sem internet, sem conectividade. Os novos edifícios altos de Londres seriam inúteis sem eletricidade. O muito criticado sistema de transporte público seria ainda menos impressionante.

O que faríamos? Como poderíamos trabalhar? Conseguiríamos passar um dia que fosse? E o dia seguinte? Tornamo-nos completamente dependentes da tecnologia? Isso importa? Sim, acredito que sim. Importa muito. Fomos criados para sermos autossuficientes, para ficarmos bem por nossa própria conta, lendo livros, trabalhando em bibliotecas, falando com as pessoas que estão lá na sala conosco, não com as que estão do outro lado de um telefone.

Olhe para os passageiros de seu voo quando o avião pousar, comunicando compulsivamente a seus colegas e amigos mais próximos e queridos o que eles já sabem: o avião acabou de pousar em Nova York, Milão ou onde quer que seja. Agora, se tivessem sido desviados para Monróvia ou se estivessem tentando chegar a Paris de barco salva-vidas... isso sim valeria uma chamada.

Eu estava discutindo isso com minha amiga Fefa Romano, e ela me disse para ler *O último homem americano*, de Elizabeth Gilbert. Eu comprei um, e é extraordinário. É a história de Eustace Conway, um Davy Crockett[27] da

27 David Crockett foi um político, militar e caçador estadunidense que viveu entre os anos de 1786 e 1836 e que ficou famoso por sua extraordinária precisão no manuseio de armas, tendo virado uma espécie de figura antológica na cultura norte-americana. [N.E.]

vida real, vivendo em uma tenda e comendo apenas o que ele pode matar e coletar com as próprias mãos. Nunca pensei que quisesse pregar um esquilo a uma árvore ou limpar meu traseiro com folhas, mas é muito melhor do que ficar frustrado por ter perdido todos os contatos porque derrubou seu smartphone de uma mesa de cabeceira em um tapete fofo em Istambul. Você não veria Eustace se preocupando com a falta de conectividade.

Também acabei de ler um excerto do novo livro de lady Greenfield, *ID: The Quest for Identity in the 21st Century*. Ela está convencida de que os jogos de computador podem afetar a função cerebral e aumentar as chances de desenvolver transtorno de déficit de atenção e hiperatividade (TDAH). Ela escreve sobre os perigos de perseguir o "puro prazer", e se preocupa com os jovens:

> É bastante claro que o mundo bidimensional baseado em tela no qual tantos adolescentes — e um número crescente de adultos — escolhem habitar está produzindo mudanças de comportamento. Os intervalos de atenção são mais curtos, as habilidades de comunicação pessoal estão sendo reduzidas, e há uma redução acentuada na capacidade de pensar de forma abstrata.

A tese central de Susan Greenfield é que nossos cérebros maleáveis podem ser afetados adversamente por dispositivos eletrônicos e drogas farmacêuticas. Ela é uma autoridade da área em assuntos como a doença de Parkinson e de Alzheimer e está muito preocupada com a incidência alarmantemente mais elevada de ambas.

Talvez haja um meio-termo. Seria certamente melhor não estarmos tão dependentes dos computadores e dos dispositivos de comunicação. Os problemas potenciais não são apenas pessoais:

- Você já parou para se perguntar quanto tempo todos nós levamos escrevendo e-mails?
- Eu rejeito o Facebook, mas posso entender o quão importante ele se tornou na vida das pessoas.

- Eu tuíto, envio mensagens, passo mais tempo olhando para as telas do que para a cara das pessoas.

Os problemas também afetam negócios e carreiras. É possível hoje em dia se manter em um cargo profissional, gerencial ou acadêmico sem entregar soluções em Word, PowerPoint ou Excel?

Os problemas também são estratégicos. O Ocidente está obcecado com a busca do Irã de aumentar seu poder nuclear. Quem quer que saia vencedor da atual luta política em Teerã – Ahmadinejad ou Khamenei – poderia criar muito mais problemas para Israel ao derrubar ou bloquear os satélites de comunicações. O aparentemente indestrutível presidente Putin poderia paralisar a Europa da mesma forma.

Estou longe de querer aprender a viver de carne de esquilo ou de querer cancelar a banda larga e o papel higiênico, mas vou levar mais a sério o nosso "vício". Do jeito que estamos indo, não vai acabar bem.

Talvez haja aprendizado no marketing

A maioria dos governos e das grandes organizações sofre com numerosas Armadilhas de Decisão, listadas no Capítulo 2. Mas vamos destacar o fracasso em grupo e a sobrecarga de informação. Preocupa-me o número de empresários e funcionários seniores que não compreendem que a velha era do comando e controle terminou para sempre com o acesso universal à internet.

É aqui que os profissionais de marketing podem ajudar. Tivemos de lidar com uma mudança dramática no poder e na influência dos proprietários das marcas sobre os consumidores. Entendemos que as pessoas agora são mais poderosas do que as empresas. Não é nenhum exagero dizer que as pessoas são agora mais poderosas do que todos os aparelhos de governo.

Mas, tragicamente, muitos líderes empresariais, políticos, ministros, altos funcionários públicos, policiais e chefes militares simplesmente não entendem isso. Eles acreditam que a oratória e os comunicados de imprensa ainda funcionam. É notavelmente fácil explicar minha sugestão, embora eu saiba que vai demorar algum tempo para que funcione. Acredito que os líderes políticos e outros líderes devem tomar decisões como os profissionais de marketing. É prática comum para os profissionais de marketing conduzir diálogos contínuos com os consumidores, promovendo o pensamento compartilhado entre ambas as partes. Isso significa que os profissionais de marketing podem tomar suas decisões usando pesquisa e planejamento de cenários. Também acredito que os líderes políticos em particular deveriam ter a mesma obrigação que crianças têm nos dias de prova de matemática. Não basta dar a resposta (também conhecida como "decisão"), eles também precisam explicar como chegaram até ela. Isso também vai ajudar com a venda de uma decisão para os níveis mais altos da hierarquia e garantir a adesão.

A troca de transparência por adesão a uma ideia não vai acontecer de imediato, mas seria o início de uma mudança revigorante.

Artigo do blog

Então, os CEOs dedicam um tempo para pensar, afinal de contas

Notícias animadoras hoje. O *The Times* relatou um estudo sobre os hábitos de trabalho de 94 CEOs que trabalham para empresas britânicas, europeias e norte-americanas. Os investigadores eram da London School of Economics (LSE), do Instituto Universitário Europeu e da Harvard Business School — por isso, academicamente, as conclusões devem ser irrepreensíveis.

E as fontes eram confiáveis: os assistentes pessoais dos CEOs. Provavelmente um assistente pessoal tem muito mais ideia do que um CEO faz do que o homem ou mulher em questão.

Então, o que a pesquisa revelou? Não surpreende que os chefes passem sessenta por cento do seu tempo em reuniões. Eles claramente não têm lido este blog, caso contrário, teriam descoberto quão fúteis algumas dessas reuniões são – especialmente se houver alguém que acredita seriamente que a reunião vai levar a uma decisão.

Conferências, telefonemas e eventos e aparições que fazem parte da função de CEO representaram mais 25 por cento.

Os restantes quinze por cento? "Trabalhar sozinho." Que notícia maravilhosa. Nossa elite de liderança realmente gasta tempo pensando – assim como já defendemos neste site (**www.makingbetterdecisionsbetter.com**, 26 de maio de 2011). Isso os ajudará a melhor tomar decisões melhores, muito mais do que qualquer quantidade de reuniões. Se parar para pensar, quinze por cento da sua semana é bastante.

Mas antes que todos vocês sucumbam à alegria sem limites, há uma informação sobre esse estudo que nossos amigos do *The Times* não frisaram, digamos. Todos os CEOs estavam sediados na Itália!

Esse estudo significa *que todos os CEOs em todo o mundo* também passam quinze por cento do tempo sozinhos em seus escritórios? Não há evidências até aqui – os pesquisadores precisam ampliar seus horizontes e verificar os padrões de trabalho em Londres, Paris, Detroit etc.

Uma interpretação mais interessante das conclusões seria a de que isso explica, de alguma forma, por que razão, nos últimos anos, as empresas italianas têm feito um bom trabalho e, na verdade, por que tantas empresas olharam para os italianos em busca de pessoas para preencher os cargos de topo.

Precisamos agora de dados comparativos provenientes de outros locais. Podíamos até postular uma fórmula: quinze por cento ou mais de tempo "trabalhando sozinho" é altamente positivo, enquanto menos de quinze por cento é preocupante e pode levar a um pior desempenho.

Só mais uma coisa na pesquisa me preocupou. Aparentemente, os consultores ocupavam quase uma hora por dia das "reuniões". No entanto, os CEOs consideravam esta atividade em grande parte improdutiva. Espero que esse pensamento sedicioso não se espalhe para além de Milão e Roma!

Por que as reuniões são tão frustrantes?

As reuniões são pauta na ciência da decisão porque supostamente deveriam ser o fórum de discussão e decisão. Mas, muitas vezes, a discussão é inconclusiva e nenhuma decisão é tomada. Aliás, alguma vez alguma decisão já foi tomada? Ou estamos vivendo em uma era em que as reuniões se tornaram inúteis?

Uma das vantagens de estar no mundo dos negócios há algum tempo (vou admitir: desde 1965) é que posso fazer algumas comparações. A minha impressão é que as coisas estão muito piores agora. Vou apresentar duas teorias e esboçar um pano de fundo para cada uma delas. Aliás, tenho a sensação de que ambas as teorias saíram diretamente de um manual de instruções da economia comportamental (parte negativa). Em cada caso, o fator comportamental provém de pessoas com menos de trinta anos. Mas, infelizmente, ele é copiado bem acima na escala de idade — embora, curiosamente, não em todos os países e culturas.

Teoria Um: o comportamento e as boas maneiras têm se deteriorado a ponto de muitos no local de trabalho terem estilos pessoais que são tão mordazes e não cooperativos que estão inaptos a participar de qualquer forma reconhecida de debate construtivo.

Sem exagerar com generalizações, não acredito que tenhamos que olhar muito além de programas de TV como *O Aprendiz*, *Come Dine with Me* ou mesmo *Question Time* para vermos evidências do que estou falando. O jornalismo apelativo transformou os ataques diretos e as interrupções em lugar-comum. A glorificação da ambição descarada e da agressividade em programas como *O Aprendiz* dá licença aos jovens empresários para se comportarem de forma rude e egoísta. Coloque algumas pessoas em posições opostas numa situação e os produtores dão em jeito de fazer o circo pegar fogo.

Um diretor de casting à procura de um Genghis Khan teria um dia desafiador. Não acredito que Genghis tenha passado muito tempo em uma távola redonda arthuriana. (Não estou convencido de que o próprio Arthur o tenha feito!)

Teoria Dois: muitas pessoas hoje parecem estar mais felizes falando ao telefone, enviando mensagens de texto, e-mails ou interagindo em redes sociais do que realmente encontrando alguém ao vivo. Esse é um desdobramento mais recente.

A capacidade quase universal de teclar e publicar o próprio material deu à classe de 2011 mais confiança nas suas opiniões e mesmo nas suas "marcas" pessoais. A interface remota tornou-se a forma preferida de interagir com outras pessoas. Muita oportunidade para conversar e ouvir – basicamente cinquenta por cento do tempo das pessoas on-line, na verdade. E você pode escolher parceiros de bate-papo compatíveis em termos de personalidade e interesses. Em comparação, uma reunião de, digamos, dez pessoas em uma sala de conferências é uma perspectiva muito menos atraente. Há todos os tipos de desvantagens, em comparação com um chat entre apenas duas pessoas:

- hierarquia;
- disciplina;
- diversidade (idade, cultura, educação, estilo etc.);
- nenhum controle sobre o tempo (ou a reunião é muito longa ou é muito curta);
- acima de tudo, a expectativa de que todos devem sublimar suas opiniões na busca de alguma forma de consenso.

É surpreendente que tantas reuniões não tragam resultados, não é? Não estou dizendo que comecei minha carreira em uma era idílica em que a democracia corporativa e as boas maneiras estavam sempre em exibição. Mas era muito mais fácil gerir as reuniões naquela época e levar os grupos a alguma forma de conclusão (pelo menos provisória).

Quando colocaremos o conceito reunião na clínica de reabilitação? Sugiro que reconheçamos os problemas acima. Existe também uma necessidade de ajuste do comportamento pessoal para que as reuniões se tornem mais construtivas.

O que pode dar errado nas reuniões

Por que a maioria das reuniões não tem sucesso? Veja uma pequena lista de explicações possíveis:

- As pessoas frequentam tantas reuniões que é difícil criar qualquer senso de especialidade ou especificidade de ocasião.
- A maioria das reuniões não tem uma agenda que oriente a tomada de decisão.
- A maioria das reuniões tem muitos ou poucos participantes.
- O efeito de ter pessoas demais em uma reunião é que alguns participantes se esforçam tanto para participar que não escutam o que os outros estão dizendo, e que outros participantes são inibidos de fazer qualquer contribuição. Meu amigo Mark Williams foi recentemente eleito para o Comitê Geral do Marylebone Cricket Club (MCC), uma das mais prestigiadas posições no críquete. Perguntei-lhe como ele conseguia influenciar as coisas. Ele me explicou que, com até 26 pessoas na sala, é extremamente difícil fazer qualquer contribuição!
- Quando há poucas pessoas em uma reunião, muitas vezes o motivo é que a maioria dos indivíduos com poder e capacidade de decisão está muito ocupada para participar.
- Pouco tempo é gasto na definição de agendas.

- Muitas vezes, pouca atenção é dada ao registro de quais ações são necessárias e de quem serão exigidas.

Há um excelente artigo na edição de junho de 2011 da *Harvard Business Review* pelo ganhador do prêmio Nobel Daniel Kahneman, apoiado por um consultor da McKinsey (professor Dan Lovallo) e um executivo da McKinsey (Olivier Sibony). Tem o seguinte título: "Antes de você tomar essa grande decisão...". Os autores fornecem uma lista de verificação de doze pontos para detectar a influência de viés na tomada de decisão em grupo:

1. Existe alguma razão para suspeitar que ocorreram erros motivados ou influenciados pelo interesse próprio da equipe que está recomendando?
2. As pessoas que fizeram a recomendação acreditam muito nela?
3. Houve opiniões divergentes dentro da equipe que está recomendando?
4. O diagnóstico da situação pode ter sido excessivamente influenciado por analogias?
5. Foram consideradas todas as alternativas relevantes?
6. Se você tivesse que tomar essa decisão novamente em um ano, que informação você gostaria de ter? Você é capaz de obtê-la agora?
7. Sabe de onde vieram os números?
8. Consegue visualizar um efeito halo?[28]
9. As pessoas que fazem a recomendação estão muito ligadas a decisões passadas?
10. O caso em que se baseiam é otimista demais?
11. O pior cenário que pode acontecer é muito ruim?
12. A equipe que está fazendo a recomendação é cautelosa demais?

Viés é uma coisa. Um processo de tomada de decisão deficiente é outra. Como já disse anteriormente, a "decisão antecipada" – minha maneira

---

28 O efeito halo ocorre quando alguém julga algo ou alguém sob um viés que interfere na avaliação objetiva de outros fatores relacionados. [N.E.]

educada de descrever a determinação aberta ou encoberta de um dos líderes de ir por um caminho e não por outro em um processo de tomada de decisão — é uma das armadilhas populares favoritas. Estou falando de fases iniciais, antes de qualquer ponderação a respeito dos aspectos positivos e negativos. Para ser considerada uma decisão antecipada, tem de ser tomada antes da análise de risco e recompensa. Os partidos políticos fazem isso constantemente, tal como o fazem cada vez mais os líderes empresariais e outras pessoas proeminentes na vida pública.

60 minutos é tempo suficiente para chegar a uma conclusão decisiva em uma reunião; mas é preciso haver regras especiais

Teoricamente, 60 minutos devem ser tempo suficiente para tomar uma decisão ou movê-la adiante em sua jornada. Mas todos nós sofremos com a frustração e limitação das reuniões de uma hora. Podem parecer uma maldição. A função de uma reunião é facilitar a tomada de decisão ou atrasá-la? As reuniões são democráticas? São para discussão ou são apenas burocracia? É provável que uma decisão tomada em uma reunião seja de "melhor qualidade"? As reuniões simplesmente obstruem os horários das pessoas de tal forma que elas não têm tempo para pensar?

Se você for uma pessoa que costuma conduzir reuniões, veja uma lista de verificação rápida do que pode funcionar melhor:

- Estabeleça uma meta para a reunião e a anuncie com antecedência.
- Certifique-se de que as pessoas certas estão lá. Apenas convide colaboradores, e o menor número possível deles — quanto mais participantes, menos as discussões avançarão.
- Escreva uma agenda de tópicos simples. Essa agenda será um subconjunto derivado da meta — quanto menos pontos figurarem nela, mais as discussões avançarão.
- Se uma decisão tiver de ser tomada, esclareça as opções com antecedência (seu trabalho é supervisionar essa preparação essencial).

- Use a reunião para ajudar na avaliação de riscos e recompensas (a máxima vantagem consistente e a mínima desvantagem).
- Tome decisões em cima das informações que possui no momento.
- Combine como a decisão deve ser ratificada para que se torne uma decisão mútua.
- Marque outra reunião para debater a implementação.
- Certifique-se de que você (ou alguém de confiança) fale o que precisa ser dito a quem precisa ouvir.

Se a reunião não é sobre a tomada de uma decisão, você precisa da reunião?

Dez Fatores de Despoluição para reuniões sugeridos

1. Essa reunião é absolutamente necessária?
2. Tem de acontecer amanhã / esta semana / no dia 31 / ou quando?
3. Quem deve estar lá?
4. Que vantagem há em convidar as pessoas que não precisam estar ali e que são convidadas apenas porque seria "bom tê-las por perto"?
5. Quanto tempo você prevê para a duração da reunião? Isso é tempo suficiente? (Ou tempo demais?)
6. O que está na agenda? Podemos passar por todos esses itens no tempo previsto? Realmente podemos? Se não pudermos, que itens devemos deixar de fora?
7. Quem vai dar início e gerir a reunião?
8. Quem é responsável por encerrar a reunião, resumir o que foi alcançado, redigir as conclusões / decisões?
9. Quem é responsável por decidir o que fazer a seguir, por exemplo:
   » Endossar a decisão?
   » Comunicar a decisão?
   » Implementar a decisão?
   » Ou — Deus, me dê força — marcar a próxima reunião?

10. Quem por aqui é responsável por encontrar o melhor equilíbrio entre pensar, fazer e reunir?

Assembleias como as da época do Império Romano e as que ocorrem na maioria dos governos são exemplos óbvios da necessidade de realizar reuniões. Esses encontros geralmente têm um propósito: decidir coisas.

Infelizmente, nos negócios, parece que adotamos o segundo tipo de reunião (vamos nos reunir para um bate-papo). É alguma surpresa que isso raramente leve à tomada de decisão? Os Dez Fatores de Despoluição podem valer uma tentativa da próxima vez que você tiver aquele desejo de "vamos fazer uma reunião".

Ouça se quiser ser ouvido

O título acima é uma citação do livro de Kevin Murray, *The Language of Leaders*. O apelo de escuta é tão importante quanto (para muitos de nós, pelo menos) é difícil de ser concretizado. Eu sou lembrado de minha própria fraqueza nessa área ao ler as transcrições das entrevistas que realizei para este livro. Várias vezes eu li "D.W. interrompendo", ou "D.W. falando por cima do entrevistado"!

É uma vergonha ver suas falhas tão graficamente exibidas. Mas isso não é importante. O que importa é que, na nossa necessidade de nos comunicarmos, muitas vezes colocamos o nosso desejo de transmitir nosso ponto de vista à frente da necessidade de compreender de onde vêm todos os outros.

Vamos voltar à reunião improdutiva. Pense na última vez em que você saiu de uma reunião de uma hora ou uma hora e meia frustrado porque nada foi alcançado, nenhuma decisão foi tomada. Todo o esforço no malabarismo das agendas para reunir as principais partes interessadas, e você e seus colegas não avançaram em nada. Aposto que havia pelo menos um vestígio da lista a seguir:

- alguém importante ou não conseguiu ir ou precisou sair mais cedo;
- as personalidades mais dominantes falaram a maior parte do tempo;
- quarenta ou cinquenta por cento das pessoas na reunião contribuíram muito pouco (não falaram e provavelmente também não ouviram o que estava sendo dito);
- a agenda não foi completada;
- o problema principal ainda não foi resolvido;
- nenhuma decisão foi tomada;
- o tempo do projeto está se esgotando.

Tudo isso é crucial no ambiente corporativo de hoje, no qual, como Kevin aponta, os líderes precisam demonstrar velocidade e agilidade, bem como habilidades de comunicação consumadas.

Há uma resposta para além de persuadir os mais loquazes e articulados a tentarem ouvir? Podemos colocar boa parte da culpa do fracasso das reuniões nisso. Em seu livro, Kevin Murray cita David Nussbaum, CEO da WWF no Reino Unido, como defensor da escuta com olhos e ouvidos, para garantir que possamos ler a linguagem corporal dos outros.

Isso me lembra muito a ênfase do professor Charles Spence na sinestesia (usar dois ou mais sentidos ao mesmo tempo) em sua análise sobre a tomada de decisão do consumidor no Capítulo 7.

Mas não é fácil concretizar uma mudança comportamental em adultos (em especial nos "membros importantes" das empresas). Igualmente importante para restabelecer o equilíbrio entre ouvir e ser ouvido é garantir que todas as decisões (incluindo as que determinam a forma como as empresas se comunicam em público) são tomadas com base nos melhores dados.

Os melhores dados têm de incluir a consideração dos pontos de vista e recomendações das pessoas quietas, bem como dos "falantes" dominantes. Esses pontos de vista podem ser facilmente anotados e lidos, tal como falados e ouvidos. Mesmo a escuta metafórica é muito melhor do que não escutar nada.

David Jones, da Havas, foi o criador de um ambicioso projeto de (mais de) 60 semanas, One Young World

Ele e sua colega Kate Robertson (presidente global da agência Havas) tiveram a visão para a One Young World, uma ONG que oferece um fórum mundial para jovens com potencial de liderança. É uma das iniciativas mais inovadoras criadas por uma agência de publicidade. Perguntei-lhe quando é que ele percebeu que ia mudar sua vida:

> Não sabíamos o que estávamos fazendo nos primeiros doze meses. Levou esse tempo para que tudo acontecesse. Nunca tínhamos feito nada assim antes. Todo mundo estava tipo, "sim, essa é uma grande ideia, e, por favor, mostre-me exatamente o que é". Estávamos no meio de uma recessão. Alguns dos meus colegas que não necessariamente gostaram da minha ascensão dentro da empresa queriam que aquilo fosse a minha ruína. Houve cerca de doze noites de domingo em que pensei que teria de ligar para Kate e dizer-lhe que teríamos de parar. Mas, assim que fizemos a primeira conferência, conseguimos. Estávamos indo até nossos clientes e dizendo: "Sabe de uma coisa, os negócios precisam ser mais socialmente responsáveis. É isso que os consumidores querem, por isso, é assim que temos de nos comportar."
>
> Acho que para mim o momento estava acontecendo, e, em Londres, com quase mil jovens, ao lado de Desmond Tutu, Bob Geldof e o resto, ver os projetos que estavam surgindo, as ideias e a energia foi incrível. Foi inacreditável, e eu sabia que tinha sido uma grande decisão.

David Jones publicou um livro chamado *Who Cares Wins* (2011) sobre negócios socialmente responsáveis.

Barbara Cassani foi responsável por outro projeto de 60 semanas: o lançamento de uma nova companhia aérea — Go

Ela escreveu um livro sobre a experiência, *Go: An Airline Adventure* (2003), e me falou de algumas das decisões que tomou — nem todas previsíveis — na start-up:

> Então, por exemplo, eu bani piadas de pilotos, o que foi muito engraçado, porque os pilotos ficaram muito chateados, pois eles gostam de contar piadas sobre eles mesmos. Eu disse: não, vocês não podem contar mais as histórias como se fossem sobre pilotos, façam a piada funcionar com outro tipo de pessoa. Foi engraçado, mas eu já tinha dito o que queria dizer.
>
> Eu tinha que ser exigente, pois estava infeliz com muitas das coisas que estávamos fazendo, e por uma boa razão. No início, os resultados financeiros eram horríveis, mas o produto era bom. Sempre foi bom, mas poderia ter sido melhor. Eu estava muito consciente de que quase todo mundo na equipe nunca tinha feito nada realmente tão importante ou naquela escala, e por isso havia um monte de treinamento acontecendo o tempo todo para que todos pudessem se desenvolver dentro das próprias funções. Não havia ninguém para fazer isso por mim durante algum tempo, o que foi um pouco difícil, e depois fui e consegui um treinador externo, o que mais tarde foi muito valioso.
>
> Ele me ajudou a gerir melhor a minha equipe e a definir prioridades. Foi ótimo poder falar com alguém que não trabalhava para mim ou não me dava dinheiro. Quando se é CEO, é um pouco perigoso baixar a guarda com a equipe, assim como não se deve compartilhar tudo com as pessoas que estão segurando as pontas.
>
> Descobri que, para ser uma CEO eficaz em uma start-up, é preciso estar à frente de todos os outros. Era necessário fazer um orçamento anual, mas, em uma start-up, isso é uma piada, porque, assim que você abre as portas no primeiro dia, o orçamento já está torrado, pois ainda não há compreensão ampla do que a empresa tem capacidade para fazer. Você tem de colocar algo no papel, mas a situação evolui constantemente. É como refazer previsões semanalmente, o que é um pesadelo, especialmente quando se é alguém como eu, que está habituada a movimentar apenas dois por cento dos orçamentos. De repente,

eu estava neste novo mundo, tipo, "ah, estamos duzentos por cento fora do orçamento!" Você quer ser responsável, mas precisa lidar com grandes variáveis.

Mas descobri que podíamos definir uma rota. Por exemplo, calculamos que, com base nas tarifas e nos custos médios, precisaríamos chegar a cerca de nove aviões para atingir o ponto de equilíbrio financeiro. Então, depois de apenas cinco ou seis meses, percebi que isso estava errado. Os preços eram mais baixos do que eu tinha previsto, por isso foi preciso baixar ainda mais os preços para encher os aviões. Os custos foram inferiores, mas não tão baixos quanto a redução dos preços. Assim, decidimos que precisaríamos de onze aviões antes de atingirmos o ponto de equilíbrio financeiro, o que foi muito difícil.

Senti-me muito pressionada. Senti remorsos por termos cometido um erro e fiquei muito preocupada por não conseguirmos o apoio da empresa-mãe para podermos adquirir as aeronaves extras para alcançarmos o objetivo. Havia tensão (principalmente para mim) porque eu não comunicava a situação a todos.

Mas descobri que tinha um dom para ver que o caminho que estávamos trilhando estava bom por ora, mas precisaríamos fazer uma mudança para estarmos em um caminho melhor em seis meses. Essa é a razão pela qual a maioria das pessoas que trabalhavam para mim dizia que eu era impaciente, que eu nunca estava feliz com onde estávamos.

Fiz ao general sir Mike Jackson uma pergunta sobre sua opinião a respeito do tempo: ele pensava que a segunda Guerra do Iraque seria um evento de longa duração?

Sim, mas não da maneira como todos imaginam, inclusive muitos comentaristas cujo conhecimento em assuntos militares poderia ser escrito em um cartão-postal. Você lembra dos jornais que diziam que Bagdá seria como Stalingrado? Lutas de rua durante meses, anos. E lembro de me sentar ao lado de um editor muito solene algumas semanas antes de começar, e ele disse que algo terrível estava vindo. "Vai continuar para sempre." Eu disse: "não, não vai. A manobra, a derrota das forças de Saddam Hussein no campo", eu disse, "tudo isso vai durar três semanas". Na verdade, foram três semanas e três dias, acho eu. Mas eu alertei que depois daquilo tudo seria confuso, porque iria acontecer o que Donald Rumsfeld chamou de – embora ele detestasse a frase – construção da nação. É o que você tem de fazer depois da fase militar. Foi o que fizemos na Bósnia. Foi o que fizemos na Macedônia. Foi o que fizemos em Kosovo. É o que se passa no Afeganistão.

É confuso, é estranho. Algumas pessoas não querem que você faça isso. Outros querem que você o faça de uma maneira diferente, e não pode ser feito até segunda-feira de manhã. Vai demorar muito tempo. É verdade. Porque na Irlanda do Norte durou 38 anos. Na Bósnia... ainda há uma força militar internacional na Bósnia, duas décadas depois. Kosovo passa pelo mesmo, uma década depois. No Afeganistão, a guerra já dura uma década.

6. O FATOR PESSOAL

O perfil de personalidade cria equipes que dão certo e nos ajuda a entendermos a nós mesmos — e uns aos outros

DE BONO — A ÁGUIA MALTESA

Um pequeno tributo a um filósofo com uma poderosa envergadura de asas

Embarquei em uma missão séria
Para elevar toda humilde decisão
De apenas uma das coisas que podemos fazer
A uma grande conquista para aquele cidadão

O profeta que me mostrou o caminho
Usava chapéus, mas nenhum deles era cinza, na real
Ele é o pensador dos pensadores de Malta
De Bono: o exortador lateral

Schoemaker nos deu as regras
E Belbin nos contou os papéis
Mas De Bono nos permitiu aprender com rapidez
A desempenhar cada papel por sua vez

Use o chapéu vermelho para a paixão
E o preto para a crítica
O chapéu amarelo diz que você está animado
E o verde que você é criativo e engraçado
Mas os chapéus mais inteligentes são o azul e o branco

O branco significa que você só diz o que está certo
Sem acabamento de editor na conversação
Sem verniz, apenas verdade e informação

Azul é o chapéu mais inteligente de todos
Você é o condutor em todos os salões
Fundindo os sons que os chapéus estão fazendo
Ao pensar, resolver, tomar decisões.

WETHEY, 2011

Tive a sorte de ser convidado para um almoço de domingo na casa de De Bono, perto de Cambridge, quando eu estava em Oxford, no início dos anos 1960, e ele dava aulas na Universidade de Cambridge. Como se pode deduzir da sua rica colheita de distinções acadêmicas e da sua prolífica produção de livros, ele era uma pessoa extremamente impressionante. Formou-se médico na Universidade de Malta antes de estudar fisiologia e psicologia com uma bolsa Rhodes em Oxford. Ele é famoso pelo desenvolvimento dos estudos sobre o Pensamento Lateral, que passou para a linguagem. Mas ele tem sido responsável por um enorme volume de trabalho acadêmico e de consultoria sobre o fator pessoal nas organizações, bem como uma variedade desconcertante de invenções, que vão desde novas formas de poesia, aos jogos, a uma alternativa para a disputa de pênaltis no futebol. Eu escolhi "Six Hats" [Seis chapéus] para a minha estranha ode porque me parece que o *role-playing* é uma forma particularmente útil de ajudar as pessoas a entender como cada um é diferente, e que força é essa.

No estudo da tomada de decisão, seria uma séria fraqueza não levar a sério os fatores pessoais e os perfis das pessoas. A falta de curiosidade, em geral, é uma falha. As empresas são notórias por subestimar a importância da personalidade, nacionalidade, cultura, religião etc. A avaliação de perfil é padrão no recrutamento, mas tende a ser deixada para trás no serviço ativo e quando as equipes estão sendo formadas. Por que as pessoas agem como agem, por que tomam as decisões que tomam, por que algumas pessoas fazem algo de uma maneira e outras daquela – todas essas são perguntas infinitamente fascinantes, e vamos olhar para elas agora.

Como avalio o perfil de clientes e pessoas de agências de publicidade

Uso há muitos anos uma versão de um modelo de avaliação de perfil de personalidade popular como um diagnóstico-chave para ajudar nossos clientes a encontrar agências que lhes são apropriadas. Também o usamos extensivamente em nossa prática de gerenciamento de relacionamento para fornecer soluções baseadas no fator pessoal em casos de mau funcionamento de situações entre clientes/agências. Surpreendentemente, poucas agências utilizam a avaliação de perfil em vendas ou serviços ("novos negócios") para ajudar a criar uma melhor química com os clientes, por meio da alocação correta de pessoas para o trabalho, do conteúdo correto, apresentado da maneira correta.

Como acontece com a maioria dos modelos, usamos quatro agrupamentos primários, que podem ser unidos em qualquer combinação de dois para pessoas que não tem um único tipo definido.

O modelo (que eu chamo de Sistema Headline, uma alusão às partes de um plano de trabalho escrito) foi baseado no clássico modelo DISC, inventado por William Moulton Marston. Marston foi um psicólogo norte-americano famoso por três outras coisas. Sua invenção do teste de pressão arterial sistólica contribuiu para o desenvolvimento do polígrafo/detector de mentiras. Ele também era um teórico do comportamento feminino que levou sua pesquisa tão a sério que iniciou uma relação poliamorosa com sua esposa e outra mulher. Seja por causa disso, ou por coincidência, ele também se tornou o criador da Mulher Maravilha!

As tipologias de uso comum no mundo dos negócios dos anos 1980 eram *Condutores, Expressivos, Amigáveis* e *Analíticos*. Esse modelo foi adaptado para agências de publicidade por Stuart Sanders, um consultor de Richmond, Virginia, para ajudar seus clientes de agência a entender melhor a si mesmos e o que fazia com que os clientes e seus prospectos se identificassem uns com os outros. Conheci Sanders em Londres em 1990 e trabalhei com ele em vários projetos depois disso, principalmente nos Estados Unidos. A versão do modelo de Sanders aqui ilustrada deve muito ao trabalho de desenvolvimento de Mike Longhurst, vice-presidente sênior da McCann-Erickson EMEA, com sede em Londres. A contribuição inteligente de Sanders foi usar termos publicitários para dar vida às tipologias e também para criar uma metodologia pela qual os novos especialistas em negócios das agências pudessem traçar o perfil de seus clientes usando todos os tipos de testes de observação, sem pedir que eles preenchessem um questionário (impraticável) e sem que os clientes percebessem o que estava acontecendo. A McCann desenvolveu e atualizou esse produto para uso internacional, pois o material de Sanders estava centrado principalmente nos EUA. Também elaboraram um questionário simples e não técnico de autoavaliação. Os quatro tipos (com descrições adaptadas aos executivos de marketing do cliente) no modelo Headline são os seguintes (com diagramas explicativos).

Título — tipo típico dos CEOs. Um condutor que faz as coisas acontecerem. Bom delegador, mas toma as decisões sozinho. Exigente, muitas vezes intolerante e totalmente orientado para as tarefas. Toma decisões bem-informadas, mas, em última análise, intuitivas. Gosta de autoridade, liderança, execução, energia, conformidade com os seus desejos.

Ilustração — pode ser um tipo de diretor de marca global. Extrovertido, volúvel, inspirador, divertido e com boas habilidades de lidar com pessoas. Gosta de fazer parte da equipe da agência e sente-se muito criativo. Grandes ideias, entusiasmo, otimismo, diversão.

Logotipo — típica "pessoa simpática". Ganha poder e influência ao se relacionar com as pessoas. Agradável, honesto, justo, trabalha muito bem em equipe e pode ser líder. Gosta de consenso, estilo descontraído, sem controvérsia ou risco. Quer conhecer pessoalmente as pessoas com quem trabalha.

Corpo do texto — tipo típico dos gerentes de marketing ou diretores de marketing. Profissional. Alto nível de conhecimento, mas pode ser fraco em assumir responsabilidade. Muitas vezes tem pouca habilidade para lidar com pessoas, mas consegue sobreviver sendo o único com o conhecimento relevante. Gosta de detalhe, informação, estratégia, sempre por cima da complexidade.

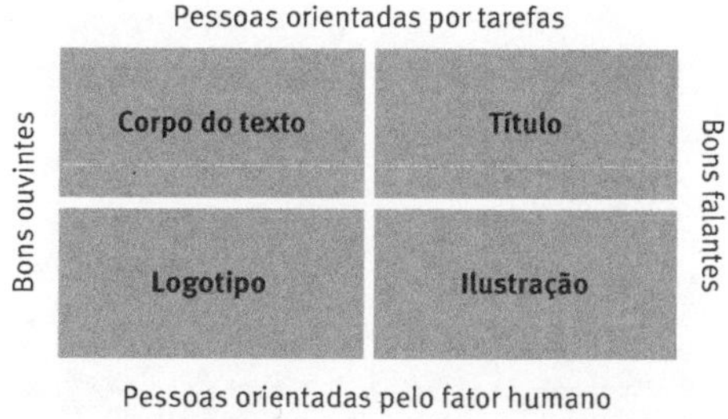

Figura 6.1 Orientação: O Sistema Headline — nível 1

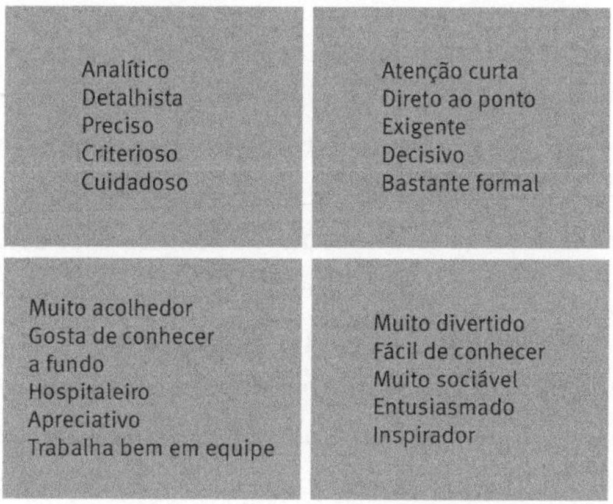

Figura 6.2 Personalidade: O Sistema Headline — nível 2

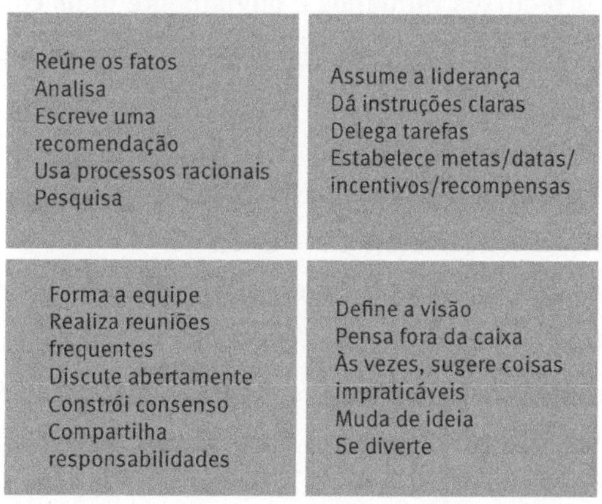

Figura 6.3 Como fazem as coisas: O Sistema Headline — nível 3

Processo/metodologias Experiência Histórico de casos Desenvolvimento estratégico Pesquisa / resultados de testes	Seu braço direito na hierarquia Gestão sênior Concisão Resultados Custos e cronogramas
Conhecer a própria equipe Conhecer cada um pessoalmente Trabalho em equipe Interesses particulares de cada um Reuniões	Criatividade Nomes complicados Prêmios/recompensas Entretenimento Grandes ideias

Figura 6.4 Do que eles gostam: O Sistema Headline — nível 4

O princípio orientador da forma como utilizamos esse sistema de definição de perfis é que as pessoas querem trabalhar com pessoas como elas. Isso é particularmente verdade para os Títulos e Ilustrações. A força dos Logotipos é que eles podem se dar bem com qualquer um. Os Corpos de Texto aceitam que muitos dos colegas, patrões e pessoas de outras empresas serão de outras tipologias, porque esse é o modelo das grandes organizações (mas eles gostam de trabalhar com outros Corpos de Texto). O mundo real dos recursos humanos é obviamente mais complexo do que quatro tipologias podem fazer justiça. Há mais tipologias possíveis além das quatro básicas:

- Características intensificadas: alguém pode ser majoritariamente de um tipo e ter fortes características de outro.
- As personalidades muito raramente se estendem através das diagonais. Geralmente, uma pessoa terá pares de tipologias verticais ou horizontais (como por exemplo, Título + Corpo de Texto, Ilustração + Título etc.)

Existem, naturalmente, muitos outros métodos de caracterização de personalidade em uso – por exemplo, a tipologia de Myers-Briggs (uma das poucas invenções criadas por uma mãe e uma filha) e a 16PF. O meu objetivo ao apresentar o Sistema Headline baseia-se na experiência pessoal e no fato de ter sido concebido em torno da indústria da publicidade. O que é importante no contexto deste livro é sublinhar que há uma grande influência da personalidade dos indivíduos na tomada de decisão.

Este relatório de caracterização de amostras dará vida às vantagens do processo. Foi usado por uma agência para analisar a composição dos membros da equipe do cliente que seriam os tomadores de decisão em um pitch.

Amostra um — visão inicial da equipe e do seu líder, Shaun

- Há uma mistura complexa de pessoas nessa reunião, mas Shaun provavelmente dará o tom. Ele fez mudanças em sua divisão e é o agente de mudanças na situação. Outras pessoas ali, no entanto, têm direito a um veto, por isso é preciso que haja algo para todos.
- Os grupos de perfil dominante parecem ser do tipo Ilustração e Corpo de Texto, o que significa que a capacidade de entregar criatividade excepcional em uma plataforma estratégica sólida será essencial. Grandes ideias direcionadas com precisão.
- Precisamos de pessoas suficientes para cobrir o território (que é amplo), mas não pessoas em excesso para impedir que se estabeleçam laços. Não devemos ser um mar de rostos.
- Haverá muita experiência de agência na sala, e a maior parte dela de *hotshops* criativos, por isso temos de ser animados. A nossa equipe tem de se unir bem antes da reunião, não nela.
- Será útil ler a entrevista de Shaun no final e considerar a ligação temática do nosso conteúdo em torno de alguns dos seus princípios destacados.

A seguir vem a foto de Shaun, a descrição do trabalho e o currículo, com detalhes da formação, emprego anterior, conquistas e honras.

Biografia do jurado (para um festival de prêmios)

Shaun é CMO da Megacorp, onde é responsável pela eficiência e eficácia de todos os materiais Marcom globalmente. Nos últimos cinco anos, ele liderou a transformação radical da comunicação da empresa com os consumidores. Durante esse período, ele rejuvenesceu a marca com sucesso e demonstrou que a criatividade é realmente um pré-requisito para a eficácia.

Detentor de grandes ideias, Shaun tem um histórico comprovado de desenvolvimento de campanhas inovadoras, eficazes e premiadas. Ele já ganhou vários prêmios de criatividade, mídia e eficácia (listados). Ele é um palestrante requisitado em eventos da indústria e já atuou em vários outros júris.

O que ele diz sobre si mesmo

- Combinação única de habilidades criativas, estratégicas e analíticas adquiridas por meio de comunicações de marketing, estratégia de marca e experiências de consultoria.
- Uma forte paixão por compreender e influenciar o comportamento do consumidor.
- Um campeão de grandes ideias, juntamente com a capacidade de trazê-las à vida.
- Um histórico comprovado de desenvolvimento de campanhas inovadoras, eficazes e premiadas.
- Um líder de equipe inspirador com ampla experiência de trabalho em ambientes internacionais e multiculturais.

Avaliação

Ele é canadense e um grande fã da criatividade. Odeia comitês para debater criatividade. Grande fã de integração. Também tuíta muito e tem um blog.

Apesar de usar expressões como "grandes ideias", ele soa basicamente como o perfil Corpo de Texto, mas com muita personalidade e dinamismo. Ele não é um tipo que fica nos bastidores, mas sim à frente. Também gosta de prêmios.

Poderia pensar nele como tendo o perfil Ilustração, mas com mais detalhe e aplicação do que a norma. Ele parece mais ter o perfil Corpo de Texto, articulado e muito bem-sucedido.

É improvável que ele veja uma grande diferença entre o lado do cliente e o lado da agência e provavelmente reagirá bem se for tratado como parte da equipe da agência. Ver entrevista no Apêndice.

É um palpite meu que ele terá grande influência sobre os outros. Esse cara precisa ser confrontado com verdadeiros especialistas em comunicação e pode não responder a pessoas com funções que não envolvem comunicação.

Os planejadores de contas entendem o que faz as pessoas se identificarem

Nigel Jones, da Publicis London, foi planejador de contas na agência BMP (agora DDB London). Explicou-me sua experiência como planejador e me deu algumas pistas sobre sua personalidade: "Sempre fui alguém que corre riscos. Aos cinquenta anos, sou muito menos cauteloso do que costumava ser. Planejadores típicos são avessos ao risco, ou apenas assumem riscos que não tenham desvantagens muito ruins." Eu perguntei ao Nigel se ele já tinha tido cruzado com algum um *alter ego* que pensasse e agisse como ele. "Na verdade, não. Acho que nunca encontrei ninguém como eu em publicidade", disse-me ele.

> Sou um bom ouvinte; esse é provavelmente o meu maior trunfo, acredito. Mas, na verdade, é isso que eu acho que é planejamento. Não é possível se tornar um planejador: ou você é um planejador ou não é, na minha definição.
>
> Se alguém me perguntasse há alguns anos como eu definiria um bom planejador, eu teria dito: alguém com os maiores ouvidos do mundo; não apenas para ouvir, mas também ver e sentir. Sabe, eu acho que planejar tem a ver com empatia. Por isso, os verdadeiros bons planejadores são pessoas que, quando chegam até aqui, já tiveram alguma ideia inspirada por algo que aconteceu no

metrô. Sabe, quando a pessoa está no metrô e repara que alguém só lê a primeira linha de cada página de um livro. O que será que isso significa? O que se ganha com isso? O que será que isso nos diz sobre a vida moderna? Ou então, três pessoas com um iPad estão todas ouvindo a mesma coisa. Comigo, era a forma como as pessoas falavam umas com as outras, ou sobre que partes do jornal conversavam umas com as outras. Esse é o tipo de coisa que entra na minha cabeça. Provavelmente inconscientemente, suspeito. Mas eu observava o tempo todo, ouvia, absorvia tudo e aplicava ao próximo problema que surgisse no trabalho. A parte realmente interessante do planejamento e o que ainda gosto de fazer é a montagem do quebra-cabeça para fazer pontes entre as observações sobre as pessoas e as coisas que os clientes me dizem sobre suas marcas.

Sabe, em uma apresentação recente que acabamos de fazer, acho que a percepção que o cliente trouxe para a reunião era algo que eu já havia pensado cerca de trinta anos antes, e eu tinha pensado e refinado aquilo nos trinta anos anteriores porque era uma percepção da minha vida. Estava só à espera de um produto que precisasse dessa percepção para fazer com que a coisa toda batesse.

Vou lhe contar uma história. Tenho uma visão da vida que se desenvolveu na minha cabeça ao longo dos anos. Há coisas que acontecem às pessoas que são muito pequenas, mas que são fundamentalmente os propulsores para mudanças. Pode ser um olhar trocado no metrô, pode ser encontrar alguém em um bar por acaso, pode ser ler uma linha de um livro e obter uma inspiração. Normalmente, envolve outras pessoas, mas nem sempre. O problema é que a maioria das pessoas não vê essas coisas, por isso passam a vida perdendo o potencial delas. É como se tivessem a audição desligada ou a visão bloqueada. Como resultado, têm vidas menos interessantes, menos realizadas e menos dinâmicas.

Mas há outras pessoas que estão muito mais atentas a esse tipo de coisas. Sinto que tenho a sorte de ser uma delas, e as pessoas sempre me dizem que eu tive uma vida muito interessante. Não é verdade! É que eu acabo percebendo mais coisas do que a maioria das pessoas.

Faço uma pequena análise de tudo o que acontece comigo: isso agrega ou atrapalha? E então uma marca de café apareceu e disse: "Temos este produto, e não temos a certeza do que ele faz ou exatamente como afeta as pessoas e as suas vidas, mas fizemos diversas pesquisas de consumidores, e trata-se de algo que nos torna um pouco mais alertas, e algo sobre pequenos momentos da vida. Mas não conseguimos resolver a equação." E dentro de um minuto, eu sabia. Eu sabia a resposta para isso. Vivi com essa resposta a minha vida inteira: o papel do café é ajudá-lo a ficar mais atento aos momentos que você perderia se não o bebesse. Funciona em dois níveis. Um é o nível químico, porque há cafeína no café. O outro é o momento do café — você tem de tirar cinco minutos do seu dia para fazê-lo, sentar e beber. E nesses cinco minutos você vê mais, e você se abre para mais desses pequenos momentos do que faria se não tirasse esses cinco minutos. E os clientes disseram: "Isso é o que temos procurado."

E esse foi o pitch todo, que coube em um pedaço de papel. Não havia planejamento no sentido tradicional. Nenhum grupo. Eu não falei com nenhum consumidor. Eu sou o consumidor nesse sentido. Estou representando os cinco mil consumidores que tenho observado nos últimos trinta anos. Agora, você tem de ir ver por si próprio. Você ficaria louco se visse meu ponto de vista do mundo como a regra. Por isso, há muita pesquisa em curso para justificar tudo isso. Mas toda a pesquisa que fizemos até agora esteve de acordo com isso, e acho que vai funcionar.

Acusadores e pacificadores

Fiz uma longa viagem de carro na semana passada com um velho amigo. Estávamos falando de relacionamentos, e ele disse: "Há dois tipos de pessoas. Não estou falando de homens e mulheres. Refiro-me a Acusadores e Pacificadores. Mostrem-me qualquer relação que tenha sobrevivido ao teste do tempo e verão que um parceiro é o Acusador e o outro o Pacificador." Eu pensei sobre isso, e quanto mais casais analisava, mais ficava convencido da teoria do meu amigo.

Ocorreu-me ainda que quando os casais se separam e os parceiros iniciam novas relações, por vezes, mudam de papéis. O antigo Acusador torna-se um Pacificador e vice-versa. Então, comecei a pensar além dos relacionamentos pessoais e aplicar essa teoria em parcerias nos negócios e nas organizações.

As equipes empresariais possuem Acusadores e Pacificadores, assim como Homens, Mulheres, Condutores, Expressivos, Amigáveis e Analíticos? Tenho certeza que sim.

Talvez isso explique a falta de progresso em certos projetos. O zelo pela gestão da mudança pode ser facilmente dissipado quando tempo demais é gasto em culpar a empresa, os altos executivos, as pessoas de outras partes da empresa, os colegas etc., por erros e pecados de omissão. A pacificação – essencial para desviar a atenção do acusador de volta para o trabalho que se tem em mãos – também toma um tempo que poderia ser melhor gasto no planejamento, na análise, na condução ou mesmo na tomada de decisão.

Por falar nisso, devemos também olhar para os Apoiadores e Críticos – assim como os Tomadores de Decisão. Nem todos têm a oportunidade ou a aspiração de realmente tomar a decisão, e isso pode ter um efeito significativo sobre a eficácia das equipes.

Meredith Belbin — o herói da teoria de equipe

Nós falamos sobre os Acusadores e Pacificadores – duas tipologias claras do mundo das relações pessoais, que, sem dúvida, também desempenham um papel na resolução de problemas de negócios e tomada de decisão.

Mas nenhuma análise da dinâmica de equipes bem-sucedidas estaria completa sem reconhecer a enorme contribuição de Meredith Belbin, acadêmico de Cambridge. Agora aos 86, Belbin realizou uma pesquisa seminal na então chamada Administrative Staff College, em Henley-on-Thames, durante os anos 1960 e 1970, sobre quais habilidades contrastantes e complementares são necessárias para formar uma equipe bem-sucedida.

No período do pós-guerra, com a maioria dos principais empresários, funcionários públicos e acadêmicos sendo veteranos militares, comando e controle eram a ordem do dia. As equipes eram integradas verticalmente ou formadas em um organograma semelhante à árvore genealógica de João de Gante,[29] ou seja, tudo era controlado por hierarquias. O chefe (sempre um "ele" naquela época) basicamente emitia instruções, e quem respondia a ele diretamente fazia o mesmo com seus subalternos, e assim por diante.

A genialidade de Belbin durante uma aula que durou uma semana foi escolher uma equipe com diferentes habilidades e estilos que pudesse derrotar qualquer conjunto de Condutores e figuras de poder selecionados por seus colegas palestrantes. É como escolher uma equipe de futebol no recreio da escola. Você precisa de um goleiro, alguns defensores e atacantes.

Em seu livro de 1981, *Management Teams*, Belbin deu ao mundo nove tipologias (originalmente sete), cada uma constituindo um papel-chave na equipe:

- Pensador – o solucionador de problemas
- Investigador de recursos – quem faz as conexões e recruta especialistas externos, reduzindo assim a dependência do grupo em relação à sabedoria introduzida em um projeto.
- Analista – o advogado do diabo e observador objetivo.
- Realizador – aquele que zela pelo detalhamento.
- Articulador – visionário rigoroso que pode guiar o grupo sob pressão.
- Coordenador – aquele que insiste que todos sejam consultados e ouvidos.
- Agregador – pessoa com perfil de RH.
- Implementador – encarregado de encontrar soluções e implementação viáveis.
- Especialista – especialista em qualquer disciplina que seja necessária.

29 Filho do rei Eduardo III da Inglaterra e de Filipa de Hainault. [N.E.]

Os críticos têm questionado se nove é um número mágico para uma equipe bem-sucedida e se certos papéis não poderiam ser combinados no mesmo indivíduo. Mas a visão de Belbin sobre a necessidade de uma composição equilibrada tem sido crucial na busca por soluções de problemas e tomadas de decisão eficazes. Devemos-lhe muito.

Tempo de reflexão

Inevitavelmente, aplicamos um sistema de valores à linguagem que usamos no mundo dos negócios. Vamos tentar uma categorização básica:

Bom:
- ocupado;
- bem-sucedido;
- importante;
- decisivo;
- implacável.

Ruim:
- não muito ocupado;
- [alguém] está indo razoavelmente bem;
- seguidor, não um líder;
- mente aberta;
- descontraído.

Mas essa é uma visão do mundo através dos olhos de machos e fêmeas alfa, líderes e aqueles que aspiram a liderar. Isso também demonstra muito dos perfis de personalidade, tanto daquele que está descrevendo quanto de quem está sendo descrito.

Nada disso é radical. Todos sabemos como a nossa composição psicológica afeta o comportamento e como somos percebidos. Belbin e outros usaram insights de forma significativa para criar equipes equilibradas com uma chance de sucesso maior do que a média.

O que me preocupa é o que eu acredito ser o reflexo mais óbvio da ética que diz que os indivíduos devem ser (ou ser vistos como) megaocupados, multitarefa e apressados: a falta de tempo para pensar e refletir.

Você pode desenhar gráficos simples para si mesmo, colegas, chefes, subordinados diretos, qualquer pessoa, dividindo cada dia em "pensar" e "fazer". Estou enganado ou há um drástico desequilíbrio entre o fazer e o pensar no local de trabalho executivo hoje em dia?

Eu vejo até mesmo nas melhores empresas (especialmente nas melhores empresas) duas tendências perigosas emergentes. A primeira tendência revela-se como uma dependência excessiva das reuniões. Aqui estão alguns dos sinais de aviso:

- Reuniões demais...
- ...que roubam de todos os participantes o tempo para pensar e analisar.
- Pessoas demais nas reuniões...
- ... com o resultado de que os participantes se esforçam tanto para ter lugar na conversa, tentando introduzir suas falas entre as palavras daqueles que estão monologando, que acabam não ouvindo o que os outros estão dizendo.
- Muito pouco tempo gasto definindo a agenda destas reuniões.
- Muito pouca atenção em registrar quais ações são necessárias e quem deve executá-las depois dessas reuniões.
- Preocupação por não estar em uma reunião. Você não pode pensar se estiver sempre em reuniões.

A tendência #2 é sobre comunicação, particularmente sobre computadores e dispositivos móveis. Cuidado com:

- Gastar muito tempo enviando e-mails e mensagens.
- Ser reativo em termos de que seja uma prioridade absoluta responder cada e-mail e mensagem que você recebe.
- Dedicar tempo potencialmente produtivo a sites de redes sociais.
- Momentos em que você usa e-mail e mensagens para evitar falar com alguém e arriscar precisar lidar com uma reação e debate.
- Momentos em que você está mais preocupado em se envolver com as pessoas remotamente do que com as pessoas ao seu redor.
- Preocupação por estar off-line. Desligue isso!

Tempo para reflexão é alimento. É combustível. É um investimento na resolução de problemas e na tomada de decisão. Não tem preço.

Alta confiança, baixa autoestima

Simon Calver, CEO da Lovefilm, tem uma visão clara do perfil de personalidade ideal para o sucesso em uma empresa dinâmica. Ele me disse:

> Todos nesta organização estão em um plano de desempenho trimestral, o que significa que são definidas metas a cada treze semanas. O desempenho dos funcionários é medido em relação a essas metas e cada um recebe um pagamento com base no quão bem se saíram em relação às suas metas em uma base trimestral. Isso é muito incomum. Tive um grupo de grandes nomes da área que veio aqui, e falamos sobre isso. Perguntaram se aquilo não colocava as pessoas sob estresse e se os funcionários não achavam complicado ser avaliados trimestralmente.
>
> Na verdade, eles acham que é maravilhoso, porque conseguem entender o que estão fazendo. A cada trimestre, eu tenho uma lista de todos na pontuação da organização, onde 100 é a pontuação de quem atinge a meta, 110 quem está acima da meta e 90 quem está abaixo da meta. Olho para toda a organização e consigo ver como estamos a cada ciclo de treze semanas. Na verdade, uma ligeira falta de autoestima faz com que você esteja sempre em movimento, seguindo

em frente, e sempre tentando alcançar o objetivo. Nunca pensa que "chegou lá" porque quer mesmo continuar a fazer acontecer. Assim, as pessoas não se tornam complacentes, não ficam arrogantes e, quando algo não funciona, não se matam. Quando algo não funciona, você tem aquela sensação de um buraco no estômago que diz... isso não funcionou, o que posso aprender, o que posso fazer diferente, como posso fazer isso? E isso vem do desejo de alcançar a meta.

Muitos dos gerentes seniores médios norte-americanos enquadram-se nessa categoria. Sempre lhes foi dito para se esforçarem. Disseram-lhes que há sempre pessoas mais espertas do que eles no mundo. E eu tento escondê-las, as pessoas que são incrivelmente mais espertas do que eu. Você ainda precisa de confiança, mas, no momento em que sua autoestima e sua confiança estão altas, você se torna arrogante, você aliena as pessoas e as perde na jornada, e não consegue fazer com que elas o acompanhem. É necessária uma grande confiança, mas não a grande autoestima que aparentemente a acompanha, sobretudo na Europa. Alta confiança e baixa autoestima parece funcionar melhor nas empresas.

Há três componentes da competência que eu acho que são muito, muito importantes, e toda competência, acredito, pode se encaixar em uma dessas três categorias, que são: Você pode tomar a decisão certa? Você consegue fazer com que aconteça? E, em terceiro lugar, você consegue fazer com que os outros o acompanhem? Na Pepsi, construímos muito em torno desses três tipos de competências.

Com o terceiro componente, Simon põe o dedo na decisão mútua crucial. "Fazer com que outros acompanhem você" é um bom indicador de que uma decisão é a correta e que pode ser implementada.

Artigo do blog

Cotovias aumentam em Candleford — e em todos os outros lugares

Já passou da hora de este blog ser um pouco mais controverso.

E, falando de hora, é importante que você saiba que esta coluna (assim como quase todas as predecessoras) está sendo escrita às sete da manhã. Eu sou uma cotovia, não uma coruja. Também estou preparado para me afastar da ortodoxia aconchegante de dizer que não importa quem você é.

Sabe, acho que as cotovias são competentes. Certamente o são, no que diz respeito à tomada de decisão. São razoáveis. Na maioria das organizações, há mais reuniões de manhã do que depois do meio-dia. Muitas vezes, a primeira reunião do dia será às 9h00, ou mesmo às 8h30. Normalmente, há uma reunião atrás da outra.

Quando você pode fazer sua preparação para essas reuniões? Na noite anterior, você diria? É possível, mas é preciso estar on-line para acessar fatos, dados, relatórios etc., o que é muito mais fácil de fazer no escritório. E até as corujas estão mais cansadas à noite.

A cotovia, por outro lado, tem essas inestimáveis duas horas ou mais antes que as hostilidades corporativas comecem para fazer a preparação, ensaiar argumentos e, em geral, para o que se espera que seja uma série de sessões de tomada de decisão (ou "contribuição para a decisão").

O início precoce também lhe permite falar com os californianos antes de irem para a cama, com os australianos antes de irem para a cama no dia seguinte ao seu, as pessoas na Ásia enquanto ainda estão no escritório, e os europeus em geral antes de se apressarem para as reuniões.

De manhã, os olhos estão mais abertos e o cérebro está mais aguçado. Além disso, como foi reconfortante ler no jornal esta manhã que as pessoas que vivem nos climas do norte têm olhos e cérebros maiores!

Então, mais poder para as cotovias em todos os lugares.

Há apenas um pequeno problema. Essa temida mudança do tempo do inimigo pode lançar até uma cotovia zelosa no território das corujas. Esta noite tenho de estar em uma conferência telefônica à meia-noite para uma apresentação que acontecerá na Costa Oeste.

Terei de enganar a mim mesmo, dizendo que não está tão tarde assim... mas sim excepcionalmente cedo!

Artigo do blog

É preciso corujas, gatinhos e todos os tipos

No meu post anterior, falei em nome das cotovias.

Se estou certo ou não na minha crença de que elas (nós!) são a raça mestre, eu acho que é justo dizer que as corujas nunca vão ser tão bem colocadas até o dia em que sua agenda estiver cheia de reuniões às seis, sete ou oito da noite, e assim por diante.

Acontece que meu ontem se transformou em hoje enquanto estive em uma chamada de conferência com a Califórnia, então eu pude sentir o gosto do que é ser uma coruja. No entanto, as corujas não têm de dirigir até Londres às 5h15 para retomar a vida como uma cotovia!

A personalidade é um grande influenciador da tomada de decisão — como em todas as atividades empresariais. É claro que o nosso perfil de personalidade é determinado por muito mais fatores do que a eficácia relativa em diferentes horários de fins do dia. Vamos ver outros elementos da nossa composição. Para além do sistema Headline:

- Existe o espectro de perfis Condutores, Expressivos, Amigáveis, Analíticos desenvolvido por Peter Urs Bender e outros:
  - » Condutores (Águias) são líderes e realizadores.
  - » Expressivos (Pavões) são extrovertidos e visionários.
  - » Amigáveis (Pombas — ou Gatinhos!) trabalham bem em equipe e são pacientes.
  - » Analíticos (Corujas) são pensadores e rigorosos!
- E todos conhecemos a tipologia de Myers-Briggs, que nos deu:
  - » Extrovertidos (mundo inteiro) *versus* Introvertidos (meu mundo).
  - » Sensoriais (levam informação a bordo) *versus* Intuitivos (interpretam e acrescentam significado).
  - » Racionais (lógicos, orientados pela tarefa em mãos) *versus* Sentimentais (emotivos, centrados nas pessoas)
  - » Julgadores (decisões rápidas) *versus* Perceptivos (precisam de mais informação para decidir).
- Em ambas as escalas, somos combinações de características, em vez de sermos definidos por uma ou por outra — mas é mais útil compreender o fator primário, predominante, do que nos perdermos em um grande drink de características.

Sabemos a partir do trabalho de Meredith Belbin que equipes vencedoras (especialmente equipes responsáveis por tomar decisões) precisam ter um equilíbrio de tipos de personalidade. Na próxima vez que estiver em uma reunião (você não terá muito tempo), avalie rapidamente os perfis das personalidades sentadas à mesa:

- Há uma grande presença de Condutores e Expressivos?
- Ou as coisas estão andando devagar com muitos Analistas e Amigáveis?
- Os Julgadores estão ficando frustrados com os Perceptivos?
- É difícil fazer com que os Introvertidos tenham uma visão mais ampla?
- E os Intuitivos, já estão fartos dos Perceptivos?
- Por fim — e aqui entramos nós — as Cotovias já estão sem fôlego no momento em que as Corujas finalmente entram em ação?

A chave é conhecer seus próprios pontos fortes e limitações e entender como seus colegas são e do que são capazes. Às vezes, precisamos tomar decisões por conta própria. Mas, na maior parte do tempo, é um jogo de equipe. Um puro exemplo de economia comportamental em ação.

Esperamos que, com um conhecimento básico sobre análise de perfis, você consiga prevenir que a coisa toda vire um jogo de confronto!

Por que as jogadoras de tênis soltam grunhidos?

Jogue no Google e você vai encontrar links que explicam sobre a necessidade de inspirar profundamente antes de um grande esforço físico (por exemplo, na hora do saque) e depois expirar assim que o golpe é dado na bola. Curiosamente, Connors e Agassi eram conhecidos por soltar muitos grunhidos.

Mas, hoje em dia, são principalmente as mulheres que o fazem, com a nova nº 1 do mundo, Victoria Azarenka, gritando tão alto em Wimbledon este ano que se pôde ouvi-la no Queen's! Há até mesmo um livro sobre o assunto, da professora Alison McConnell, da Universidade de Brunel.

Algumas pessoas dão créditos ao famoso técnico Nick Bollettieri pelo incentivo ao grunhido, por razões táticas e fisiológicas. Mas acredito que devemos esse acompanhamento barulhento do tênis, pelo menos indiretamente, a outro dos meus heróis – Tim Gallwey (agora com 73 anos), autor do livro *O jogo interior do tênis*, lançado em 1975.

A resposta científica, de acordo com Gallwey, seria que Self 1 usa o grunhido para dizer ao Self 2 para entrar na área! O que se passa aqui? Gallwey era tão bom tenista que foi capitão da equipe de Harvard. Ele se tornou um profissional e, mais tarde, treinador. Estudou com o Guru Maharaj Ji e ficou fascinado com a psicologia do tênis. Ele queria entender por que os grandes jogadores podiam cometer erros estúpidos apesar de terem uma técnica imaculada e de serem extremamente aptos, e também por que treinar iniciantes e jogadores de clubes era tão ineficaz. O jogador ou jogadora sabia o que devia fazer, mas falhava na quadra.

A sua descoberta foi que temos "dois eus". O Self 1 é o pensador e locutor. O Self 2 é o ouvinte e o fazedor. O Self 1 sabe o que fazer e não consegue entender porque o Self 2 é tão inepto. O problema é que o Self 2 ficaria bem, deixado ao seu próprio critério, mas congela quando o Self 1 diz que a próxima jogada é decisiva quando o Self 2 vai para o lançamento!

O "jogo interno" de Gallwey é o que os comentadores esportivos e psicólogos chamam agora de "zona" – o estado de concentração e exclusão das influências externas e pensamentos que podem distrair o jogador e desviá-lo do desempenho máximo e da tomada de decisão sem falhas.

Ele foi um verdadeiro pioneiro e escreveu livros subsequentes sobre esqui (1977), golfe (1981) e música (1986). Não é de se surpreender que os empresários loucos por esportes clamaram por seus serviços motivacionais, e Gallwey escreveu *The Inner Game of Business* [O jogo interno dos negócios] como foco de sua crescente carreira em consultoria e coaching executivo.

Tendo estudado a tomada de decisão ponderada, e tendo ficado intrigado com a forma como as equipes de pessoas competentes e inteligentes podem utilizar processos tão pobres, fico constantemente impressionado com a eficiência dos decisores de curto prazo, que normalmente têm apenas segundos para decidir. Não estou falando apenas dos profissionais aqui. Isso também se aplica a nós, pois dirigimos nossos carros e andamos pelas calçadas bem o suficiente para evitar colisões. Tem de ser devido ao treino e à experiência. É também, como descobrimos no Capítulo 4, por causa da neuroplasticidade e de nosso notável piloto automático.

As jogadoras devem ter seu jogo interno e Self 2 bem treinados, assim como nós. Quando você grunhir ao volante enquanto dirige por uma via complicada, terá a certeza.

Olhos brilhantes

Recentemente, um cliente de aquisições enviou um pedido de socorro para obter material que o ajudasse a escrever um documento para o conselho do qual fazia parte, sobre uma questão importante da indústria – a tensão entre marketing e aquisições. Eu encontrei o que pensei ser perfeito para a situação: um compilado de gráficos produzido por meu parceiro norte-americano em um webinar.

A resposta do meu cliente foi uma surpresa. "Muito interessante, mas muito lógico", escreveu ele. "O aspecto mais interessante para mim é passar para as equipes de marketing que podemos acrescentar habilidades quando eles acharem que estão fazendo tudo bem."

Acho que sou o tipo de pessoa que tem predominância do lado esquerdo do cérebro, então sempre começo pela lógica. No entanto, a melhor forma de persuasão é assegurar um equilíbrio entre o pensamento racional e emotivo e a linguagem. Eu tinha feito uma suposição banal de que o pensamento do hemisfério esquerdo funcionaria melhor com o setor de aquisição. Se um profissional de marketing tivesse feito o pedido, eu teria provavelmente optado por uma abordagem de um tipo mais ligado ao lado direito do cérebro.

Tão óbvio e tão pouco criativo.

Quero compartilhar um pensamento relacionado desencadeado por esse episódio, e também por ter passado por algumas apresentações finais de agências em meu trabalho diário como conselheiro de clientes durante processos seletivos de agências. A minha observação é que existe uma característica física comum às pessoas mais bem-sucedidas, aos bons comunicadores, aos solucionadores de problemas mais eficazes e, suspeito, aos bons tomadores de decisão.

Chamo-lhe de Olhos Brilhantes. É uma descrição gloriosamente não científica. E aqui estou eu falando de pessoas, não de coelhos! Até onde sei, não há um "olhômetro" para medir a luminosidade ocular, mas tenho certeza de que todos sabem o que quero dizer. Pessoas com olhos brilhantes são muito mais convincentes, mais atraentes e mais simpáticas, e é mais fácil segui-las e concordar com elas. Tendem também a gerir melhor as reuniões.

É um apelo emocional, não lógico. No entanto, nos ajuda a identificar os vencedores, os potenciais bons recrutas, as pessoas com quem queremos trabalhar e para quem queremos trabalhar. Em um mundo lógico do hemisfério esquerdo, dominado por dados, números e argumentos racionais, é empolgante pensar que, às vezes, podemos colocar os critérios e subcritérios de lado e, no lugar deles, nos deixarmos ser influenciados por um olhar e uma sensação que algumas pessoas passam, enquanto outras não.

Viva os Olhos Brilhantes. Quantas músicas existem sobre eles?

A felicidade é o que queremos — o que realmente queremos

"A felicidade é o significado e o propósito da vida, o objetivo e a finalidade da existência humana", escreveu Aristóteles no século IV a.C. Dois milênios mais tarde, Descartes disse: "Todos procuram todo o resto como um meio para alcançar o objetivo da felicidade, enquanto ninguém procura a felicidade como um meio para atingir qualquer outro objetivo."

Quatrocentos anos depois de Descartes, a agência TCA (os caras que fizeram a notável campanha de Bob Monkhouse contra o câncer de próstata) comemorou seu 25° aniversário com um estudo de Melanie Howard, da Future Foundation, sobre o que a felicidade representa para jovens de 25 anos. Fui à apresentação dada pela Melanie e pelo diretor de planejamento da TCA, James Champ.

Ao tomar notas sobre o que gera e o que não gera a felicidade nos jovens adultos, de repente ocorreu-me que é muito fácil falar e escrever sobre a tomada de decisão (como sou propenso a fazer) sem mencionar a felicidade, que está claramente no centro da motivação emocional.

Daí as citações de dois grandes filósofos.

Por isso, agradeço à TCA por me lembrar o que estava bem diante de meus olhos e eu não estava enxergando.

Foi a partir disso que surgiu uma nova determinação de interpretar grande parte da economia comportamental em termos da busca pela felicidade.

Assim, há duas novas perguntas para nos ajudar a filtrar a análise da equação risco-recompensa quando estivermos prestes a tomar uma decisão:

- O que nos faria mais felizes?
- Que desvantagem traria o maior risco de infelicidade?

A experiência é a finalidade máxima?

Certa vez, eu estava em uma reunião, vendendo nossos produtos. (Sim, temos de competir também!)

A cliente disse muito justamente: "Você certamente já demonstrou que tem muita experiência." Ela tinha razão. Nossa apresentação está sempre pautada nos nossos muitos clientes ilustres e nas muitas tarefas difíceis com as quais lidamos com sucesso. Não assumimos naturalmente, em qualquer área de atuação, que é persuasivo falar de realizações passadas? Na verdade, em todos os livros sobre ciência da decisão, há uma ênfase no feedback e no aprendizado como ingredientes essenciais para o próximo processo de decisão.

Mas pensei um pouco sobre como devemos valorizar a experiência. É algo que nos leva a pensar menos sobre as situações? Ou é apenas um recurso dentre outros? Na tomada de decisão, a experiência é valiosa, mas também são valiosos o bom processo e a técnica. Também é vital escolher a melhor equipe e administrá-la bem. É essencial resolver os principais problemas. É de suma importância desenvolver um conjunto de opções e escolher a que tiver o melhor lado positivo, evitando sérias desvantagens.

Também pensei em contextos públicos como política, esporte e entretenimento. Claro, a experiência é importante. Mas todos os ex-ministros do governo, todos os ex-jogadores e todas as atrizes que outrora foram destaque estavam no auge de sua experiência no momento exato em que deixaram seus cargos, penduraram as chuteiras ou foram reprovadas em uma audição. A vida continua, e o novo ministro do governo, o novo atacante e a nova protagonista do último filme lançado terão sido todos selecionados tanto em termos de potencial como de desempenho. Toda lista de vencedores e toda placa de honras registra a realização, mas também a inevitável passagem do tempo e mudança de paradigmas.

A minha conclusão é que é crucial não só ter experiência, mas também usá-la. Também aprendemos tanto com o fracasso quanto com o sucesso, pois são tipos diferentes de experiência.

Quem me dera que as pessoas se lembrassem disso quando escrevem seus currículos. Será que eu sou a única pessoa que preferiria ver um currículo de carreira honesto? Não é possível que uma pessoa real tenha um catálogo ininterrupto de sucesso glorioso, que dirá ser pessoalmente responsável por todos os pontos altos.

Vamos celebrar e respeitar a experiência. Mas, ao mesmo tempo, devemos honrar e recompensar especialmente aqueles que têm a capacidade e a honestidade de transformar essa experiência em sucesso futuro. É por isso que, no nosso negócio, ainda tentamos criar novas fórmulas, novas técnicas e novas ideias — mesmo depois de 24 anos!

Um grande insight sobre a forma como os líderes empresariais se comportam: causa e efeito

Quero iniciar a exploração dos fatores humanos com um pensamento poderoso do meu amigo Serge Nicholls, que me fez refletir quando ele o dividiu comigo, porque eu nunca tinha considerado isso.

Trata-se de dois tipos de raciocínio – um que começa pelo estabelecimento de uma meta e pelo trabalho racional em prol de sua realização. O outro não começa com um objetivo específico, mas com um grupo de pessoas, e permite que os objetivos eventualmente apareçam. Isso saiu de um estudo sobre trinta empresários nos EUA e o que os move. A autora do estudo *What makes Entrepreneurs Entrepreneurial* (2008) é Saras Sarasvathy, da University of Washington Business School. Ela chama o raciocínio baseado em objetivos de "causal" e de "efetual" o tipo mais lateral e discursivo. É o raciocínio efetual que é característico de quase todos os empresários.

Aparentemente, a maioria dos empresários planeja, consciente ou instintivamente, com base em três ativos:

- quem eles e seus amigos são, e com o que cada um pode contribuir;
- o que eles sabem – educação, formação e experiência;
- quem eles conhecem em termos de networking profissional e social.

Sarasvathy compara um guerreiro guiado por objetivos, como Genghis Khan (objetivo: conquista do mundo conhecido), com exploradores como Magalhães e Colombo, que partiram para viagens em águas desconhecidas, com confiança nas próprias capacidades e não muito mais que isso.

Há algumas citações de Sarasvathy de que gostei em particular. A primeira é a seguinte: "Os empresários agem como se acreditassem que o futuro não está lá fora para ser descoberto, mas sim que ele é criado através das próprias estratégias dos atores." Suponho que um dos grandes exploradores teria concluído que não importa se você não souber aonde chegou, desde que faça algo útil quando chegar lá!

A outra citação é esta:

> Os empresários especialistas afirmaram explicitamente que estar em um mercado que pode ser previsto não era uma boa ideia, uma vez que haveria sempre alguém mais inteligente e com carteiras mais gordas que poderia prever melhor. Mas estar em um mercado imprevisível significava que este podia ser moldado pelas suas próprias decisões e ações. Armados de lógica efetual, podemos lidar melhor com surpresas.

Steve Jobs — o pensador mais efetual da nossa era

Sabíamos que Steve Jobs tinha de estar muito doente para se afastar do leme da Apple. Mas morrer tão rapidamente em seguida... Com apenas 56 anos de idade!

Considere o artigo seminal de Saras Sarasvathy, "What Makes Entrepeneurs Entrepreneurial" ["O que torna os empresários tão empresariais", em tradução livre]. Seu estudo sobre o que faz com que os empresários sejam de um tipo diferente de todos os outros destaca a maneira como eles pensam. Ela a descreve como raciocínio "efetual" e a contrasta com o pensamento previsível e racional, que ela chama de "causal".

Para Sarasvathy, uma decisão baseada no raciocínio causal é projetada para causar um resultado que o aproximará do seu objetivo. O raciocínio ou a tomada de decisão causais se debruçam sobre os meios que levarão a um fim. Lógico. Sequencial. Linear. Isso é comportamento de comando e controle.

O raciocínio efetual não tem a ver com estabelecer uma meta e tomar decisões com base em como alcançá-la. O pensamento e a tomada de decisão efetuais tem a ver com fazer as coisas acontecerem em um sentido mais amplo. Decisões efetuais podem funcionar igualmente bem de forma indireta. Em marketing e publicidade, estamos muito familiarizados com ambas as abordagens. Os planos de marketing são predominantemente causais, relacionando ações e investimentos a metas e dados financeiros e verificáveis.

Por outro lado, a publicidade, em particular no admirável mundo novo das conversas com os consumidores, tende a basear-se no pensamento estratégico e na percepção do comportamento dos consumidores e do que pode influenciá-lo. Planejamento e criatividade são inerentemente efetuais, enquanto mídia, marketing direto e promoção são causais.

O que nos traz de volta à incrível carreira, influência e criatividade afiada de Steve Jobs. Ele não era só um inovador por excelência, como também foi um verdadeiro visionário na medida em que foi capaz de conceber, fazer e comercializar uma linha lendária de produtos sob os rótulos Apple, Mac e "I-", que seus leais seguidores adotaram como se a marca também pertencesse a eles.

"Efetual" é algo que é exatamente o oposto de "inefetual", ou seja, algo que desconsideraria os efeitos. Jobs foi efetual e influente de um jeito que mais nenhum de seus contemporâneos chegou perto. Podemos citar uma lista distinta de pioneiros de gerações anteriores: Stephenson, Brunel, Hargreaves, Ford, Marconi e assim por diante. Ou os primeiros campeões em consumo que construíram empresas gigantescas como a P&G, Unilever, Nestlé, Cadbury etc. Mas a mecânica de fabricação, distribuição e venda naqueles dias era muito mais linear. As pessoas ainda eram clientes, ainda não tinham aprendido a se tornar o que hoje chamamos de "consumidores".

Jobs foi o líder mais efetual da revolução do consumidor por conta de seu entendimento de que entretenimento, lazer, amizade e diversão são tão importantes quanto produzir documentos e fazer telefonemas. A Pixar e a App Store são tanto parte do seu extraordinário legado quanto o Apple Mac e o iPhone. As invenções dele não somente nos proporcionaram excelentes produtos que podemos comprar. Ele definiu, moldou e enquadrou o mundo que agora tomamos como garantido.

Calver, Cassani e Vasiliev sobre empresários e gestores:

Simon Calver, da Lovefilm:

Os empresários não são tomadores de decisão que costumam assumir riscos. Eles são os tomadores de decisão que menos se colocam em risco que você vai encontrar, porque a coisa gira em torno do dinheiro deles. Mais uma vez, isso é um aspecto sobre a tomada de decisão em que as pessoas não costumam pensar.

Quando procuro pessoas para estar sob meu comando, muitas vezes busco aquelas que estiveram em grandes empresas e que sabem o que é bom. Também gosto de pessoas que tentaram algo diferente ou empreendedor – quer tenham tido êxito ou fracassado. Não importa. Elas tentaram, mas não atingiram o *home run* e ainda estão com fome de alcançar aquele objetivo. Elas estiveram em um ambiente causal, sabem que precisam atingir metas e que o processo é importante. Ter uma conversa de avaliação com alguém é uma coisa boa. Mas há alguns empresários que nunca teriam essa conversa com ninguém de um dia para o outro. Todos nesta organização estão inseridos em um plano de desempenho trimestral, o que significa que são definidas metas a cada treze semanas, eles são avaliados em relação a esses objetivos e recebem pagamento com base no quão bem se saíram em relação aos objetivos em uma base trimestral.

Cassani sobre ser gestor:

Gosto muito de trabalhar com as pessoas de modo que possam crescer em seus empregos. Ser superinteligente e frequentar uma universidade da Ivy League não significa ser capaz de gerir pessoas. Eu acho que é provavelmente uma barreira, porque elas estão acostumadas a estar ao redor de pessoas com quem podem falar de forma abreviada. Uma vez que você não pode falar assim pois está se comunicando com outros tipos de pessoas, você tem de encontrar uma maneira de comunicar tanto ideias complexas quanto simples de uma forma que as pessoas entendam. Não é possível disfarçar condescendência, e, se você for realmente condescendente, as pessoas não são estúpidas, elas vão perceber, e você será afetado. Quando descobri que gostava de ser gestor, em vez de ser algum tipo de técnico estratégico, que foi como comecei, pensei, uau, isso é muito legal. Porque a outra coisa que descobri foi que todo o poder estava com os gestores, mas muitos deles eram as pessoas que se recusavam a implementar as minhas grandes ideias quando eu tinha sido consultor. Portanto, eu pensei: isso é muito, muito legal; se eu ainda tiver a habilidade de pensar nas coisas como alguém mais técnico pensa, mas com as habilidades e o poder de um gestor, caramba, eu posso realmente fazer muitas coisas. É por isso que eu gostava de estar no negócio.

Vitaly Vasiliev, da Gazprom, sobre pessoas e culturas:

Há uma grande diferença entre a definição de gestor e empresário. Portanto, em termos do processo de tomada de decisão clássico, esse é o comportamento típico de um gestor. Eles são gestores, então a vida deles é basicamente participar de reuniões, discutir e dizer "ok, essa é a nossa previsão e essa é a nossa visão do mundo". Eles discutem e constroem algo e suas decisões baseiam-se na sua visão de mundo. Quando não funciona, eles dizem "ok, não funcionou, mas vamos entender por que não funcionou" ou "ok, não funcionou porque o mundo mudou". Depois, eles explicam a todos e a si mesmos porque não funcionou, porque eles têm a explicação. "Pensamos que o mundo seria assim, mas depois descobrimos que há aspectos que não enxergamos." Esses gestores explicam pacificamente que determinados eventos aconteceram ou deixaram de acontecer, fazendo com que determinado plano não funcionasse, e isso basta para eles.

Mas um empresário é diferente. Ele não tem escolha, porque estará morto se não funcionar. Assim, o que ele tenta fazer é construir as opções. Ele faz isso e faz aquilo, mas sabe que algumas das coisas que tenta não funcionarão. É importante para ele tentar tal rota, mesmo que bata a cara no muro e não possa continuar. Para ele, o fracasso é, na verdade, a experiência de aprendizagem. O empresário está tentando construir rapidamente algumas opções para o seu processo de tomada de decisão, pois sabe que, das dez soluções possíveis, oito não vão funcionar. Ele diz a si mesmo que vai aprender com elas e, se duas funcionarem, o empresário terá alcançado seu objetivo.

Eu defendo uma cultura de golfinhos. Tenho um golfinho no meu escritório. Todos ganham golfinhos. Há três culturas distintas: golfinhos, tubarões e carpas. Vamos começar pela carpa. Se olharmos para o comportamento delas, perceberemos que estão geralmente escondidas e abrigadas nas rochas. Quando sobra alguma comida, por exemplo, de uma grande luta de tubarões, a carpa deixa rapidamente o seu abrigo, recolhe os pedaços de comida e regressa. É um tipo de cultura oportunista. Elas dizem: não estou brigando, mas sempre consigo algo que ficou para trás.

Mas os tubarões têm uma cultura predatória. O objetivo é ganhar. Se estou fazendo negócios com você e sou um tubarão, não me importo com você. Só quero ganhar. Quero ter o que eu quero. Isso faz de mim um sucesso.

Eu descrevo a cultura dos golfinhos como algo que valoriza a vitória para os dois lados. Se eu quiser ganhar, preciso fazer com que você tenha sucesso. Então, se você for bem-sucedido e eu for bem-sucedido, essa é uma boa base para uma cooperação a longo prazo. Acho que é uma abordagem muito importante. As pessoas costumam acreditar que os golfinhos são muito amigáveis. Acham que são simpáticos, e assim por diante. Mas, na verdade, são um dos únicos mamíferos que podem atacar tubarões. Eis como os golfinhos atacam os tubarões: eles sabem que o tubarão, na verdade, tem um ponto mais fraco na barriga. Então, se um tubarão está atacando alguém, o golfinho nada sob o tubarão e usa o nariz para atingi-lo em seu ponto mais fraco na barriga. E o tubarão morre.

Desse modo, o golfinho é o nosso símbolo, não um tubarão ou uma carpa. A filosofia da nossa empresa é cooperar e ganhar. Mas, quando é necessário, podemos ser o caçador. Podemos atacar algo se estiver se comportando agressivamente conosco. E os golfinhos são exatamente este tipo de animal: eles são amigáveis e cooperativos, mas, se sentem uma ameaça, se alguém os está atacando, eles podem atacar de volta. Em termos do que estamos fazendo nessa empresa, em termos do nosso papel e da nossa visão, acredito que essa é a cultura certa para nós.

Mas se os valores fundamentais da sua empresa estão muito mais próximos da carpa, tudo bem, porque o oceano é grande, então tem de haver peixes diferentes. Seria muito triste se todos fossem golfinhos. Também seria muito triste se todos fossem tubarões. As pessoas são diferentes. Você precisa entender a quem vai se juntar, o que está fazendo. Eu sempre digo que há duas opções para todos nós: precisamos fazer o que amamos ou precisamos começar a amar o que estamos fazendo. Caso contrário, é muito difícil acordar de manhã, vestir a roupa e ir ao escritório.

7. A ESCOLHA É UMA TOMADA DE DECISÃO TRIDIMENSIONAL

Escolher é um processo diferente por conta de como o cérebro (e os comitês) funciona

A escolha é relativa ao que se pode ter, não ao que se quer.

BEHAVIOURAL ECONOMICS: RED HOT OR RED HERRING? IPA 2010

Suponho que não é surpreendente que o ato de escolher seja algo que me fascina. Adoro programas de televisão como *Strictly Come Dancing*, *O Aprendiz* e *Masterchef* (mas, infelizmente, não gosto de *X Factor* — já tentei). No entanto, um que tenho gostado muito é o *The Voice*, particularmente a ideia de virar minha cadeira para ficar cara a cara com um candidato apenas quando estou ativamente interessado! Depois de quase 25 anos facilitando a pesquisa e seleção de agências de publicidade e comunicação, fico fascinado tanto pelos critérios de pesquisa (como é que esses sujeitos foram escolhidos?) quanto pelas regras de seleção (como é que eles vão escolher um vencedor?). Fico encantado com o drama semanal de quem vai ser eliminado. Simpatizo com os concorrentes, vibro junto com os jurados. Eu quero que o talento supremo triunfe, mas, inevitavelmente, fico preso no puro drama humano de tudo isso. Viver um sonho na televisão nacional todas as semanas e trabalhar arduamente para melhorar suas habilidades não é uma coisa pequena. Ver as pessoas melhorando em algo é inspirador.

Veja uma história de pesquisa e seleção incomum.

Daniel Topolski sobre a seleção de remadores

Perguntei a Daniel sobre a época em que ele começou a treinar a equipe da Oxford University Boat Race, em 1973, que medidas tomou ele para garantir que as seleções se baseassem em fatos — fatos atuais, em vez de reputação ou qualquer outra coisa.

Comentei com ele:

— Assim, como alguém que é um adepto louco de cinco ou seis esportes, é difícil pensar em um esporte em que a seleção é feita com base nisso. Muitas vezes, você vê um time de críquete, um time de futebol ou um time de rugby que foi escolhido pela reputação. Você lê os jornalistas os quais respeita dizendo que não é correto escalar jogadores que não acertam nada.

Daniel respondeu:

— Você está dizendo que nesses esportes eles escolhem os jogadores pela reputação em vez de evidências de desempenho? Não deviam.

Continuei:

— E deveriam aprender muito com o que você fez, porque, no fim das contas, quem ler o livro *True Blue* [1989, sobre o motim dos remadores norte-americanos em 1986-1987] entende que esse foi o seu trunfo.

— Me deu confiança para poder confrontar aqueles caras.

— E é algo que você desenvolveu anos antes. Não foi algo que você tenha sonhado para depois provar o ponto de vista. Quero dizer, foi uma metodologia de seleção estabelecida que funcionou de forma consistente.

— O problema é que a complacência se instala o tempo todo. As pessoas assumem que vão superar o próprio desempenho no dia da competição. Sabe, é o que eles dizem: 'não se preocupe com isso, nós estaremos em forma no dia.'

— Mas a sua experiência não foi essa?

E então Daniel me contou a história:

> Não. Meu primeiro ano, quando assumi o controle, é um bom exemplo. Andy Hall era o presidente e, quando eu estava viajando pela Índia, ele me perguntou

se eu voltaria para ser o treinador-chefe. Eu disse que sim. Havia cerca de quatro ou cinco sujeitos do ano anterior na equipe, que tinham perdido e que já estavam há cinco anos sem vencer. O Andy tinha estado no ano anterior. Ele havia perdido três corridas, e eu comecei a estabelecer o treino. Acampamos em Putney em janeiro, e eu precisava ver se Andy ou Dave Willis – um calouro grande e forte da Hampton School – passariam pelos testes que montei para eles.

Bom, foi horrível, não foi nada científico, mas foi a melhor maneira que encontrei de colocar pressão sobre a equipe de Oxford. Tive de fazer com que ultrapassassem obstáculos. Fizemos sprints de quatrocentos, duzentos e cem metros, e fiquei entre Dave Willis, esse atleta de quase cem quilos, e Andy Hall, o presidente que entrou na equipe. Dave não estava treinando há um tempo, e deveria. Mandei os integrantes fazerem uma série de testes solo. Isso foi muito importante na forma como estava avaliando meus homens. Eu queria que eles corressem uns contra os outros, queria vê-los em corridas nacionais. Apenas observando seu progresso, aprendendo a mover um barco por conta própria, se eles conseguiam competir uns contra os outros e, se não isso não fosse possível no começo, até o final do período eles conseguiriam. Eu fiz uma série de testes, e então no Tideway, dois testes de corrida semelhantes a *Head of the River*,[30] ao longo das mais de quatro milhas, dois testes de odômetro, testes de corrida, ginástica.

Quero dizer, tudo foi testado, e eu lembro dos sprints de quatrocentos metros. Eu ficava no final, alguém começava e eu os cronometrava em grupos de cerca de quatro ou cinco pessoas. Durante o dia, coloquei o Andy e o Dave no barco B – porque não fiquei muito impressionado com a habilidade deles. Assim, eu os coloquei no segundo barco, o barco B, e nesses sprints eles estavam competindo e nenhum deles era um grande corredor, mas Andy Hall estava lutando. Ele era presidente e tinha sido humilhado – ambos foram humilhados. Ele estava lutando pela posição e cada vez que terminava ele estava à frente do seu grupo. Ele não estava no melhor grupo, não era o corredor mais rápido,

30 Competição de remo que acontece anualmente no rio Tâmisa, em Londres. [N.E.]

disse que odiava todo esse tipo de coisa. Ele dizia vá se f..., e voltava a correr do início outra vez. Fazia isso novamente quatro vezes. Sempre. Dave Willis vinha atrás trotando porque estava muito zangado comigo. Então, dentro de dois dias eu coloquei Andy de volta no barco A, Dave ainda estava no segundo barco e um dia depois ele se demitiu e deixou o grupo. E essa foi uma das primeiras decisões que tive de tomar a esse nível.

Dave não estava preparado para lutar como Andy. Andy, que se colocou no lugar dele, foi humilhado, mas batalhou. Dave foi humilhado e pensou algo como "não me vou esforçar — ou você me coloca no barco, ou eu vou embora". Isso porque eram apenas treinos. Podia ter batalhado facilmente, mas preferiu se retirar.

Escolhendo agências

Hoje em dia, está cada vez mais complicado os grandes anunciantes selecionarem sua agência ideal. O advento da tecnologia e das redes digitais e sociais dificultou muito mais a definição de critérios. Existem mais agências e mais tipos de agências. A especialização é muito mais diferenciada, com uma variedade desconcertante de especialidades e, inevitavelmente, publicitários mais ambiciosos, sempre buscando adicionar mais ao seu currículo. Como facilitadores do processo de seleção e, principalmente, caçadores de talentos que desenterram potenciais estrelas, meus colegas e eu temos uma responsabilidade significativa, que tentamos nunca esquecer ou diminuir. Temos de fazer um excelente trabalho para os nossos clientes, pois eles estão nos pagando. Também temos de ser completamente justos e compreensivos com as agências, que não estão.

A abordagem tradicional da Agency Assessment International (AAI) e o processo de pesquisa e seleção foram explicados (com diagramas) no Capítulo 4. Foi assim que gerimos sistematicamente as situações de escolha de grupo em contexto comercial.

Três dimensões de escolha

Vejo a escolha como algo tridimensional, em contraste com a tomada de decisão, em dois sentidos separados. Primeiro, porque temos de procurar e selecionar. A tomada de decisão consiste normalmente em uma série de opções. Agimos agora ou não? Se vamos decidir, dizemos sim ou não? Se há uma série de opções disponíveis, qual delas vamos escolher? A tomada de decisão normalmente tem a ver com listar, classificar e decidir entre as opções disponíveis.

É diferente com a escolha. Antes de podermos selecionar ou escolher, precisamos ter procurado possíveis candidatos. Com a escolha, há uma fase preliminar vital: reduzir os candidatos ou as opções a um número manuseável. Como fazemos isso? Por eliminação, não por classificação, e, então, tudo o que tem de acontecer antes da seleção (a tomada de decisão real) pode começar.

A seleção é diferente – e mais fácil, porque qualquer lista de opções pode ser reduzida a uma série de comparações binárias. Estas são as minhas Cinco Leis de Escolha:

1. A escolha é uma atividade estratégica. Seja muito claro quanto às necessidades, aos objetivos e ao enquadramento da decisão.
2. Não faz sentido olhar para as opções até que você tenha firmado critérios – o que dependerá das necessidades e objetivos *versus* o que está disponível no mercado.
3. Escolher é inerentemente arriscado. Elabore uma lista de opções olhando para a lacuna entre a escolha perfeita e o pior cenário possível. Defina os riscos.
4. Não faça listas longas. Elimine possibilidades até que tenha reduzido a, idealmente, três, descartando as piores opções, uma de cada vez.
5. Escolha o vencedor por três binários (A *vs.* B, A *vs.* C, B *vs.* C, B *vs.* C). Valide a escolha, conseguindo adesão e ratificação, tornando-a uma decisão mútua.

As escolhas formalizadas (ou, pelo menos, semiestruturadas) estão em toda parte. As escolhas determinam uma proporção assustadora das nossas vidas. Isso nos leva a três dimensões: nós escolhemos as coisas para nós mesmos; as coisas são escolhidas por nós; somos escolhidos ou não.

Há um aspecto de fase de vida nisso:

- Nós não escolhemos nossos pais, onde nascemos, onde moramos quando crianças, a forma da unidade familiar, nossas circunstâncias (a riqueza, as dificuldades) e assim por diante. Algumas dessas escolhas foram feitas conscientemente pelos nossos pais. Em outros casos, o desfecho foi determinado por fatores externos.
- Nós não escolhemos, em geral, qual escola frequentamos ou o que estudamos, mas, à medida que envelhecemos, podemos influenciar a escolha a partir de nosso desempenho e nossa argumentação.
- Ao mesmo tempo, não temos a última palavra sobre quem são nossos amigos, mas nos tornamos cada vez mais influentes, e, com as redes sociais, crianças e jovens podem construir amizades e redes através de uma expansão geográfica muito maior do que era possível em qualquer época anterior. Essa é uma mudança muito importante. As escolhas futuras, que, como veremos, estão muito mais nas mãos do jovem, podem ser significativamente moldadas não só por amigos, mas também por amigos conectados e informados.
- Nós podemos decidir se queremos ir para a universidade e (dentro dos parâmetros financeiros da família) se queremos ir morar longe — em caso afirmativo, podemos ainda escolher o lugar. Mais uma vez, a habilidade e o desempenho serão grandes fatores, mas nossa vontade também. No entanto, para entrar na universidade, precisamos também ser escolhidos.
- Teoricamente, podemos escolher a carreira que gostaríamos, mas, infelizmente (e ironicamente, dado o grande número de graduados no mercado), as oportunidades em campos atraentes são provavelmente proporcionalmente menores do que em qualquer outro momento desde os dias sombrios após a Primeira Guerra Mundial. Acertar esses pon-

teiros não parece ser uma grande prioridade para esse governo (assim como não o foi para os seus antecessores imediatos), mas deveria ser. Veja o Capítulo 1, "Sonhos e determinação". Restringir demais as oportunidades pode levar ao estrangulamento do sucesso logo no começo da jornada.

- Assumindo que haja saúde, renda e *olhos brilhantes*, o jovem adulto agora embarca em uma festa de escolha:
  - » Onde morar?
  - » Alugar ou comprar?
  - » Carreira, emprego?
  - » Parceiro?
  - » Amigos, vida social, clubes, bares, restaurantes?
  - » Esporte, passatempos, sonhos?
  - » Férias?
  - » Carros e outras grandes compras?
  - » Moda e estilo?
- Existem agentes, agências, conselheiros especializados e facilitadores para nos ajudar com todas essas escolhas — mesmo em relação ao parceiro ideal (ver Capítulo 10).
- Uma vez escolhido o parceiro, há, então, escolhas importantes a serem feitas: filhos, família, estilo de vida, escolas.
- Em várias fases, haverá fortes lembretes de que não crescemos completamente a ponto de escolhermos tudo por nós mesmos; há coisas que ainda são escolhidas por nós (empregos, médicos e instalações de saúde, carreira acadêmica, parceiros), e ainda dependemos de ser escolhidos (empregos, amigos, potenciais novos parceiros, esportes competitivos).
- À medida que envelhecemos, ficamos sujeitos a toda uma série de coisas que são escolhidas para nós ou que não escolheríamos fazer. Podemos adoecer. Podemos ser demitidos ou empurrados para uma aposentadoria precoce. Podemos ser abandonados por parceiros ou outros membros da família. Podemos nos tornar dependentes e precisar de cuidados. Nós morremos.

Não estou tentando deixar ninguém deprimido – estou sendo apenas realista quanto à forma como a escolha rege nossas vidas. Há um aspecto de escolha que tem dominado toda a minha vida profissional – desde a pesquisa de marketing na Nielsen até a orientação de publicitários na AAI (da era Harold Wilson até David Cameron, se você quiser contabilizar o tempo por mandatos de primeiros-ministros). Estou falando sobre a escolha do consumidor, o mundo do marketing, da publicidade e, atualmente, cada vez mais telas múltiplas e o diálogo com os consumidores. É um mundo fundamentalmente diferente daquele que existia no período em que eu estava crescendo – a ressaca do comando e controle e da propaganda de tempos de guerra. É agora um mundo com o consumidor confiantemente no comando, enquanto os fabricantes, varejistas e a fraternidade do marketing tentam desesperadamente influenciar a escolha.

A escolha do consumidor é um negócio altamente sofisticado hoje em dia

Gostei muito de trabalhar com Rory Sutherland em sua força-tarefa de economia comportamental durante sua impressionante presidência do Institute of Practitioners in Advertising (IPA). Ele foi inspirado pela leitura de *Nudge: o empurrão para a escolha certa* (Thaler e Sunstein, 2008). Nos anos 1960, quando comecei a trabalhar, acadêmicos como Ernest Dichter e publicitários como Stanley Pollitt (PWP e mais tarde BMP), Stephen King (JWT) e Stephen Broadbent (Leo Burnett) começaram a cunhar ideias empolgantes sobre o que os consumidores (também conhecidos como pessoas) pensavam e por que se comportavam como se comportavam. É provavelmente superficial demais dizer que passaram quase quarenta anos (ao ritmo de alguns planejadores de contas excelentes e dedicados e alguns bons trabalhos submetidos aos IPA Effectiveness Awards) antes de essa curiosidade ressurgir em grande escala. O IPA publicou alguns trabalhos úteis, mas o melhor, provavelmente, era um chamado simplesmente de *Behavioural Economics: Red hot ou red herring?* [Economia comportamental: grande negócio ou grande enganação?] (2010). Sob a liderança de Rory e Nick Southgate, foi identificada uma série de conceitos que, mesmo em resumo, explicam muito bem por que o pensamento fundamental sobre a forma como o consumidor escolhe e toma decisões está vivo e bem:

- Aversão à perda. As pessoas vão trabalhar mais para evitar perder algo do que para ganhar.
- O poder do agora. Os consumidores se envolvem mais com eventos atuais do que com eventos futuros.
- Valor de escassez. Se pensamos que algo é escasso, esse algo tem mais valor. Da mesma forma, se algo é abundante, seu valor cai.
- Diluição dos objetivos. Quando vários objetivos são perseguidos, eles são alcançados de forma menos eficaz do que os objetivos perseguidos individualmente.
- Fragmentação. É mais fácil lidar com partes do que com o todo. A forma como uma tarefa é apresentada afeta a vontade das pessoas em assumi-la e completá-la.
- Percepção do preço. O preço exigido por algo nos faz valorizá-lo.
- Arquitetura de escolha. Escolher é relevante para o que você pode ter, não é sobre o que você quer.

A economia comportamental é um assunto persuasivo, mas é fácil se deixar levar. Veja o excerto abaixo, extraído do blog, que escrevi sobre pessoas (nesse caso, cientistas do governo), possivelmente fazendo suposições demais.

A economia comportamental não é uma via de mão única

Nós nos acostumamos a histórias positivas sobre como a aplicação da ciência da decisão tem ajudado empresas, departamentos governamentais e outras organizações a influenciar o comportamento de uma forma benéfica. Houve uma notícia que me lembrou que nem sempre funciona assim.

A história que me fascinou foi sobre um estudo que pediatras têm realizado sobre os níveis crescentes de deficiência de vitamina D em bebês nascidos na Grã-Bretanha. Um dos autores do relatório concordou que a luz solar é uma fonte significativa de vitamina para as mães e seus filhos recém-nascidos. Obviamente, para os padrões globais, o Reino Unido tem uma decepcionante falta de luz solar, mas essa situação não mudou. Então, como explicar o crescente nível de deficiência?

O relatório considera que um dos fatores poderia ser a utilização de protetores solares substancialmente mais eficazes pelas mães. Se for verdade, isso torna o protetor solar, que tem sido objeto central das recomendações para prevenção do câncer de pele, um potencial "culpado" por colocar os bebês em risco de raquitismo e infecções. Essa é a economia comportamental de conselhos médicos bem-intencionados: dar com uma mão e tomar com a outra.

Outro exemplo pode ser a prática generalizada de os pais levarem os filhos à escola de carro. A motivação é claramente a paz de espírito que vem de garantir que as crianças estão seguras. Mas posso pensar em pelo menos cinco consequências negativas reais ou potenciais:

- crianças menos ativas e em pior forma (menos atividade física, como andar a pé, andar de bicicleta etc.);
- crianças que são menos autossuficientes;
- estradas congestionadas;
- menor utilização dos transportes públicos;
- negatividade do carbono em grande escala.

É o tipo de coisa que pode ser argumentada das duas maneiras.

Artigo do Blog

O dinheiro não é a única moeda

O princípio central da economia comportamental é que as pessoas são motivadas por muito mais coisas do que apenas considerações financeiras. No entanto, quantas decisões são anunciadas como sendo boas por sua vantagem financeira, e raramente mais do que isso? Fechar uma fábrica para poupar alguns milhões. Lançar um novo produto ou expandir-se para um novo mercado para que a empresa ganhe ainda mais milhões. Os governos são tão ruins quanto. Cada anúncio sobre novas políticas (e particularmente aquelas que foram claramente apressadas) tem uma etiqueta de preço.

Assim, o anúncio feito ontem por Andrew Witty, CEO da GSK, de que eles estão se oferecendo para fornecer aos países em desenvolvimento uma vacina contra a diarreia com um desconto de 95 por cento sobre o preço de mercado no Ocidente rapidamente atingiu as manchetes. Seria esse, como afirmou o sr. Witty, um exemplo de responsabilidade social corporativa (RSC) em ação? Ou seria, como disse Andrew Hill no blog da Financial Times, criação de valor compartilhado (CVC, como postulado por Michael Porter e Mark Kramer, fundadores da consultoria de impacto social FSG)? Hill argumenta que, para empresas farmacêuticas, o escalonamento de preços faz sentido comercial assim como arrecada aplausos:

- Você age filantropicamente, fornecendo recursos a populações empobrecidas a preço de custo ou próximo disso.
- Você atua comercialmente em países de renda média, cobrando o suficiente para construir mercados, mas a preços competitivos para expandir o volume.

- E você constrói grandes margens nos países ricos para financiar seu orçamento voraz de pesquisa e desenvolvimento (P&D).

A questão da motivação é realmente importante na ciência da decisão. Como indivíduos, famílias e pais, temos uma visão mais ampla do que apenas o interesse financeiro egoísta em termos de tomada de decisão; levamos em consideração outras coisas, como estilo de vida, equilíbrio, saúde, educação, prazer, cultura e lazer. Da mesma forma, as empresas e organizações que tendemos a admirar parecem respeitar os funcionários, as comunidades e o meio ambiente na tomada de suas decisões.

Também sobre a dimensão financeira, precisamos manter uma visão de equilíbrio das coisas (construir e nutrir bens para o futuro), bem como uma visão limitada de curto prazo que a contabilidade anual – ou pior, relatórios trimestrais nos Estados Unidos – ditar.

Voltando à história de ontem sobre a GSK, ouvi uma entrevista no rádio com um gestor de fundos prestigiado. Ele simplesmente não acredita que um CEO que utilize a expressão "pessoas antes do lucro" (como supostamente fez Witty) possa ser levado a sério pelos seus acionistas. Posso compreender "pessoas e lucro", mas "pessoas antes do lucro"?

Nunca. É realmente difícil levar a sério qualquer pessoa dizendo isso em 2011, quando vemos que, nos últimos doze meses, ditaduras e poderosas corporações pagaram penalidades impiedosas por decisões que colocaram as pessoas em último lugar.

Neuromarketing

Uma das minhas entrevistas mais fascinantes foi com Charles Spence, professor de Psicologia Experimental na minha antiga Universidade, Oxford.

Ele é um dos pioneiros do neuromarketing — a aplicação da psicologia e da neurologia às técnicas de marketing e comunicação. Para começar, leia o post abaixo que escrevi para o blog, um pouco ofegante, quando regressei para minha mesa depois de duas horas com o Charles.

Artigo do blog

Senso incomum

Há semanas que escrevo principalmente sobre decisões nos negócios, na política e no esporte. Já está mais do que na hora de voltar à área de tomada de decisão que tem sido o foco da minha vida profissional por mais de quarenta anos: como o consumidor toma decisões e o que as influencia.

Na sexta-feira da semana passada, tive a oportunidade de fazer uma entrevista que me ajudou a entrar novamente na cabeça do consumidor. Passei duas horas fascinantes com um professor de Psicologia Experimental da Universidade de Oxford. Charles Spence é um dos principais especialistas do mundo na ciência do neuromarketing. Não é de se surpreender que ele seja tão procurado tanto pelos profissionais de marketing quanto por alunos e assistentes de pesquisa.

Tenho certeza de que, em sua vida privada e familiar, Charles tem um suprimento saudável de senso comum. Mas, quando se trata da aplicação de sua formação acadêmica como psicólogo e neurocientista para compreender e estimular seus companheiros humanos como cidadãos, pacientes e consumidores, ele é verdadeiramente o mestre do senso *in*comum.

Durante as sessões em seu escritório espetacularmente desarrumado e na caverna de Aladdin que é seu laboratório, aprendi uma quantidade extraordinária de informações sobre como nós experimentamos produtos, marcas e comunicações de marketing através dos nossos sentidos, e como os profissionais de marketing e outros podem influenciar o comportamento do consumidor, impactando simultaneamente em mais de um sentido ao mesmo tempo.

Além disso, também aprendi que não sei muitas coisas. Estamos tratando aqui dos princípios da sinestesia: a interrelação entre os estímulos e nossos cinco sentidos — visão, olfato, paladar, tato e audição.

Por exemplo:

- Estamos bem cientes de que a apreciação do sabor do vinho é reforçada pelo cheiro — pelo nariz. Mas, enquanto procuramos inspiração em um vinho Majestic, quão conscientemente somos influenciados pela cor da garrafa, sua forma e seu peso? Percebemos o impacto do formato do rótulo?
- Quão susceptíveis somos ao cheiro e à sensação de uma peça de roupa que foi lavada com amaciante...
- ...ou ao barulho de um pacote de salgadinhos, que "anuncia" crocância aos nossos ouvidos tanto quanto o conteúdo do pacote entrega o sabor que esperamos?
- A geleia de morango tem um sabor melhor em um pote com um rótulo vermelho?
- O som que sai do iPod é tão importante quanto o sabor dos ingredientes para transformar o "Sound of the Sea"[31] do chef Heston Blumenthal no prato emblemático do restaurante Fat Duck?

---

31 Prato criado pelo chef Heston Bluemanthal que cria a aparência de uma praia e é servido com um iPod que emite sons do mar para criar uma experiência sensorial completa. [N.E.]

Explorarei mais aspectos de como a tomada de decisão e o comportamento dos consumidores podem ser influenciados pela comunicação com os sentidos, em vez de apenas pela razão e pela emoção. Tenho um palpite de que a área do neuromarketing pode lançar ainda mais luz sobre a economia comportamental no sentido de *Nudge* ou Rory Sutherland, e nos dar alguns novos e poderosos exemplos de ideias engenhosas e eficazes.

Eu também gostaria de verificar se a tomada de macrodecisões no contexto corporativo ou institucional também é capaz de ser aprimorada por meio do apelo aos sentidos. Já sabemos o quão importantes são as evidências oferecidas pelos cinco sentidos para as pessoas nas forças armadas, serviços de emergência, hospitais, na cabine de pilotagem e até para os juízes e árbitros — todos têm a tarefa de tomar decisões em um espaço muito curto de tempo.

Será que estamos somente tocando a superfície ao aplicar apenas a razão e a lógica às grandes decisões nas empresas e na vida pública? Talvez devêssemos considerar ver, cheirar, ouvir e saborear, bem como tocar!

Eu sondei Charles sobre seus experimentos em sinestesia e, em particular, seu trabalho com Heston Blumenthal:

> Os que foram um grande sucesso incluem sons. Então, houve o prato de frutos do mar "Sound of the Sea" no Fat Duck, originado no laboratório durante alguns experimentos com Heston. Ele teve um grande impacto e ainda está influenciando as pessoas. O que fazemos em meu laboratório é tentar pensar sobre como o cérebro funciona e como os sentidos se unem, tomando as últimas novidades em neurociência e entendendo como se aplicam, além de pensar em maneiras de traduzir paradigmas psicológicos e testá-los no laboratório. Como podemos colocar isso em um contexto real para avaliar a fragrância de um novo sabão em pó, ou o som de um spray desodorante, ou o sabor de um alimento?

Muito depende do que acontece quando o consumidor está na loja. Para alguém treinado em planejamento e comunicação de marketing de alcance extremo como eu, há algo atraente em observar o que o consumidor de fato coloca em seu carrinho. É a tomada de decisão do consumidor em tempo real, e eu adoro isso.

Entrevista com Charles Spence

Achei muito interessante falar com Charles Spence. Veja mais alguns excertos da entrevista. Perguntei-lhe se ele tinha a menor ideia, quando estava estudando para ser psicólogo, de que estaria imerso na análise forense da escolha do consumidor a essa altura:

> Não. Eu queria ser um cara da cidade, ganhando muito dinheiro em consultoria bancária ou de gestão. Naquele momento, o processamento de texto estava apenas começando, e uma noite enviei todos os meus currículos profissionais que eu tinha em mãos para todas as empresas possíveis, com cerca de nove erros ortográficos em cada um deles. Depois veio a recessão de 1991/1992, e foi assim.

As perdas provocadas pela recessão foi o ganho do marketing. Discutimos os diferentes sentidos, começando pelo som.

Som

> Veja o que acontece nas lojas de vinho, veja o que acontece nos restaurantes, veja o que acontece nos bares, quando você muda a música. E, se você acredita nisso, você tem de tentar me dizer por que isso não funcionaria com marcas de roupas [para o seu grande cliente de vendas de roupas jeans]. Mas tudo isso vem do nosso trabalho com restaurantes porque, de certa forma, grandes mar-

cas e empresas podem demorar muito tempo, ao passo que os chefs são mais frequentemente seu próprio patrão, e eles podem realmente experimentar as coisas e depois dizer: ok, funciona. O "Sound of the Sea" tem sido um prato emblemático no Fat Duck há cerca de dezoito meses.

Estávamos trabalhando com a Unilever sobre a relação do som com a comida e produzindo as batatas Pringles. Ganhamos o prêmio IgNobel de Nutrição em 2008 por mostrar que, se você come uma batata Pringles e o som estiver diferente durante a mordida, então a textura e o sabor também mudam. As batatas podem ser quinze por cento mais crocantes só por conta do som.

Profissionais de marketing intuitivos sabem disso. Se observar o anúncio da Magnum do momento, o som do chocolate quebrando é realçado. Várias outras marcas enfatizam o som do produto e o som da embalagem. Mas o que não fizeram foi estender isso a outros setores do mercado. É aqui que entra a neurociência. Podemos dizer que essa é a razão pela qual mudar o som muda o gosto das Pringles, e, pelo mesmo motivo, podemos prever que poderá também afetar a suavidade do barbear ou quão macio fica um tecido após a lavagem. Porque, nesses casos, o nosso cérebro usa todos os sentidos, aproxima-os, e essas são as regras que combinam os sentidos. Há, obviamente, princípios gerais, por exemplo, deve ter havido um publicitário que disse que não é fisicamente necessário ter uma embalagem barulhenta e estaladiça para um produto ruidoso, mas alguém pensou que seria uma boa ideia e funcionou. Se você está vendendo lenços de papel, deve criar um som calmo e suave. Você pode mudar o som que a pessoa ouve ao puxar cada lenço da caixa. Assim, cada produto tem um som e essas são as técnicas que nos permitiriam dizer rapidamente qual som é o melhor. Vamos mudar algo e ver como as pessoas respondem e, se não funcionar, vamos mudar novamente.

Assim, você tem um processo de design lento: teste, mudança, teste, mudança. Dessa forma, podemos dizer a empresas como a Unilever e a Nestlé que não há necessidade de cozinhar os produtos de forma diferente — vamos apenas brincar com todos os sons possíveis, ver qual é a preferência de uma pessoa ou qual é melhor associado à marca, e depois ir às cozinhas de desenvolvimento e testar se realmente podemos fazer o biscoito ou cereal soar daquela forma. Às vezes é possível e às vezes não, mas, pelo menos, você sabe qual caminho seguir e pode inovar muito mais rapidamente.

Visão, em termos de formas

As pessoas associam a doçura à redondeza e o amargor à angularidade (por exemplo, pensar em estrelas e triângulos). Não são os triângulos em si, são os ângulos. Acabamos de fazer uma série de experimentos sobre sabores e imagens abstratas em embalagens de alimentos e chegamos basicamente às mesmas conclusões que Ernst Dichter há quarenta anos atrás.

Gladwell cita o mágico de marketing da Madison Avenue, Louis Cheskin, sobre um creme para a pele que as mulheres gostaram mais quando tinha círculos em vez de triângulos na embalagem. Os mesmos princípios se aplicam aos queijos, chocolates e à água com gás, daí todas as estrelas em garrafas de San Pellegrino. Todos usam a forma e o simbolismo.

Tenho trabalhado nos sentidos e depois na aplicação, pensando que, pelo menos, se estivermos fazendo design de interfaces, estou apenas cegando as pessoas com números e modelos que são todos baseados na sua intuição. Não há nenhuma ciência rigorosa por trás disso e, desde então, tenho tentado juntar essas duas coisas e aplicar a ciência a problemas da vida real, seja no design de carros, seja em embalagens. É muito interessante e é muito científico, ou pode ser.

Vinho: sabor, toque, aspecto e cheiro

Acabei de escrever algumas coisas sobre o peso de uma garrafa de vinho. Dois quilos *versus* um quilo para exatamente a mesma quantidade de vinho. O valor é muito mais elevado. Verificou-se que o preço sobe a cada oito gramas extra de peso. A mesma coisa acontece com os batons.

Quando começamos a brincar com garrafas de diferentes formas, podemos criar rótulos angulares ou arredondados de forma muito barata. Muita coisa pode ser feita. Não se pode realmente fazer nada com relação à garrafa ou ao volume, então há muita psicologia interessante nos rótulos. É preciso analisar e ver se o que acontece com os rótulos dos vinhos pode ser estendido aos refrigerantes etc. Todos os princípios que você encontrar estão sendo usados para fazer com que uma marca se destaque contra outra. Existe uma garrafa de vinho que custa 180 libras que tem uma tampa que é incrivelmente pesada, muito mais pesada do que seria de esperar, para dar a ilusão de qualidade através do peso da tampa.

Subliminar

Pode ser que muitas das nossas decisões sejam tomadas subconscientemente, o que dificulta sua explicação lógica. Como é que se melhora algo que, muitas vezes, acontece sem notarmos? Pensamos que estamos tomando decisões conscientemente, mas talvez muitas dessas decisões estejam acontecendo subliminarmente, antes de tomarmos conhecimento.

Sinestesia

Posso facilitar sua vida ao combinar todos os sentidos e tentar estimar o que acontece. Consigo cheirar, consigo ver, consigo ouvir, consigo sentir, então, o que realmente acontece? Seu cérebro integra perfeitamente o que vê e o que ouve. Os cientistas da visão argumentam sobre isso em uma coisa chamada CVNet, que é como um fórum de discussão de cientistas da visão. Não sei se houve um artigo que iniciou isso ou se foi apenas alguém que fez alguma pesquisa, mas há uma teoria sobre pessoas com olhos particularmente aguçados, que exercitam a visão para torná-la ainda mais afiada. Também vale a pena olhar para a experiência do vinho. Alguns dos últimos trabalhos sugerem que os especialistas em vinho são capazes de realmente separar as coisas. A sua especialização consiste, na verdade, em separar, mais do que qualquer outra pessoa, o sabor do aroma ao cheirar o vinho.

Estou no meio de um livro sobre psicologia na cozinha, e a ideia central é que mais da metade do que pensamos como gosto, sabor, comida ou prazer em tomar vinho não está no vinho nem na comida que colocamos na boca, e sim em todo o resto. E pode ser que você não acredite, mas as experiências físicas provam isso.

Análise e síntese

Os apreciadores de vinho são muito melhores na percepção analítica do que na sintetização de todas as coisas. Alguns casos sugerem que, na verdade, se você tem um estado de espírito analítico que tenta separar todas as experiências, não se diverte tanto. Você pergunta a esses especialistas: "Bem, como estava o vinho? Estava bom? Você gostou?' E eles respondem: "Não sei." Eles estão muito ocupados segmentando e acabam não desfrutando.

Médicos, detetives etc.

Perguntei a Charles se algum desses ensinamentos poderia explicar como médicos e detetives trabalham. Os bons diagnosticadores realmente sabem segmentar? Porque, infelizmente, é óbvio que os clínicos gerais não sabem. Eles são muito ocupados, veem muita gente, provavelmente não são assim tão brilhantes. Eles são completamente incapazes de detectar um sintoma escondido sob outro sintoma. No entanto, é espantoso como médicos realmente bons podem ver dois pacientes, ambos apresentando aparentemente os mesmos sintomas, e ter a sensação de que há algo mais profundamente errado com um deles, ainda que, para o clínico geral, não haja nada. Isso remonta às coisas que lhes foram ensinadas: olhar nos olhos, olhar os dedos dos pés, olhar para o cabelo, simplesmente procurar por algo que aparente não estar bem. Charles mencionou o cheiro:

Pode ser que, em um caso multissensorial, muitas vezes, nosso cérebro se fixa em pistas muito fracas. Um cheiro muito fraco e um gosto muito fraco podem dar-lhe um sabor muito forte. Quem tem experiência com leitura labial capta movimentos de lábios que não são muito úteis por si só. Então, unir as pistas de um som muito fraco em um coquetel barulhento faz com que se obtenha algo maior. Portanto, parte da habilidade de cada um pode estar na capacidade do cérebro de combinar informações muito sutis em diferentes canais de diferentes tipos.

Cheiro

Uma parte muito menor do nosso cérebro é utilizada para o odor do que em animais como cães. Alguns diriam que está ligado ao fato de termos duas pernas, o que nos permite ver mais além, mas sentir menos cheiros. A visão é muito útil para nós, mas, para uma espécie ao nível do solo, não importaria o quão boa fosse a visão, ela só alcançaria até o arbusto mais próximo.

As pessoas estão descobrindo inúmeras coisas sobre cheiros, até mesmo os que não sabemos que estamos cheirando, e seu efeito na tomada de decisão e no comportamento. No momento, estamos trabalhando muito com uma empresa internacional de fragrâncias para descobrir maneiras de usá-las para fazer as pessoas aparentarem ser mais atraentes e parecerem ter uma pele mais macia.

A história do Charles sobre a Lynx

"Spray then bonk" [Dê uma borrifada e se dê bem, em tradução livre] é o resumo de três palavras sobre a promessa do produto. Não foi anunciado, mas fizemos o trabalho com a Lynx para ver se essa afirmação era realmente verdadeira. Poderíamos validá-la? A agência de publicidade BBH elaborou a alegação de que as jovens mulheres consideram os homens mais atraentes quando estes têm uma fragrância agradável. Lynx tem uma fragrância especial, por isso é ligeiramente diferente. Depois fizemos um estudo de imagens cerebrais para ver que partes do cérebro de uma mulher se iluminam mais quando veem o rosto de um homem enquanto sentem um odor agradável como uma fragrância Lynx, e pudemos também observar a parte do cérebro que comanda a atração facial. Só de olhar aqui você pode observar o quão atraente uma mulher considera um homem, e, na parte do cérebro que codifica a atração facial, é

> possível ver que uma fragrância agradável desloca a atividade cerebral apenas um pouco para os caras mais atraentes.

Charles me mostrou a área do laboratório na qual esse teste foi feito. Era algo que lembrava um local de testes com animais, onde ele instalou as mulheres que estavam sendo escaneadas enquanto eram expostas à interação multissensorial das fragrâncias Lynx e fotos de homens!

Como o cérebro foi construído

Dessa forma, a área da resposta intuitiva, instintiva, seriam as partes antigas, primitivas do cérebro, que estão no centro; e todas as coisas inteligentes e racionais foram construídas por cima.

Há um pedaço no topo da coluna vertebral que teria sido a primeira parte do cérebro, por isso está um pouco mais à frente e bem no centro. Isso seria o instinto, simplesmente. Algo como um piscar de olhos, em vez de 60 segundos.

Assim, perguntei ao Charles:

> Suponhamos que você pergunta a um diretor de marketing sobre uma decisão muito importante a ser tomada em 60 horas — vamos lançar este ou aquele produto? Os concorrentes inventaram algo que, aparentemente, é muito semelhante. Vamos continuar com o lançamento? Temos três dias para pensar nisso. E então um bombeiro entra no prédio ao lado, olha para cima e vê chamas e tudo mais e, em seguida, sente o calor pelos pés e percebe que o fogo perigoso não é aquele que ele pode ver lá em cima, mas aquele abaixo, que ninguém percebe. O porão do prédio está pegando fogo. O escaneamento mostraria atividade em diferentes partes do cérebro?

Charles respondeu:

> Para a resposta intuitiva, o que funciona mais são as áreas centrais primitivas do cérebro. Há muito mais resposta visceral de perigo corporal. Para uma

tomada de decisão a longo prazo, algo muito diferente ocorre. Há muito mais análise racional, ponderação das opções relativas, procura por analogias.

Eu poderia dizer que 60 segundos *versus* 60 dias não tem diferença. Quando você tem 60 minutos ou 60 dias, gastará mais tempo enviando sangue para as pontas externas do cérebro para ter pensamentos mais racionais, ou puxará na memória de longo prazo algumas das situações que viveu no passado e tentará fazer alguma análise estatística. Mas se, no final, você continuar com um pressentimento, é uma questão em aberto. Talvez você racionalize a questão para si mesmo. Podemos nos questionar se, de fato, é tudo feito por instinto. 60 minutos ou 60 dias compram apenas tempo para a racionalização para si mesmo ou para os outros dos motivos que levaram à escolha de algo. Escolhi isso porque as projeções eram melhores ou só pela intuição? O livro de António Damásio, *O erro de Descartes*, fala sobre tomar decisões pela intuição e usar o corpo em vez da mente.

O consumidor não consegue ver a diferença

Muitos produtos são praticamente indistinguíveis para o consumidor. Na verdade, você pode fazer com que sejam distinguíveis se tiver um grupo treinado em uma mesma sala, com a mesma iluminação, testando um depois o outro – dessa forma, eles conseguem discriminar, mas, no mundo real, eles consomem o produto A hoje, e depois o produto B amanhã de manhã, amanhã à noite, em uma hora diferente do dia, com iluminação diferente, humor diferente, estado diferente. Talvez tudo tenha a ver como marketing, a marca e o rótulo.

O teste da geleia: pós-racionalização

Posso mostrar um vídeo de uma experiência de degustação de geleia com clientes em supermercados. Diante de dois potes de geleia, um no recipiente vermelho e outro no recipiente azul, os investigadores pedem aos compradores que experimentem o conteúdo dos dois potes de geleia para descobrir qual das geleias os clientes gostam mais e qual preferem. “Gosto da geleia vermelha do pote vermelho." Os potes são retirados e depois retornam. Os compradores pegam outra colherada e precisam explicar por que gostaram daquela geleia do pote vermelho.

O conteúdo do pote vermelho foi trocado por aquele que eles disseram não ter gostado um segundo antes; eles precisam justificar por que gostam dela. Menos de 1% do cérebro é dado ao paladar e talvez 4% ao olfato, 50% à visão, então talvez não seja nenhuma surpresa que de fato tudo tenha sido impulsionado pelo não factual.

Quão influenciáveis nós somos?

Perguntei-lhe se as pessoas são quase infinitamente influenciáveis:

Até certo ponto, sim. Obviamente, tem de haver limites para isso. Mas você pode perceber isso quando está na internet olhando casas, carros ou coisas na Amazon. Todos aqueles atributos – como você compara? Qual carro? Tem quatro rodas e é azul contra um que tem quatro rodas e é cinza, mas com um leitor de CD.

Qual desses carros é o que eu quero? Qual desses livros? Qual roupa? Acreditamos estar fazendo uma escolha racional. Pesamos os prós e os contras e, quando escolhemos uma das opções, por que o fazemos? Há duas ofertas aparentemente idênticas e você se sente mais atraído por aquele carro cujo preço continua a subir porque acha que as pessoas devem ter visto alguma coisa ali. O mesmo notebook, mas um tem as portas USB na frente ao invés de atrás, e, se tiverem formato de um sorriso, as pessoas vão gostar mais daquele modelo.

Código de cores

Estivemos na Colômbia investigando cores, significados de cores e formas, imagens e embalagens. Coloque algo em uma embalagem verde e que faz barulho e as pessoas ficam convencidas de que é sabor *sour cream* ou limão, enquanto na Inglaterra acham que é sabor queijo e cebola ou sal e vinagre, dependendo se você é um fã de Walkers[32] ou não. Portanto, essas coisas são interculturais. Há diferenças nos gatilhos que se combinam de forma otimizada com a cultura. Provavelmente, as mesmas regras estão sendo aplicadas, não importa onde você esteja, o que muda é apenas a combinação particular de estímulos que ativam o cérebro dependendo do que você foi exposto ao longo da vida ou do que sua mãe comeu quando ela estava grávida de você.

Gosto da cerveja

Perguntei a Charles sobre o sabor da cerveja. Quando eu era jovem, a cerveja não era consumida gelada, qualquer que fosse a cerveja. Não importava. Acabamos adotando a preocupação que o resto do mundo tem com a temperatura da cerveja. Trabalhei na Guinness durante muito tempo, e, desde aquela época, a Diageo já vinha desenvolvendo a Guinness Extra Cold. Muito interessante. Qual é a lógica?

Charles disse:

— É a única característica que pode ser mudada que é discriminável.

— Mas não tem gosto de nada. Bebo a Guinness e a Guinness Extra Cold não tem o gosto da Guinness. Tem gosto de cerveja escura porque perde todas as notas e também perde muito da textura.

— O paladar não funciona em temperaturas geladas, mas você só consegue discriminar isso, a temperatura.

— Mais alguém está fazendo esse tipo de trabalho?

E Charles me respondeu:

> Não. Eu fico de olho nos periódicos e estou revisando alguns trabalhos no momento, e tudo fica entre negócios, psicologia e design. Há uma ou duas pessoas, mas muito poucas. Há Baba Shiv na escola de negócios da Califórnia, e o grande trabalho que está sendo realizado na Universidade de Tecnologia de Delft. Estamos todos fazendo as mesmas experiências, mas em departamentos com-

32 Walkers é uma marca britânica de salgadinhos, popular principalmente no Reino Unido e na Irlanda. [N.E.]

pletamente diferentes, olhando para os consumidores, como as embalagens e os produtos afetam a tomada de decisão e o gosto dos consumidores. O assunto vai explodir em breve, espero.

Eu estava em uma conferência trienal sobre neuroeconomia e tomada de decisão em nível neurológico em Miami, em maio de 2009. Ariely estava lá, assim como muitos outros grandes pesquisadores, e tivemos uma sessão sobre neurociência e como ela vai mudar. A neurociência em si é muito empolgante, mas é bastante decepcionante que não tenha havido mais aplicações de neuromarketing e neurodecisão aos negócios. Há poucos artigos incríveis que foram tão bem embasados, como um sobre o preço do vinho e alguns outros exemplos de Ariely, mas, simplesmente, não explodiu ainda da maneira que as pessoas esperavam há quatro ou cinco anos atrás.

Dois momentos da verdade

Esse é o ponto em que as decisões dos consumidores vão ao encontro das decisões de marketing.

As definições variam. O primeiro momento da verdade (FMOT – *First Moment of Truth*) é ou quando você coloca um produto no carrinho ou quando você o confere. O segundo momento da verdade (SMOT – *Second Moment of Truth*) é quando você come ou usa o produto. Em um bar, o FMOT é o pedido feito no balcão, o SMOT é o momento em que você brinda e ingere a bebida.

Pesquisas mostram que as listas de compras consistem majoritariamente em produtos, não em marcas. Pouco mais de 75% das decisões de compra nas lojas são por impulso, e leva entre três e sete segundos para escolher o item que você quer.

Para aqueles de nós que passaram os melhores anos de nossas vidas planejando campanhas publicitárias, essas estatísticas são bastante deprimentes, e também não são muito tranquilizadoras para um consultor de pitches veterano. Todo o tempo e processo gasto para encontrar a melhor agência do mundo para o seu cliente de laticínios, e a sra. Cameron, moradora de Notting Hill, escolhe um iogurte de fabricação local em cinco segundos.

Até o professor Spence deve tremer. Algumas das melhores mentes de Oxford aconselharam a empresa de vinhos sobre a forma e o peso da garrafa, o design e a cor do rótulo, até mesmo sobre o sabor e o cheiro do vinho... e o sr. Osborne escolheu levar meia caixa do melhor vinho chileno a 4,99 libras por garrafa.

Mas é assim que funcionam as decisões. Você pode ser muito influente nas decisões que apresenta para si mesmo. Mas um cliente estressado, com pressa e passando por uma crise de fluxo de caixa pode decidir ir contra a lógica e a razão, e seus melhores planos serão frustrados.

Nada disso significa que as decisões de marketing e publicidade não necessitam do maior cuidado e de dados relevantes. É claro que vale a pena aperfeiçoar a formulação e a embalagem dos produtos, fazendo cálculos sofisticados sobre seu impacto no paladar, tato, visão, olfato e audição do consumidor. É tarefa de todos fazer com que o produto seja impactante tanto no FMOT como no SMOT.

A publicidade tradicional e digital e as comunicações de marketing continuam tão vitais quanto sempre foram para criar o desejo, desde que nunca esqueçamos que o verdadeiro consumidor não está em um grupo específico de um estudo ou em um laboratório. O consumidor real demora de três a sete segundos para carregar seu carrinho com produtos de uma marca (seja a sua, a de outra pessoa ou uma marca local).

Os profissionais de marketing têm de tomar as suas decisões tendo em mente todas as limitações da tomada de decisão dos consumidores. Então, por que não investem mais dinheiro no ponto de venda ou perto dele? Boa pergunta. Aquelas pessoas inteligentes que trabalham na P&G aumentaram os gastos em quatro vezes.

Costco: economia comportamental em estado bruto

É preciso coragem para fazer compras na Costco.

O primeiro momento da verdade não é escolher entre Heinz e a marca do próprio mercado. Trata-se de espaço no carrinho, espaço para passar na fila do caixa e, por fim, espaço em casa.

E isso é antes de chegarmos à comparação de preços. Os profiteroles têm um preço melhor do que a areia de gato? Aquele enorme bolo de chocolate parece estar com um ótimo preço. Mas é melhor comprar o bolo ou 120 camarões gigantes descascados?

Depois, momentos de racionalidade: "Precisamos de 24 latas de atum? Quanto tempo vamos demorar para comer 120 pacotes de biscoito? Sei que estamos sempre ficando sem molho shoyu, mas podemos pôr uma garrafa de dois litros na mesa de jantar?"

E também a tentação pela durabilidade: os televisores gigantescos, os notebooks, os tacos de golfe, os eletrodomésticos de cozinha, os cooktops, as fontes. Até as cadeiras de rodas, pelo amor de Deus.

A Costco ataca sensibilidades comportamentais em todos os corredores. Um psicólogo com uma prancheta estaria anotando:

- caça de pechinchas;
- economia de escala;
- tentativa de poupar dinheiro comprando grandes quantidades de um item de uma vez;
- a ideia de abastecer os suprimentos de casa antes do próximo desastre natural;
- mas, acima de tudo... compra por impulso.

Esses armazéns são templos da compra por impulso em grande escala. Você anseia entrevistar as pessoas que empurram os carrinhos mais interessantemente abarrotados. Por quê? O que faz você fazer isso? O que você sabe que eu não sei? A marca Kirkland é boa assim?

Tenho de voltar mais vezes na Costco. Nem tanto para fazer compras, pois não posso pagar por tantas visitas assim. Mas para observar as compras em excesso e descobrir por que o comportamento do consumidor pode, por vezes, desafiar a análise.

8. GUERRA

O que podemos aprender com as brigas das grandes potências

A guerra merece um capítulo próprio, porque as apostas são muito mais altas:

Naquela primeira noite, fiz questão de ir ao aeroporto (em Pristina) ver Viktor Zavarzin, que era o comandante russo. Os russos são uma mistura maravilhosa de teimosia e sentimentalismo. O começo foi um pouco frio, mas eu os cumprimentei em russo, tirei um frasco, dei um pouco de uísque para eles e Zavarzin se animou bastante.

GENERAL SIR MIKE JACKSON, EX-CHEFE DO ESTADO-MAIOR;
EM 1999, COMANDANTE DA KFOR, NO KOSOVO.

Quando uma decisão tem de ser tomada, tome-a. Não há momento totalmente certo para nada.

GEORGE S. PATTON,
GENERAL DO EXÉRCITO DOS EUA, 1885–1945.

A irracionalidade desconcertante pode prejudicar o pensamento de indivíduos altamente competentes, inteligentes e conscientes quando começam a agir como um grupo.

NORMAN DIXON,
ON THE PSYCHOLOGY OF MILITARY INCOMPETENCE, 1976.

Guerra

O livro de Dixon é convincente e merece um público mais vasto, dado que os conflitos no século XXI não mostram sinais positivos de qualquer aprendizado com a história. Norman Dixon era oficial comissionado no Real Corpo de Engenharia antes de se tornar professor de Filosofia Experimental na UCL. Ele é muito crítico da forma como as guerras foram conduzidas ao longo dos séculos. Sua visão sobre a incompetência militar é que ela tem se mostrado repetidamente das seguintes formas:

- grave desperdício de recursos humanos e incapacidade de observar um dos primeiros princípios da guerra – a economia de força;
- conservadorismo fundamental e apego à tradição ultrapassada (incapacidade de tirar proveito da experiência passada e tendência de não utilizar a tecnologia disponível ou de usá-la inadequadamente);
- tendência a rejeitar ou ignorar informações que são desagradáveis;
- tendência a subestimar o inimigo e superestimar as capacidades do seu próprio lado;
- indecisão e tendência a abdicar do papel de tomador de decisão;
- persistência obstinada em determinada tarefa, apesar de provas contrárias;
- incapacidade de explorar uma situação nova e improvisar;
- incapacidade de fazer um reconhecimento adequado;
- predileção por investidas frontais – muitas vezes, contra o ponto mais forte do inimigo;
- crença na força bruta, e não no estratagema inteligente;
- falha no uso do elemento-surpresa e outras manobras;
- prontidão indevida para encontrar bodes expiatórios para o caso de contratempos;
- supressão ou distorção de notícias da frente de batalha;
- crença em forças místicas – destinos, má sorte etc.

Dixon enfatiza o quão importante é olhar para a história militar como exemplo de quão desastrosa pode ser a má tomada de decisão. Incompetência existe em todas as áreas, mas episódios de incompetência nas forças armadas são muito mais dispendiosos:

- Os erros militares custam centenas de milhares de vidas e uma miséria indescritível a civis e soldados.
- Os exércitos atraem pessoas que podem ser uma ameaça, e a natureza do militarismo acentuará esses traços.
- Não podemos nos livrar dos generais da mesma forma que nos recusamos a reeleger governos ou que podemos demitir CEOs.
- O que chamam de "consequências de decisão" (efetivamente, o lado negativo de uma decisão fracassada) é muito mais sério para as organizações militares do que, digamos, para empresas.

Ele é pouco elogioso sobre o desempenho de generais "incorrigíveis":

- passividade incapacitante;
- falta de espírito agressivo;
- uma ambição mesquinha e uma terrível insensibilidade ao sofrimento dos outros (por exemplo, a postura de Napoleão ao dizer que um homem como ele não estava muito preocupado com a vida de um milhão de homens);
- estupidez;
- falta de rigor nas escolas militares e anti-intelectualismo;
- preferência pela força física em detrimento do poder cerebral.

Dixon culpa o "ruído" por interferir no fluxo suave da informação. Para ele, o ruído inclui estática em uma conexão de rádio, incompetência das equipes, imprudência, memória defeituosa, doença cerebral, neurose, alcoolismo.

Os generais são canais de capacidade limitada. Lidar com mais informações leva mais tempo. Mas, se você não tirar um tempo para avaliar as situações, vai cometer erros.

O pensamento do Dixon lembra três das nossas Armadilhas de Decisão do Capítulo 2:

- Ignorar a análise – informação demais ou tempo insuficiente para analisar corretamente.
- Ancoragem – ser muito influenciado pela primeira informação ou visão que recebemos.
- Confirmação de evidências – acreditamos e concordamos com as pessoas que pensam como nós.

Ele escreve: "Tendo gradualmente acumulado informações a favor de uma decisão, as pessoas tornam-se mais relutantes em aceitar provas contrárias. E, quanto maior for o impacto da nova informação, mais forte será a resistência."

Mais citações de Dixon:

- Ele traz o conceito de *pontification* como o ato de fazer com que os fatos desagradáveis desapareçam pelo processo mágico de emitir ruídos estrondosos na direção oposta, que pode ser ilustrado pela fala de sir Ronald Charles, mestre de ordenanças na época da ascensão de Hitler ao poder: "Não há probabilidade de guerra em nosso período de existência."
- *Pontification* é também um dos modos pelos quais as pessoas tentam resolver a dissonância. Uma vez que a decisão tenha sido tomada e a pessoa esteja comprometida com um determinado curso de ação, a situação psicológica muda decisivamente. Há menos ênfase na objetividade e há mais parcialidade e viés na forma como a pessoa vê e avalia as alternativas.

- A "Teoria da Dissonância" refere-se às dissonâncias cognitivas quando uma pessoa possui conhecimento ou crenças que entram em conflito com uma decisão que ela tomou.
- A tomada de decisão pode muito bem ser seguida por um período de atividade mental que pode ser descrito como, no mínimo, um tanto unilateral.
- A mais antiga teoria da incompetência militar: a de que as decisões ineptas ocorrem por conta de deficiência intelectual.
- Os indivíduos que ficam ansiosos sob condições de estresse, ou que costumam ficar na defensiva e negar qualquer coisa que ameace sua autoestima, tendem a ter um desempenho ruim ao julgar se os riscos que assumem, ou a cautela que demonstram, são justificados pelos possíveis resultados de suas decisões.
- Uma parte das pessoas tomará decisões irracionais cujo risco não está relacionado com a realidade porque, sendo neuróticas, irão se esforçar para manter uma imagem de si próprias como "corajosas e ousadas" ou como "tomadores de decisão cuidadosos e criteriosos".
- As falhas intelectuais de alguns comandantes militares não se devem à falta de inteligência, mas aos seus sentimentos.
- O medo do fracasso no lugar da esperança de sucesso tende a ser a força motriz dominante na tomada de decisão, e, quanto mais alto o risco, mais forte esse sentimento, porque a queda se torna proporcionalmente maior.
- As decisões militares são, muitas vezes, irrevogáveis. Frequentemente, envolvem grandes compensações. Muito depende do resultado, incluindo a reputação do decisor. Os menos racionais serão os menos capazes de tolerar as dúvidas incômodas da dissonância cognitiva.
- Quatro dos piores desastres militares da história norte-americana recente são diretamente atribuíveis aos processos psicológicos que acompanham a tomada de decisão em grupo:
  - » Baía dos Porcos;
  - » Pearl Harbour;

» Guerra da Coreia;
» Escalada da Guerra do Vietnã.

Vale perguntar se houve uma infeliz transferência das situações militares para os negócios, pois, após a guerra, muitas empresas importaram para suas culturas internas a estrutura de comando e controle. Além disso, alguns dos processos de tomada de decisão defeituosos descritos acima são reconhecíveis na vida empresarial contemporânea. Voltando à importância da decisão mútua comentada no Capítulo 4, é assustador ver como as decisões podem ser desastrosas quando não há uma triagem ou ratificação.

Inferno: o mundo em guerra 1939–1945, de sir Max Hastings (2011)

A partir dessa crítica à história militar, lembrei de um livro convincente e aterrorizante que li recentemente – *Inferno: o mundo em guerra 1939-1945*, de Max Hastings. É o compêndio de Hastings sobre a Segunda Guerra Mundial. O autor já havia, anteriormente, escrito uma série de livros sobre aspectos específicos das guerras e outras campanhas militares. A descrição do horror total é bastante chocante – em particular na Rússia, China, Alemanha, Itália, Balcãs, Grécia, Sudeste Asiático e França. Recomendo esse enorme volume – tanto por trazer a história viva como por ser um terrível aviso sobre o que pode acontecer em escala global quando extremistas assumem o poder, a ideologia apaga a democracia e a brutalidade em massa assume o controle. Além de escrever sobre o monstruoso custo humano da guerra, Hastings escreve de forma interessante sobre a tomada de decisão. A seguir está um post do blog que escrevi sobre ele.

Artigo do blog

O verniz de civilização

É Natal, mas permita-me ter alguns pensamentos sombrios.

Às vezes, paro para me perguntar o quão extraordinariamente diferentes são as nossas vidas das dos nossos pais e avós. Posso até ser um cidadão do século XXI que paga as próprias contas, mas na verdade vim ao mundo uma geração antes. Nasci no fim da Segunda Guerra Mundial. Meu pai e seis tios lutaram na Primeira Guerra Mundial. Ambos os meus avós nasceram em 1860. Por isso, na minha família, os laços e memórias remontam há muito tempo.

A tomada de decisão sensata é essencial na microescala que engloba nossas vidas pessoais e empresariais, como venho tentando ilustrar neste blog ao longo de 2011.

Mas leia *Inferno: o mundo em guerra 1939-1945* e vai se convencer de como é vital que a Grã-Bretanha e nossos aliados decidam, a qualquer custo, evitar a guerra na Síria, no Irã, na Coreia do Norte ou em qualquer outro ponto de conflito que esteja dominando as manchetes de notícias. O envolvimento no Iraque, no Afeganistão e na Líbia já foi suficientemente ruim. Mas, pelo menos – tirando o terrorismo –, eles foram mais ou menos contidos. A Segunda Guerra Mundial foi notável pela propagação não apenas da guerra, mas da taxa de fatalidade, destruição, miséria e degradação que deixou em seu rastro.

O livro que estou esperando? Uma versão do *Inferno* de Hastings para a Primeira Guerra Mundial. Afinal, aquela foi a guerra que falhou em impedir as guerras subsequentes.

Feliz Natal.

O nevoeiro da guerra

O serviço de rádio nacional da BBC está fazendo justiça ao décimo aniversário do 11 de setembro. Nesta manhã de sábado (10 de setembro de 2011), escutei uma excelente entrevista de Phil Williams com o chefe de gabinete de Tony Blair, Jonathan Powell.

Nela, ele usou a expressão "nevoeiro da guerra" para descrever a repercussão imediata da notícia do ataque às Torres Gêmeas quando chegou a Londres. "Ninguém fazia ideia do que estava acontecendo", disse ele. Todos os outros líderes da União Europeia estavam pedindo notícias a Blair, e Bush estava inalcançável no Air Force One, voando de volta da Flórida. Como Blair e os europeus não sabiam o que tinha acontecido, não podiam fazer escolhas sensatas sobre o que dizer ou fazer. Para todos os tomadores de decisão, o nevoeiro da guerra (pelo menos como metáfora) é um perigo significativo. Não ter informação suficiente para fundamentar uma decisão é inquietante. Ter dados demais pode ser confuso, mas ter poucos dados é simplesmente perigoso.

Powell criou outra frase gráfica para descrever o que acontece no meio do nevoeiro: "Todas as pessoas se sentam para conversar umas com as outras."

Lembro-me de muitas reuniões que assisti ao longo dos anos. Devemos nos reunir para decidir o que fazer a seguir. Provavelmente, haverá pelo menos duas opções em cima da mesa. Inevitavelmente, parte da discussão será adiantada sobre como executar a decisão, e o que poderá acontecer depois disso. Vai funcionar? Como a concorrência irá reagir?

Mas suponhamos que não sabemos ao certo qual é a situação agora. Pode ser que ainda precisemos de fatos e dados essenciais. Se não tivermos informações suficientes, ou se não tivermos as informações certas, que chance temos de acertar? Nevoeiro de coisas perigosas.

A tomada de decisão é um esporte de contato

Não estou falando apenas de rugby e boxe. Nem sequer sobre as forças armadas. Toda tomada de decisão, para ser eficaz, depende de um grau de antecipação de como as pessoas vão reagir à sua decisão. Que pessoas? Em um contexto comercial, pense nos seus próprios funcionários, concorrentes, cadeia de distribuição, autoridades, reguladores, partes interessadas etc. Em uma situação militar, serão aliados, indivíduos neutros, inimigos, a mídia e assim por diante.

A educação nos levou a confiar na nossa capacidade intelectual e domínio das técnicas de processo e planejamento. Grande parte do material acadêmico sobre a tomada de decisão assume que o processo é algo como jogar sudoku – ficamos melhor com a prática. Mas, na verdade, acredito que seja algo mais parecido com uma partida de xadrez, como se o adversário engenhoso e experiente com o qual você está jogando fosse os elementos externos que não querem que você ganhe, ou que têm a capacidade de agir de uma forma que pode influenciar o resultado do que você está tentando alcançar.

Então, será que Obama tomou a decisão de mandar matar Bin Laden, apesar da forte probabilidade de ações de retaliação e represálias? Creio que, na verdade, ele não estava tomando uma decisão, mas executando a decisão que tinha sido tomada em nome do povo dos EUA pelo seu antecessor, George W. Bush, na sequência do 11 de setembro. O ataque de Abbottabad foi parte da implementação da decisão, e no processo de pensamento original que colocou Bin Laden na lista dos "mais procurados" dos Estados Unidos em outubro de 2001, o Governo dos EUA claramente priorizou a retaliação em detrimento da cautela.

Há aqui uma lição importante para os estudantes da teoria de decisão. Podemos facilmente confundir os aspectos práticos da execução de uma decisão já tomada com um planejamento feito a priori. Eu diria que, no marketing (como na política), o que parece ser um processo de decisão é, geralmente, o planejamento detalhado de ação para implementar declarações de políticas e compromissos. É por isso que, creio eu, a taxa de insucesso no planejamento do marketing é tão elevada. As decisões são, muitas vezes, tomadas de maneira excessivamente entusiasmada, sem a devida análise de risco e recompensa. Mesmo uma atenção detalhada à implementação não pode compensar uma fraca organização de prioridades e conhecimento insuficiente dos dados e informações que não apoiam o caminho escolhido. Até mesmo o melhor plano de execução tem pouca probabilidade de conseguir salvar uma decisão que não foi devidamente tomada e validada.

O aspecto do esporte de contato tem outra implicação. Não devemos levar em conta somente os adversários e inimigos quando planejamos decisões, mas temos que ter em mente que eles também são capazes de nos influenciar a tomar decisões:

- Ao planejar o 11 de setembro, a Al Qaeda sabia que os Estados Unidos declarariam guerra contra a organização. Deve ter sido parte do plano para que a organização se tornasse mais famosa e aumentasse a escala de suas atividades.
- Quando os japoneses bombardearam Pearl Harbour, sabiam que fariam com que os Estados Unidos declarassem guerra. O que eles não anteciparam foi a determinação dos Estados Unidos e as armas de destruição em massa que estavam desenvolvendo.
- Quando Hitler invadiu a Rússia em junho de 1941, ele sabia que acabaria com o Pacto Molotov-Ribbentrop e que transformaria a União Soviética em um inimigo implacável. Ainda assim, ele resolveu apostar na velocidade e no elemento-surpresa, e em dezembro daquele ano já tinha provocado 4,3 milhões de baixas no Exército Soviético e capturado três milhões de prisioneiros, bem como invertido a maior parte dos territórios de Stalin. Entretanto, Hitler não tinha calculado três fatores:
  - » o rigoroso inverno russo;
  - » a maneira como a Alemanha facilitou o avanço da Grã-Bretanha na Frente Ocidental, porque seus recursos estavam prioritariamente mobilizados na Rússia;

» o fato de que os Estados Unidos seriam trazidos para a guerra por conta do ataque a Pearl Harbour (também em dezembro de 1941).

Curiosamente, muitos historiadores concordam hoje em dia que Stalin também aderiu ao Pacto para ganhar tempo, pois não tinha condições de travar uma guerra em 1939. Blefe, e depois blefe duplo.

Ingleses e norte-americanos — Parte 1: o Golfo, 1988

O antigo contra-almirante David Snelson traz uma visão valiosa de como os britânicos e os norte-americanos podem ver as coisas de forma diferente – desta vez, no mar:

> No incidente de Vincennes [quando o porta-aviões carregando mísseis dos EUA abateu o voo 655 da Iran Air – um Airbus A300 – confundindo-o com um avião F-14 Tomcat da Força Aérea Iraniana e matando 290 passageiros e tripulação], os norte-americanos pensaram que os indicadores eletrônicos indicavam um potencial avião de guerra, avião de combate ou qualquer outra coisa. Eles tinham tempo para pensar e dizer: espere aí, será mesmo? Porque as evidências apontavam que não, não era. O alvo era grande e estava subindo, e, se é grande e está subindo, provavelmente é um avião comercial. E a equipe de comando em Vincennes não forneceu todas as informações que estavam disponíveis para eles. Agora, se você realmente tem experiência em viver e trabalhar em salas de operações, trabalhando com sensores eletrônicos, é mais fácil perceber essas coisas. Essa é uma ligeira crítica à Marinha dos EUA que a Marinha Real Britânica sempre faz. Na Marinha dos EUA, os comandantes e outros oficiais passam do setor de logística para a engenharia, para a guerra, para trás e assim por diante, por isso não são especialistas. São os chamados "faz tudo", e provavelmente não são especialistas em nada. Na verdade, quando chegam ao comando – e eu passei muito tempo com os norte-americanos durante minha carreira –, eles não necessariamente têm aquele senso intuitivo para sua área de atuação quando algo muito sério acontece. Não me lembro se

alguma vez soube a história da carreira do capitão em Vincennes, mas ele provavelmente não era um oficial de guerra experiente. E é por isso que, às vezes, os norte-americanos tomam as decisões mecanicamente; assim, eles tinham uma indicação do que eles chamam de um sinal IFF (*Identification Friend or Foe* – identificação de amigo ou inimigo) de que aquele era um avião hostil e não refletiram sobre isso.

Vi um pouco disso em primeira mão. Estive envolvido na invasão do Iraque. Os norte-americanos, no segundo ou terceiro dia da invasão, abateram uma de nossas aeronaves Tornado, que estava voltando de uma ronda. Mas isso já foi esquecido,

Britânicos e norte-americanos (e russos) — Parte 2: Kosovo, 1999

Na minha entrevista com o general sir Mike Jackson, passamos relativamente pouco tempo falando da Guerra do Kosovo de 1999, porque ele sentiu (muito corretamente) que tinha feito um relato muito completo no seu livro *Soldier* (2007). Durante a liderança da KFOR (a força de manutenção da paz da OTAN que entrou no Kosovo após a própria OTAN bombardear a Sérvia e de Milosevic aceitar as condições de cessar-fogo), ele tinha uma relação desconfortável com o general Wes Clark, o Comandante Supremo Aliado da Europa (SACEUR). O relato de Jackson sobre a tensão que poderia até ter levado a um confronto militar entre a Rússia e a OTAN é feito de forma envolvente em *Soldier* (p. 276-351). Clark estava convencido de que os russos tomariam o Aeroporto de Pristina (a única maneira de entrar ou sair do Kosovo por via aérea) e, após uma grande quantidade de discussões, emitiu uma série de ordens a Jackson, culminando em uma ordem para bloquear a pista. Jackson estava muito relutante em fazer isso depois de chegar a algum tipo de entendimento, sob efeito de uma garrafa de uísque, com o general russo Zavarzin, como mencionado no início deste capítulo. A troca de Jackson com Clark diz tudo:

Clark não foi tocado por meus argumentos e insistiu que devíamos bloquear o aeródromo. "Eu não o farei, senhor, não o farei", eu disse acaloradamente. Clark rebateu:

– Mike, essas ordens não são de Washington, são minhas.

– Com que autoridade?

– Pela minha autoridade como comandante supremo.

– Você não tem essa autoridade.

– Eu tenho essa autoridade. O secretário-geral está me apoiando nisso.

–Senhor, não vou começar a Terceira Guerra Mundial por você. Sou um general de três estrelas, não pode me dar ordens como essa. Tenho a minha própria opinião sobre a situação e penso que essa ordem está fora da nossa alçada.

– Mike, sou um general de quatro estrelas e posso ordenar que você faça o que estou dizendo.

Jackson insistiu em contatar seu chefe em Londres (o general sir, mais tarde lorde, Charles Guthrie) e George Robertson, o secretário-geral da OTAN. Ele se ofereceu para deixar o cargo, mas recebeu forte apoio. Uma tática de atraso foi usada para evitar a contravenção direta de uma ordem de um oficial superior, e Londres lançou o cartão vermelho. Clark foi contrariado, impedido de dar seguimento no que teria sido um curso de ação extremamente perigoso, e, dois meses depois, ele foi retirado de sua posição. Entretanto, a tensão com os russos tinha diminuído ao ponto de eles e a KFOR terem alcançado um grau de cooperação funcional. O julgamento e a tomada de decisão de Jackson foram justificados.

Como Jackson me disse: "O tempo era muito curto e acho que minha reação inicial poderia ser descrita como uma reação instintiva... os riscos eram bastante elevados naquela altura."

Britânicos e norte-americanos (e sérvios) — Parte 3: Montenegro, 1999

David Snelson me falou de um incidente durante a crise sérvia:

As Marinhas da OTAN estavam embarcadas, impedindo que petroleiros entrassem em um porto em Montenegro, pois assim poderiam fornecer petróleo às forças sérvias. Eu fazia parte da Standing Naval Force Mediterranean. Estávamos fazendo um clássico bloqueio naval ao largo da costa, e um colega meu era o comodoro responsável. Eles interceptaram um pequeno petroleiro que tinha vindo para o Adriático, e as pessoas a bordo alegavam que tinha tido uma falha no mecanismo de direção; a intenção delas era atracar na praia, mas, se um rebocador pudesse salvá-las, elas achariam ótimo. Então, um reboque saiu do porto para buscar o petroleiro. Tudo isso fazia parte do plano deles para que a embarcação entrasse, por isso, com o rebocador vieram alguns barcos lança-mísseis da Marinha Sérvia.

Os sérvios estavam claramente sob ordens de tentar ajudar esse rebocador. As coisas ficaram tensas, e, conforme os navios de guerra se aproximaram, os capitães sérvios abriram as portas dos tubos de mísseis de seus sistemas bastante antigos. Sempre foi padrão nas regras de combate da Guerra Fria considerar que as portas de mísseis se abrindo era um sinal certo de uma intenção de abrir fogo. O navio de guerra norte-americano nesse grupo concluiu "certo, é isso, vamos abrir fogo." Meu colega disse: "Não, acho que estão blefando." E ele estava certo, e não se envolveu em um fogo cruzado.

Eles estavam apenas fazendo cena. Meu colega conhecia muito bem toda a situação política, bem como o que estava acontecendo na frente dele naquele momento. Será que os sérvios se envolveriam em um bombardeio com a OTAN? Resposta: não.

Ele tinha razão, e não houve lançamento. Caso resolvesse responder com fogo, as regras de combate seriam a justificativa, mas ele não o fez. E é aí que um elemento intuitivo condicionado pela compreensão política e pelo conhecimento adquirido ao trilhar o caminho de comandante sênior torna-se extremamente importante.

Jackson sobre a tomada de decisão

Perguntei se no exército britânico o "princípio de justiça de James Robertson" (no qual o chefe toma a decisão, mesmo que os membros da equipe tenham ressalvas) está realmente morto, ao que ele respondeu: "Sim. Assim se espera. Procuramos um senso comum de compreensão do problema e um resultado comum em termos de escolha de ações. É muito tolo assumir que alguém é infalível."

Perguntei a ele: "Sempre foi assim? Ou isso é um aspecto da modernização?" A resposta dele foi:

> Sim. Acho que havia um pouco disso no alto nível de comando. Mas, quando há uma situação complicada, particularmente no mundo operacional de hoje, onde sempre há um contexto político associado, haverá debate. Haverá discussão. Haverá um exame dos méritos ou deméritos deste e daquele curso de ação. Agora, cabe perfeitamente ao comandante dizer: eu não acredito em nada disso; já ouvi falarem sobre o curso da ação A e B, mas, vamos para o C. E, sim, no final do dia, se ele decidir por tal coisa, é o que vai acontecer. Mas ele teria de pensar, acredito, de forma extremamente cuidadosa para ir na direção oposta à da equipe.
>
> Mas, às vezes, há explicações para isso. Se a equipe estiver sendo cautelosa demais, o comandante pode decidir tomar uma atitude ousada e aceitar o maior risco na crença de que vai danificar o inimigo de uma forma mais dinâmica do que os modos mais cautelosos.
>
> Há um membro da equipe cuja única função é analisar os aspectos políticos das coisas. Hoje em dia seria inédito, creio eu, que uma grande sede fosse instalada sem um assessor político; normalmente, é uma fonte do ministério da Defesa, mas também poderia ser um escritório estrangeiro. Eles são conselheiros. Eles não estão na cadeia de tomada de decisão direta, mas fazem parte do debate e ajudam a pintar o panorama político. Como dizia Clausewitz, e sempre teve razão: o uso da força é outra forma de se fazer política.

Snelson sobre a intuição e o treinamento

> Você levantou a questão da intuição. Já usei muitas vezes a intuição como um fator importante, mas, na verdade, acho que sempre estive muito consciente de que a intuição é esclarecida com muito treino e experiência. E o curioso é que, quando cheguei à fase de oficial de comando de um navio – e passei pelo treinamento para isso três vezes antes de voltar ao mar –, muitas vezes ouvi daqueles que eram mais experientes e daqueles que me orientavam que eu deveria seguir meu instinto se eu tivesse dificuldade em tomar uma decisão, ainda que tivesse tido tempo para pesar as coisas. Eles pensavam que a intuição pode ser muito boa, não porque a intuição é boa em si mesma, mas porque foi treinada para ser boa.

Perguntei ao general sir Mike Jackson sobre inteligência e hierarquia

– Quando você tem um pouco mais de tempo, quando não está tão estressado, e recebe mais e mais informações e mais e mais inteligência, há um limite? É possível que você obtenha tanta informação a ponto de complicar as coisas?

– Bem, essa é uma boa pergunta. Se a máquina estiver funcionando corretamente, o comandante, o responsável pela tomada de decisão, seu funcionário da equipe de inteligência etc. farão tudo o que estiver ao alcance para evitar isso. É função do oficial da equipe classificar, priorizar, pesar, para que a inteligência chegue até o comandante de forma coesa; ele não recebe informações que não foram preparadas, apenas as que foram interpretadas e organizadas para que ele obtenha uma imagem o mais integrada possível da situação. Contudo, no cenário que você citou, em que há coisas em excesso sendo atiradas para um decisor, há um processo por meio do qual essa grande quantidade de material é, como eu digo, analisada e organizada por prioridade.

— E, nesse sentido, embora a hierarquia desempenhe um papel importante, é um trabalho de equipe?

— Deus, sim; a hierarquia não desempenha um grande papel em um quartel-general. Você tem obviamente um comandante, por vezes um comandante adjunto. Isso varia, e há um bom debate sobre a diferença que a presença desse comandante adjunto faz, e se de fato faz. Há um chefe de gabinete, que é crucial, e depois vem o resto da equipe. É muito estruturado. O ramo de operações é, claro, *primus inter pares*. Cada função que é necessária para fazer um exército funcionar em campo é replicada na sede e, de certa forma, é quase possível enxergar o comandante como condutor da orquestra. É o que ele faz, e o chefe de gabinete é o primeiro violinista.

Devemos usar a tomada de decisão em tempos de guerra para lidar com o terrorismo?

A guerra é um conjunto de circunstâncias completamente únicas? É só na guerra que podemos predicar o abandono da moralidade e a subordinação de todos os outros objetivos em prol da vitória/sobrevivência?

Devemos tentar aplicar critérios de tempo de paz ao terrorismo? Quanto ao critério da banalização de vidas, os grupos terroristas pensam e agem como soldados em uma guerra. Será que isso e a adoção de uma lógica de época de guerra ajudaria os governos ou os serviços secretos a antecipar e evitar atos terroristas — bem como a lutar e retaliar?

Onde o militarismo se encontra com a política, um governo será incrivelmente cauteloso antes de fazer uma mudança. O campo de batalha é completamente diferente porque, em um ambiente de campo de batalha, aquele que hesita está perdido, e você simplesmente tem de agir. Em tempos de paz — mesmo em um período de paz significativamente ameaçado por atividades terroristas —, seria uma decisão muito importante.

9. ESPORTES E OUTROS JOGOS

As lições sérias das noites e dos fins de semana

Quando estou jogando com as peças brancas no xadrez, gosto de um tabuleiro realmente aberto, gosto de diagonais abertas, colunas e fileiras abertas e tudo mais, e simplesmente olho para um tabuleiro e começo. Isso é lindo, e, para ficar mais bonito, tento fazer as seguintes coisas: abrir o flanco direito ou fechar o flanco esquerdo, ou empurrar todas as peças de volta para o topo do tabuleiro, ou o que for.

Com as peças pretas, eu geralmente só ocupo um terço do tabuleiro; o adversário ocupará dois terços, será expansivo, esse tipo de coisa, e eu espero o adversário atravessar o próprio alcance, e então eu o mato em algum momento, e é assim que jogo. Essa não é a única maneira de jogar e ganhar com as peças pretas; é apenas uma das muitas estéticas diferentes, mas é o natural para mim.

NIGEL JONES, PRODÍGIO DE XADREZ;
AGORA CEO DA AGÊNCIA DE PUBLICIDADE DE LONDRES, PUBLICIS

Nigel estava respondendo à minha pergunta sobre como os jogadores de xadrez profissionais planejam sete ou oito jogadas à frente. Ele disse que eles, na verdade, não o fazem. É tudo visual.

Vamos começar com um jogo — um bem antigo

O xadrez tem cerca de 1.500 anos, mas, graças aos insights de Nigel Jones, fornece uma analogia valiosa para a própria vida:

Eu suponho que o que eu acho mais interessante e que a maioria das pessoas que não jogam xadrez acham mais bizarro é o processo de pensamento que é contínuo no xadrez, porque todo mundo me diz: "isso deve ser muito difícil – como é que você pensa tantos passos à frente, e como é que guarda todas as combinações na sua cabeça?" E a resposta é que não faço isso. Não é assim que se joga xadrez em um nível muito, muito alto. Acredito genuinamente que os jogadores realmente bons jogam xadrez esteticamente e veem o jogo e o tabuleiro como uma imagem ou uma série de diagramas ou desenhos, e nascem ou treinam para ver o tabuleiro como bonito ou feio.

Portanto, se eu estivesse jogando com você neste momento, eu poderia ficar atrás da minha posição e, imediatamente, sem sequer pensar, saberia se essa é uma posição bonita ou feia para mim, e, se ficasse atrás de você, eu veria exatamente o contrário. Se eu me aproximasse de um jogo que não tivesse visto antes e outra pessoa estivesse jogando, pensaria imediatamente se é feio ou bonito dependendo de onde eu estivesse posicionado. Geralmente, quando estou jogando xadrez, tento criar uma imagem mais bonita; é isso que tento fazer.

Assim, entra a questão do estilo pessoal, porque todos têm uma percepção pessoal ligeiramente diferente do que é belo no xadrez, mas há alguns fundamentos dos quais não se pode afastar. Mas, sabe, quando estou jogando com as peças brancas, gosto de um tabuleiro realmente aberto, gosto de diagonais abertas, colunas e fileiras abertas e tudo mais, e simplesmente olho para um tabuleiro e começo. Isso é lindo, e, para ficar mais bonito, tento fazer as seguintes coisas: abrir o flanco direito ou fechar o flanco esquerdo, ou empurrar todas as peças de volta para o topo do tabuleiro, ou o que for.

Vou pensar principalmente assim, e depois, em algum momento durante o processo de reflexão, talvez nos últimos 10%, vou pensar: certo, se eu mover essa peça para lá, o que vai acontecer a seguir? Mas a maior parte do meu pensamento está, diria eu, nesse nível estético, e depois há duas consequências interessantes: primeiro, isso significa que se pode jogar muito mais depressa do que a maioria dos leigos pensa; diria que sou 99% tão bom em xadrez relâmpago (dez segundos para mover) quanto sou jogando xadrez normal.

Portanto, não sou tão bom quanto sou no xadrez normal, mas sou quase tão bom, e isso é porque estou pensando esteticamente, e a estética é uma espécie de ligação emocional rápida com o cérebro, em vez de um processo racional muito pensado. Isso também significa que você memoriza coisas sem pensar, por isso, se eu estivesse jogando xadrez com você e você já tivesse comido a maioria das minhas peças no meio do jogo, eu podia voltar a jogar o jogo inteiro do zero e/ou configurar o tabuleiro exatamente como estava sem sequer pensar.

Depois perguntei a Nigel se ele tinha memória fotográfica para outras coisas. Por exemplo, ele consegue visualizar escritórios em que já esteve no passado?

Não, tenho uma memória terrível, acho eu, na maior parte das vezes. Penso em termos de diagramas e imagens em vez de palavras, mas não tenho uma memória muito boa no geral. Para falar a verdade, passei a maior parte da minha vida me recusando a memorizar coisas. Eu sou matemático, mas odeio fórmulas, então, quando estava na escola, tirava sempre as notas mais baixas em matemática porque me recusava a memorizar fórmulas. Portanto, se estivéssemos fazendo um teste de trigonometria, eu levaria o dobro do tempo de todos os outros, porque teria de elaborar cada fórmula antes de usá-la. Eu desenhava um triângulo retângulo, elaborava a fórmula que queria usar e depois usava — eu não as memorizava de forma alguma. Acho que encher o cérebro com coisas é uma má ideia. Para mim, a compreensão é muito mais importante do que a memória. Mas é claro que, quando você realmente entende coisas assim, começa a conhecê-las ou a se lembrar delas. Não consegue evitar, apesar de se recusar a lembrar das coisas no sentido tradicional.

Vamos voltar ao xadrez, porque acho que a analogia é apropriada: vamos assumir que estou jogando com as peças pretas, porque jogar com as peças pretas é completamente diferente de jogar com as brancas. A diferença é tão extrema quanto receber um saque ou sacar no tênis. Se você é o preto e joga profissionalmente, está tentando empatar.

> Se você é o branco, está tentando ganhar. Espera-se que, sendo o branco, você ganhe; espera-se que, se tiver sorte, você saia no empate com o preto. A vantagem de movimento é fenomenalmente importante, de forma que a sua estética como preto e branco será completamente diferente. Vamos assumir que estou jogando como o preto: tenho uma estética diferente da de muitos outros jogadores de xadrez muito bons que jogam com o preto. Posso descrever a minha estética quando jogo com as peças pretas como uma espécie de abordagem porco-espinho. Gosto de uma posição apertada, vou manter tudo muito perto, vou esperar que você ultrapasse seu alcance com as peças brancas. Por pensar que vai ganhar — por pensar que deve forçar a vantagem natural das peças brancas —, você vai acabar por ultrapassar um pouco os limites, e é aí que vou atacá-lo, e vai ser isso. É uma armadilha, como quando uma aranha espera por sua presa. O que tento fazer é criar uma área blindada no tabuleiro onde eu possa mover minhas peças. Mas elas ficam bem apertadas, então devo avançar vagarosamente e esperar o oponente abrir algumas linhas e brechas. Esse é o panorama que tenho. Com as peças pretas, eu geralmente só ocupo um terço do tabuleiro; o adversário ocupará dois terços, será expansivo, e eu espero o adversário atravessar o próprio alcance, e então dou o bote em algum momento, e é assim que jogo. Essa não é a única maneira de jogar e ganhar com as peças pretas; é apenas uma das muitas estéticas diferentes, mas é o que é natural para mim.
>
> Há claramente mais de uma estética que pode funcionar para você no xadrez, tanto jogando com as peças pretas quanto com as brancas. E também é um modelo de vida interessante, acredito. Não estou dizendo que haja apenas uma estética ou apenas uma intuição. É um grande enigma para mim: como conciliar isso com a vida e a tomada de decisão, porque sei que no xadrez há mais do que uma estética.

Seria difícil encontrar uma descrição mais articulada da plasticidade e da influência da mente subconsciente na tomada de decisão. O xadrez é uma área particularmente interessante para estudo. Simon White, diretor de planejamento da Grey Advertising em Londres, disse-me que ensinar xadrez a crianças delinquentes pode torná-las mais bem-comportadas. Nigel

Jones e eu também discutimos se poderia haver aprendizado com outros jogos de tabuleiro – tanto aqueles puramente baseados em habilidades como aqueles que requerem intervenção de dados. Eu suspeito que os videogames (um gênero sobre o qual eu não sei quase nada) podem nos dar algum aprendizado útil sobre a tomada de decisão. Tenho certeza de que passatempos como palavras cruzadas, sudoku e outros jogos de papel e lápis e palavras produziriam rica informação sobre a plasticidade e a forma como o subconsciente intervém sem que notemos isso.

O esporte é importante

Em um mundo cada vez mais agitado e estressante, as pessoas buscam distração e prazer longe das tensões e preocupações sobre família, saúde, finanças, trabalho, política e assim por diante. Em todo o mundo, o esporte proporciona esse alívio. Proporciona também prazer e um benéfico dividendo de saúde e boa forma para aqueles que jogam e competem. Mas se o esporte profissional é importante (além de interessante, é um grande negócio, em grande parte graças à saturação da cobertura televisiva), é igualmente importante que seja um espetáculo satisfatório, além de ser bem administrado e profissionalmente oficializado.

Os melhores esportistas precisam de uma grande dose de tomada de decisão para atingir o desempenho máximo. O esporte também exige uma tomada de decisão impecável por parte dos oficiais que comandam as partidas, o que pode ser alcançado, muitas vezes, por uma combinação de capacidade humana e do uso de tecnologia de apoio. Se começar uma discussão sobre a tomada de decisão em um bar, em menos de cinco minutos alguém estará criticando a decisão de um árbitro. Neste capítulo, abordaremos brevemente aspectos importantes da tomada de decisão no esporte. A enorme indústria das apostas oferece outro tipo de distração e alimenta-se principalmente do esporte.

Tomada de decisão pelos esportistas

O esporte competitivo, e especialmente o esporte profissional, é um paraíso para um voyeur de decisões! Temos que contar com a mídia, com as fofocas e com as pistas de pessoas envolvidas internamente para saber quais decisões estão sendo tomadas no governo em todos os níveis, no serviço público, nas forças armadas, nos serviços de emergência, nas empresas, nas organizações voluntárias, nos grupos de pressão e assim por diante. Provavelmente, nunca saberemos como a maioria dessas decisões são tomadas. Nos níveis mais altos dos órgãos dirigentes do esporte (por exemplo, COI, FIFA, ICC, IRB, F1) e, na verdade, nas organizações e clubes nacionais, a tomada de decisão provavelmente será igualmente difícil de compreender.

É diferente no esporte em si. Desde a seleção de equipes até as estratégias vencedoras, do pontapé de saída ao apito final e mais além, podemos assistir à tomada de decisão em ação. Vemos decisões a longo prazo, a médio prazo e decisões rápidas. Vemos o uso excessivo do piloto automático (alguns executados mais sem falhas do que outros). Vemos decisões e contradecisões no local e na hora. Vemos como a pressão competitiva torna a tomada de decisão muito mais difícil. Vemos ataque e contra-ataque. Vemos ousadia e cautela. Vemos o sucesso e o fracasso em todas as suas formas. Eu faço posts e mais posts no blog sobre esportes porque é uma área de interesse pessoal que é acessível e compartilhável. Com tantos amantes do esporte por todo lado, podemos debater, celebrar, criticar, ranger os dentes e esperar dias melhores.

Fazendo eco ao fluxo deste livro, temos sonhos e determinações ao nosso redor, particularmente depois das Olimpíadas em casa. Para cada triunfo, há vários pesadelos – torcedores vencedores celebrando a grandeza, e os perdedores querendo saber o que deu errado. Há muitas oportunidades e problemas em abundância. Tanta coisa é decidida em frações de segundo. O período de tempo de 60 segundos é irrealisticamente generoso aqui. Para as decisões de 60 minutos, horas, dias e semanas, há muitas abordagens de tomada de decisão, mas muitas irão ecoar a mistura de razão, emoção, intuição e subconsciente que eu tentei capturar em Decisões Inteligentes. Há um enorme fator pessoal. A seleção conta com tanta análise multivariada quanto possível, especialmente com equipes de críquete. Há guerra e paz, há amor e paixão, e muito entretenimento! Continue a ler e veja como o esporte ecoa a vida e a vida ecoa o esporte.

Daniel Topolski sobre como as más decisões podem arrastar até mesmo os vencedores comprovados

Esta é uma história da Corrida de Barcos, mas não o famoso motim de Oxford de 1987 (outro conto sobre norte-americanos *versus* britânicos) que levou a um improvável triunfo contra todas as probabilidades. A história da corrida de 1987 é descrita em detalhe no livro *True Blue*, de Topolski (com Patrick Robinson, 1989). A corrida da qual Daniel está falando aqui foi dez anos depois, em 1997. Naquela época, ele era consultor do Oxford University Boat Club (OUBC), com a tarefa de recrutar o melhor treinador possível:

> Eu estava tentando encontrar um treinador para levá-los para o futuro. Trouxe o treinador dos holandeses que tinha acabado de ganhar a medalha de ouro nos Jogos Olímpicos, Rene Mijnders. Era um treinador fantástico, mas ele não acreditava que a corrida de barco fosse um tipo diferente de corrida. Ele disse que, se soubermos que somos a equipe mais rápida, ganharemos. Ele tinha provado isso. "Vemos isso nos momentos em que o fazemos; é uma equipe muito rápida e, sabe, vamos ficar bem." E eu disse: "Bem, Rene, você tem que vir ao lançamento, vamos passar um tempo juntos." Ele estava no lançamento, mas não aceitou nada disso e disse: "Não, você cuida deles com o curso e assim por diante."
>
> Eu queria levar a equipe até o local do percurso, mas ele disse que eles iriam ganhar, que eram uma boa equipe. No dia da corrida, eu só queria informar o líder sobre o percurso e o que ele faria assim que chegássemos lá. Rene

não queria mesmo que eu o fizesse. Ele disse para não falar nada, porque iria deixá-los nervosos e ansiosos. Ele apenas disse: "Não se metam em problemas, apenas fiquem fora do caminho, vocês são mais rápidos, vão ganhar." Assim, Oxford estava nivelada até a última meia milha, mas sempre remando em águas mais lentas e tendo de correr mais. Cambridge teria cedido se a equipe tivesse tentado outra estratégia.

Nós perdemos na última curva. O Rene não queria descer pelo Tideway. Ele só veio na última semana. Ele os levou para Amsterdã para correr em outra competição, onde derrotamos a seleção francesa, perdendo apenas para os campeões olímpicos. Oxford era uma equipe muito rápida, remou muito bem e perdeu a corrida de barcos.

Naquela noite, no jantar, nós, Rene e eu, estávamos conversando e veio o treinador de Cambridge, que era um neozelandês chamado Harry Mahon, e que já faleceu. Harry Mahon era uma espécie de guru que ajudava a equipe de Cambridge e que tinha treinado a seleção da Nova Zelândia que conquistou uma medalha de ouro em 1972. Ele era um homem adorável e calmo, mas falava com muito bom senso e era capaz de dar bons conselhos. O Harry disse que, quando havia chegado lá, tinha saído quase todos os dias para o Tideway e feito o percurso, porque queria sentir as direções para onde o vento mudava. Ele queria sentir exatamente onde os competidores iriam sentir o vento de cauda, e o quão forte eles teriam que remar nas curvas. Os olhos de Rene enquanto ouvia Harry...

Ser a equipe mais rápida não significa que vão ganhar. O Rene é um estrategista, ele é muito bom. Ele planeja as coisas, mas essa era uma área em que ele não dava ouvidos aos outros. Foi decisão dele dizer ao líder da equipe para ceder o tempo todo. Uma decisão terrível.

Colin, lorde Moynihan, presidente da Associação Olímpica Britânica

Você não pode esperar que os atletas ganhem medalhas de ouro a menos que forneça os serviços e apoio a esses atletas, desde um treinador, todos os "-ologistas" necessários, até órgãos dirigentes e um Comitê Olímpico Nacional.

Todos esses aspectos precisam ser fornecidos a nível de merecimento de medalhas de ouro. É necessário. A atenção ao detalhe, o foco em um objetivo claro de garantir que absolutamente tudo que se possa fazer para ajudar qualquer um dos 550 atletas a dar o seu melhor seja feito – essa é a ambição que impulsiona todos os que trabalham aqui.

Vou lhe contar uma história. Fiz com que o número 0,545 fosse estampado nas fronhas dos atletas. Apenas 0,545. Durante as Olimpíadas de Atenas, onde foram os jogos antes de eu chegar, Kelly Holmes ganhou medalhas de ouro nos percursos de 800 e 1.500 metros; a equipe masculina ganhou o ouro no percurso de 4×100; Chris Hoy, seu primeiro ouro no percurso de 1 km; a equipe de quatro integrantes também ganhou uma. Assim, ganhamos cinco medalhas de ouro, e o tempo acumulado, se adicionarmos todas as finais em conjunto, foi de doze minutos e seis segundos, e a diferença entre os cinco terem ganhado o ouro em vez da prata foi de 0,545 no total para todos eles – pouco mais de meio segundo. As margens vencedoras foram muito apertadas. É um incentivo muito poderoso para que todos aqui trabalhem para os atletas, porque eles sabem que podem fazer a diferença. Eles respondem sob enorme pressão. Você vê a imprensa procurando por divergências e problemas, e o governo tem a própria agenda que, às vezes, não necessariamente concorda com a nossa, especialmente no legado esportivo, e os atletas treinam pesado, e sabemos que 0,545 é um grande motivador porque é muito tangível. É um objetivo tão claro que você percorre aquela milha extra, você trabalha aquela hora extra, você se esforça um pouco mais para ajudar esses atletas e você atinge seu objetivo.

Meus primeiros Jogos Olímpicos na Associação foram em Pequim. Tivemos uma grande equipe e um apoio financeiro muito forte, pelo qual lutamos muito. Tínhamos ótimos órgãos dirigentes para o esporte, que estavam se modernizando o tempo todo, cuidando dos atletas e assegurando os melhores treinadores, e nós fomos lá e fizemos melhor do que havíamos feito desde a ocasião em que sediamos os Jogos, em 1908.

Ficamos em quarto lugar, conquistamos dezenove medalhas de ouro e agora enfrentamos uma competição muito forte de países que surgiram desde então, como Alemanha e Austrália. Conquistar o quarto lugar em casa seria um resultado incrível e é o que aspiramos fazer; ganhar mais medalhas em mais esportes. Estávamos muito dependentes dos esportes "sentados". Não éramos tão bons em ficar de pé!

O jogo interior do tênis, Timothy Gallwey (1974)

Vimos os insights oferecidos por Tim Gallwey no Capítulo 6. Quase quarenta anos atrás, ele havia descrito brilhantemente o fenômeno do piloto automático sem ter acesso à ciência neurológica, que não estava disponível na época. Vale a pena revisitar o livro. Duas citações d'*O jogo interior do tênis* ainda são altamente relevantes quando estamos olhando para a tomada de decisão no esporte:

> Cada jogo é composto por duas partes, um jogo exterior e um jogo interior. O jogo exterior é jogado contra um adversário externo... nem o domínio nem a satisfação podem ser encontrados na prática de qualquer jogo sem que se dê alguma atenção às habilidades relativamente negligenciadas do jogo interior.
>
> A maioria das pessoas está sempre falando sozinha... Mas quem é esse "eu" que fala e o "eu" que escuta? Obviamente são entidades separadas, ou não haveria conversa. Por isso, podemos dizer que, dentro de cada jogador, existem dois "eus". Um parece dar as instruções. O outro parece realizar a ação. Então, o primeiro retorna com uma avaliação da ação. Para maior clareza, vamos chamar o "locutor" de Self 1 e o "fazedor" de Self 2. [Tradução livre.]

Silencie o pensamento negativo na sua cabeça

Sir Matthew Pinsent usou essa frase em uma entrevista na BBC Radio 5 Live em um sábado, dia 18 de junho de 2011. Perguntaram a ele o conselho que ele daria a Rory McIlroy, derrotado por Pinsent no US Open.

Surpreendeu-me que esse é também um bom mantra para aquele momento crucial (pode ser um instante, pode ser um mês) depois de tomar uma decisão importante.

Considere tudo o que você precisa fazer antes de tomar a decisão:

- definir e redefinir a meta;
- certificar-se de que você tem o problema certo na sua mira;
- analisar diferentes opções de resolução de problemas;
- pesar as atraentes vantagens e as preocupantes desvantagens;
- realizar a avaliação de risco e recompensa;
- meticulosamente chegar à decisão.

É introspectivo. É cerebral. Não é o que se associa a heróis de ação. Mas o enquadramento e reenquadramento constantes têm de ser feitos para que se possa ter a certeza.

Mas, depois de tomar uma decisão, você tem de permanecer resoluto. Confie na decisão. Aja de acordo. Silencie o pensamento negativo. Pode ser que você precise reagir posteriormente a mudanças de circunstâncias, erros ou desastres que ocorrerem do seu lado ou por ação inimiga. Essas são influências inevitáveis na implementação da sua decisão. Esses fatores podem ser questões de vida e morte. Eles podem ser a perda de um ponto de venda importante e uma campanha publicitária brilhante da marca líder. Podem ser uma atitude de seu adversário mais próximo.

Não mudar aspectos do seu plano seria uma loucura. Mas você não pode nem deve mudar sua decisão. Ou a convicção de que era a certa. Nem a determinação de vencer. Como disse Pinsent: "Silencie o pensamento negativo na sua cabeça." Lembre-se disso em tempos difíceis.

Federer — mestre da tomada de decisão

Temos nos concentrado quase inteiramente em decisões ponderadas. Mas há inúmeras decisões que têm de ser tomadas com pouca ou nenhuma premeditação. Na minha investigação, dediquei especial atenção à tomada de decisão no domínio da medicina, das forças armadas, dos serviços de emergência, da aviação e da condução de veículos.

Mas é o esporte que nos permite estudar a tomada de decisão a curto prazo em um contexto muito público.

Comecemos pelo tênis – um jogo que mistura proatividade e reatividade, com pouquíssimo tempo para pensar. De um ponto de vista maravilhoso no Centre Court, pude refletir sobre a capacidade de Roger Federer de controlar uma partida. Sua abordagem era muito diferente da de Novak Djokovic. Federer teve uma fase difícil nos últimos tempos no Grand Slams para seus padrões, enquanto Djokovic teve uma notável série de 43 vitórias, até que Federer o derrotou nas semifinais em Roland Garros.

No entanto, desde o começo era óbvio que Federer tinha um plano de jogo. Ele exala confiança, mas também tem uma serenidade sobre ele. Sob pressão, ele tem uma capacidade incrível de estreitar os olhos e garantir pontos cruciais. Nalbandian passou do auge, mas é bom o suficiente para chegar ao terceiro round. A tomada de decisão do Federer assegurou que ele não progrediria mais. Não foi só a sua técnica e o seu ataque, que são ambos fantásticos. Era a sua força mental. Foi sua determinação de conquistar o sétimo título em Wimbledon.

Vendo Djokovic depois, foi difícil de acreditar que ele só perdeu uma vez esse ano. Um saque devastador – sim. Acertou todas as recepções de saque – sim. Mas, contra Baghdatis (outro adversário incômodo como Nalbandian), ele não exibiu a confiança de Federer. Era possível sentir que ele não estava no controle da mesma maneira.

Artigo do blog

Lições do campo Augusta (Quando Rory McIlroy teve uma grande derrota que não poderia ter tido.)

Há algo no torneio dos Masters de Golfe que parece cativar não apenas os golfistas, mas milhões de outras pessoas. O campo da

Augusta National oferece uma apresentação maravilhosa em termos de beleza, tradição e seu percurso extremamente exigente. Mas os protagonistas! E o drama – especialmente este ano, com tantos golfistas em disputa, estrelando Rory, o protagonista, e Tiger, agora lançado como o vilão.

Depois de nos recuperarmos de uma noite de domingo inadequadamente tardia, secarmos as lágrimas por Rory e felicitarmos Charl Schwartzel por uma vitória impressionante, quais são as lições que podemos tirar dos quatro dias fantásticos?

Primeiro, temos de nos lembrar que o golfe é um bom exemplo (como a maioria dos esportes) de uma mistura entre decisões conscientes (estratégia, técnica de aperfeiçoamento, planejamento do programa de jogo etc.) e inúmeras decisões instantâneas, que ocorrem em uma parte diferente do cérebro. Basta pensar no número de decisões (escolha do taco, alta ou baixa tacada, bater normalmente ou de leve...) que um golfista tem de fazer ao longo do curso de 72 buracos. Depois, há fatores como a adrenalina e o estresse, que podem levar a grandes tacadas e a erros desastrosos.

Mas, para entender o que aconteceu ontem, precisamos também olhar para outros elementos interessantes da história de McIlroy:

- Experiência (ou falta dela): até que ponto a juventude foi um fator contributivo para o extraordinário colapso de McIlroy?
- Parceria (muitas vezes, uma chave para a tomada de decisão bem-sucedida): o que diabos o *caddie* de McIlroy estava fazendo? Certamente, ele poderia ter ajudado o jovem a se estabilizar.
- Ambientação: McIlroy estava menos confortável na última rodada na companhia de Cabrera, um homem muito mais velho, com inglês muito ruim e muito mal-humorado? (O coitado estava fora dos jogos há algum tempo com grandes problemas

dentários.) Rory parecia muito confortável nos 54 buracos anteriores com Jason Day, um australiano da sua idade.

- Danos duradouros? Será que McIlroy será capaz de se livrar do seu pesadelo?

Agora pensando em Tiger. Ele estava mesmo em um estado mental para ganhar? Ele mostrou seu velho brilho tanto na segunda quanto na última rodada, mas a consistência ainda não voltou. Será que vai retornar um dia? E, mais importantemente, a história de Schwartzel. Será uma coincidência que dois sul-africanos pouco conhecidos tenham vencido dois dos últimos campeonatos? Oosthuizen e Schwartzel foram levados a vencer por estarem com mais vontade e motivados por um ambiente familiar menos confortável na África do Sul do que o dos competidores europeus? Ganhar a Ryder Cup não é um incentivo para ir bem?

Deixo vocês com uma última reflexão (e os golfistas ainda vão falar muito sobre esta última rodada nos próximos anos). Faz parte do apelo do golfe o fato de que, ao contrário do futebol, rugby e críquete, só existem os jogadores, sem árbitros ou juízes para interferir e roubar seu brilho?

Lições do Congresso

Onde você estava quando Rory McIlroy aprendeu a ganhar?

Como os fãs de golfe sofreram para trabalhar por terem ficado até tarde assistindo McIlroy ganhar sua primeira competição importante, vale a pena perguntar que lições podem ser aprendidas com seu desempenho extraordinário.

O mais importante deve ser a demonstração vívida da força de seu caráter, terminando em tal estilo depois de uma série de dificuldades. É axiomático na teoria da decisão aprender com episódios anteriores e utilizar o aprendizado em oportunidades futuras.

Será interessante ver se Dustin Johnson (US Open 2010) e Nick Watney (US PGA 2010) conseguirão repetir o feito de McIlroy da próxima vez em que estiverem na liderança em um campeonato, depois de esbanjarem vitórias. As entrevistas com McIlroy, Watney e Johnson foram reveladoras. Todos os três jogadores admitiram "acelerar" sob pressão. "Tudo aconteceu tão rápido", disse Johnson, "Eu estava andando mais rápido, jogando mais rápido, e não parei para pensar".

O entrevistador disse que os três golfistas admitiram que o seu erro era não "ficar no momento".

Há uma lição para todos nós. A pressão pode perturbar o equilíbrio e os padrões de pensamento. Os tomadores de decisão que atuam na categoria "reflexo" ou "instinto" – soldados, pilotos, bombeiros, polícia, enfermeiros, árbitros etc. – sabem que sua única chance de tomar boas decisões em um nanossegundo é pensar de forma clara, respirar profundamente e deixar que seu treinamento os coloque no piloto automático.

Se não prestarmos atenção ao momento, o desastre é certo. A linguagem que usamos diz tudo:

- Não se precipite.
- Foque numa coisa de cada vez.
- Concentre-se.

Frustração, impaciência, aborrecimento, até pânico – são reações naturais à pressão, crise ou desastre iminente. Mas todos os trabalhadores dos serviços de emergência e combatentes são treinados para confiar no que a sua formação lhes ensinou. A resposta programada é tanto uma parte da tomada de decisão de curto prazo quanto a ponderação de opções e o cálculo de mais dados quando você tem tempo para tomar uma decisão ponderada.

O esporte – e particularmente os jogos individuais como o golfe – pode nos ensinar muito sobre a pressão e a melhor forma de reagir a ela. O triunfo de McIlroy nos diz tanto sobre sua resistência mental quanto sobre sua fenomenal batida de bola.

Os torcedores sabem que, no momento em que um jogador cede à pressão, a técnica vai vacilar, com o resultado de que a consistência e a chance de vitória serão perdidas. Isso é igualmente verdade no trabalho do dia a dia.

Um caddie e um treinador — do que é que todos os CEOs precisam?

Além de grande prazer e diversão, o que eu ganhei com o torneio do US Open de golfe deste ano? Dois aprendizados principais de particular interesse para um maníaco das decisões:

1. Que mesmo os melhores jogadores de golfe do mundo precisam fazer mudanças constantes à medida que traçam seu caminho.
2. Que a dupla dinâmica treinador-e-*caddie* das equipes profissionais quase certamente funcionaria além do campo de golfe.

Vamos começar com a implacável sequência de tomada de decisão que confronta cada competidor, quer tenha ficado em último ou primeiro lugar. Como sempre, o esporte é um valioso análogo à vida. Para cada tacada, você precisa:

- calcular o resultado da maior vantagem possível, e depois descer a escala do que seria perfeito até o que seria adequado;
- calcular o resultado da maior desvantagem possível, e subir a escala do que seria completamente catastrófico até o que seria tolerável;
- fazer a análise de risco e recompensa e estabelecer a sua estratégia;
- selecionar um taco;
- posicioná-lo;
- decidir a intensidade da força para bater na bola;
- agarrar o taco e posicionar-se;
- dar a tacada.

Obviamente, não são todos os buracos que demandam tanta reflexão. Mas o cérebro está sob pressão o tempo todo, assim como você está sendo testado em termos de forma física, destreza e resistência.

A vida é assim. Todos os dias requerem decisões intermináveis. Nem todas essas decisões são igualmente difíceis, mas algumas precisam de mais esforço e técnica do que outras. Tanto na vida quanto no golfe, você também tem de se ajustar à sorte e à ação competitiva.

O que eu considero ainda mais importante é notar que os melhores golfistas, como todos os atletas profissionais, precisam de treinadores (tanto psicológicos como técnicos). Mas o golfista tem um bem inestimável — o *caddie*. Uma rodada no Open em Sandwich não é tão solitária quanto, digamos, um jogo de tênis. Os batedores têm parceiros. Jogadores de futebol e de rugby têm companheiros de equipe, mas eles estão lá mais por interesses próprios. O *caddie* está lá por você, para ajudar em todos os sentidos. No mínimo, para dar uma segunda opinião, um conselho sobre o melhor taco etc. Mas o mais importante é que ele é alguém que está lá, alguém com quem se pode conversar.

Os CEOs e outros líderes empresariais não teriam melhor desempenho se tivessem um *caddie* constantemente à mão? E um treinador regular?

Se eu fosse o CEO de uma grande empresa, eu preferiria contar com um grande treinador e um bom *caddie* do que com todos os relatórios diretos e indiretos de uma organização matricial. E pense no tempo extra para reflexão e decisão que você teria, livre de todas essas reuniões!

Um CEO (ou qualquer outra pessoa que tenha que tomar decisões importantes) seria um melhor tomador de decisões com as contribuições de um conselheiro e um companheiro constante, em vez de precisar confiar na dieta normal de reuniões, apresentações e documentos. Várias pessoas já me disseram: "Preciso de um *caddie*."

O importante é ter, de fato, um *caddie*, e não um "puxa-saco". Os cínicos diriam que há puxa-sacos suficientes no mundo corporativo.

Mas vejamos o aspecto do treinador. Todos os melhores golfistas usam um treinador o tempo todo ou de vez em quando. Por quê? Porque há falhas ou mudanças involuntárias nos aspectos básicos que você simplesmente não consegue ver por si mesmo. Um especialista observando você dar as tacadas e comparando o que eles veem agora em seu desempenho com o que viram antes fornecerá conselhos muito superiores a qualquer coisa que você possa tentar deduzir sozinho.

Isso é importante porque a maioria dos CEOs, ao mesmo tempo em que reconhece a democracia corporativa e ouve o que seus executivos dizem, ainda valoriza mais a própria opinião. Se você acredita em perfis de personalidade, sabe que a maioria dos CEOs são "Condutores". De acordo com o site www.Personality100.com, os condutores são:

- orientados para a ação;
- decisivo;
- solucionadores de problemas;
- diretos;
- *assertivos*;
- *exigentes*;
- tomadores de risco;
- *enérgicos*;
- *competitivos*;
- *independentes*;
- *determinados*;
- orientados para os resultados.

Eu coloquei as características "autossuficientes" em itálico. Considerando apenas algumas delas, se você fosse um CEO independente, assertivo, determinado e enérgico, prestaria muita atenção naqueles que estão abaixo de você na hierarquia?

Mas você pode dar ouvidos ao seu treinador! Com um especialista para recorrer, por que você deixaria de ouvir e receber conselhos sobre uma decisão estratégica? Além de treinar no lado físico e técnico, os Darren Clarkes deste mundo também trabalham com psicólogos esportivos para garantir que as cabeças estejam no lugar. Pense nas pressões enfrentadas pelos líderes empresariais. Isso pode funcionar para eles também.

O *caddie*? Ele ou ela (não vamos esquecer a famosa Fanny ou a incrível Brenda Calcavecchia) pode não ser a melhor escolha para a posição de conselheiro estratégico, mas, para conselhos práticos na execução de uma decisão, não há opção melhor.

Rugby e tomada de decisão.

Sábado, 19 de março de 2011, foi um estranho dia de final do Campeonato das Seis Nações. Inglaterra e País de Gales, os dois países com chances de vencer, foram derrotados pela Irlanda e França, respectivamente. A Itália, que havia vencido a França e perdido apenas no último suspiro para a Irlanda, foi despachada pela Escócia, de quem esperava ganhar. Desse modo, a Inglaterra ganhou o Campeonato, mas não o Grand Slam, nem a Tríplice Coroa.

Eu estava no Estádio Aviva, em Dublin, esperando com confiança a vingança pelas derrotas sofridas pela Inglaterra nas últimas três visitas. Fomos humilhados – quase tão ridiculamente como naquela emotiva e molhada tarde no Croke Park em 2007. Dores tendo sido afogadas, tentei encontrar explicações racionais para o que tinha testemunhado. A Irlanda jogou excepcionalmente bem? A Inglaterra teve um desempenho muito fraco? Sem dúvida que sim, em ambos os casos. Mas por quê?

Uma equipe mais jovem e inexperiente foi surpreendida pela ocasião? O rugido, os tambores e o mar de bandeiras verdes perturbaram o planejamento e o raciocínio? De que outra forma você pode explicar o fato de os jogadores errarem jogadas simples? O passe e a disciplina da Inglaterra estavam muito abaixo do normal.

Mas, no meu trabalho diário, sempre acreditei que os pitches podem ser ganhos. Existe uma obsessão por controle na maioria de nós que quer acreditar que os eventos estão em nossas mãos, até que fatores externos intervenham:

- "Perdemos por causa do árbitro."
- "Perdemos porque ficamos com o horário depois do almoço."

Nunca é (na nossa cabeça) porque não fomos tão bons quanto os adversários.

No entanto, no Aviva, naquele sábado, fomos massacrados. Jogamos o melhor que pudemos, o que, no caso, não foi nada. Declan Kidney e sua equipe nos ultrapassaram na estratégia, assim como na execução. Andy Robinson e sua equipe escocesa (dificilmente tão talentosa quanto uma equipe irlandesa em boa forma) nos atrapalharam e nos deram trabalho na semana anterior, em Twickenham.

Se tivéssemos refletido por meio minuto, o colapso no Aviva não deveria ter sido uma surpresa. Os irlandeses tinham entendido nossas táticas, pois os vídeos foram estudados minuciosamente. Eles sabiam as fraquezas que deviam explorar. E na dimensão emocional? Eles odeiam perder para a Inglaterra. Eles amam derrotar a Inglaterra mais do que ninguém!

Na verdade, não era nenhuma ciência complexa. A Irlanda tinha construído seu plano de batalha em torno da perturbação e destruição do plano da Inglaterra – que era exatamente o mesmo das quatro partidas anteriores. A Inglaterra não antecipou esse obstáculo. Eles usaram o mesmo plano de antes, e não havia um plano B.

A guerra é assim. O marketing é assim. A tomada de decisão tem de ser dedicada a ultrapassar a concorrência, bem como a perseguir os nossos próprios planos. Decidir é uma coisa. Implementar é outra. E esse é um esporte de contato no marketing, assim como no rugby.

A RFU

O que aconteceu durante a Copa do Mundo foi ruim o suficiente para aqueles de nós que são torcedores de rugby da Inglaterra. O fluxo constante de histórias vazadas desde que a equipe voltou da Nova Zelândia não ajudou, mas o espetacular show de ontem no *The Times* tornou tudo muito pior.

O mundo inteiro agora sabe que a Rugby Football Union (RFU) foi completamente incapaz de organizar nossa participação na Copa do Mundo, e que o Conselho da RFU, o diretor, o gestor, os treinadores e jogadores, todos à sua maneira, decepcionaram seus torcedores, seus patrocinadores e, principalmente, a si mesmos.

Quem poderia ter tido acesso aos três relatórios (os da RFU e os encomendados pela Rugby Players' Association e pelos times da Premiership)?

Qual foi a motivação para não apenas vazá-los, mas vendê-los?

O que foi resolvido, tendo em vista o torneio das Seis Nações a pouco mais de dois meses de distância?

Como um estudo de tomada de decisão organizacional, a Carga da Brigada Ligeira[33] e a administração corporativa na Enron parecem casos clássicos de livros didáticos para estudantes de MBA.

É difícil saber por onde começar em termos de análise de Armadilhas de Decisão que foram particularmente desastrosas. Estas são algumas considerações iniciais:

1. Qualquer organização comercial (e só porque a RFU é o órgão dirigente de um esporte, ela não está imune a trabalhar com regras do mundo dos negócios) precisa de uma estrutura viável, com áreas definidas de responsabilidade e prestação de contas. A estrutura de gestão da RFU é totalmente ineficaz, e a própria equipe em campo (pense em uma fábrica para um fabricante ou uma loja para um varejista) estava fora de controle.
2. A regra de ouro na tomada de decisão é considerar opções antes de tomar qualquer grande decisão e, ao fazê-lo, eliminar todas as opções com uma perigosa desvantagem, independentemente de quão atraente é o lado positivo. A RFU e seus gestores individuais desconhecem os princípios básicos da avaliação de riscos. Qualquer tomador de decisão tem de se perguntar: "Como é que vai ser isso se a coisa correr mal?"

---

33 Carga de cavalaria da armada britânica da Batalha de Balaclava, na Guerra da Crimeia. [N.E.]

3. O "fracasso de grupo" ocorre quando pessoas experientes e qualificadas se convencem mutuamente de que o preto é branco.
4. "Condenado a repetir a experiência" é a recusa em aprender com os erros.
5. A "cegueira frente aos resultados" é a incapacidade de aceitar más notícias quando você as vê.
6. "Ilusão" é convencer-se de que não vai ser descoberto.

Mas, para além de tudo isso, a decisão de encomendar três relatórios instantâneos sobre o que já se sabia que seria um desastre absoluto, enquanto procura novos gestores e treinadores e renegocia patrocínios, é inacreditável. Quem quer que tenha decidido isso (singular ou plural) acreditou que daria certo? Será que eles realmente pensaram que os entrevistados dos questionários (muitos dos quais já estavam descartados e amargurados) guardariam segredo?

Qualquer organização sensata (digamos uma com um presidente, um CEO, um conselho com diretores não executivos e uma estrutura de gestão) teria descartado a Copa do Mundo de 2011 como um fracasso, feito mudanças rápidas na gestão, escolhido um novo time e seguido em frente.

Depois desse pesadelo encenado em público e da maneira mais desagradável, seguir em frente vai ser difícil. Também tenho uma notícia para os jornalistas: despedir Rob Andrew pode ser visto pelos seus detratores como justiça, mas, por si só, não vai resolver nada.

Importa se os juízes e os árbitros cometem erros?

Milhões de fãs de esporte dirão "sim". Como é frustrante ver a sua equipe favorita ser punida por um pênalti questionável. Nada pior do que um gol anulado. E quão frustrante é ver os melhores jogadores serem expulsos injustamente.

Mas em qualquer situação de tomada de decisão em que o encarregado tem um nanossegundo para ver o que aconteceu, analisar e fazer um julgamento sobre aquilo, qual a surpresa no fato de que ele pode cometer erros?

Felizmente, o rugby de 13 (Rugby League) liderou o uso da tecnologia nesse tipo de disputa. Seguiu-se o rugby de 15 (Rugby Union) e depois o críquete.

Então, por que o futebol — de longe o nosso esporte mais rico — ficou tão para trás, inclusive sem câmeras básicas na linha de fundo? Já é difícil ser um árbitro de futebol sem ter a responsabilidade de detectar se a bola cruzou a linha. Vamos supor que em um mundo idílico, pós-Blatter,[34] o futebol usasse a tecnologia pelo menos para confirmar a pontuação de um gol. Isso significaria que os árbitros equipados com tecnologia não cometeriam erros? Claro que não. Por quê? Porque são humanos e, portanto, falíveis. Além disso, os humanos no campo e nas arquibancadas (para não mencionar na caixa de comentários) não têm a intenção de tornar nada mais fácil para eles.

Mas essa não era minha pergunta. Minha pergunta era: importa se os oficiais do esporte cometem erros (ou decisões incorretas, se você preferir)?

Podem me chamar de herege, mas eu acho que não importa. Juízes e árbitros estão lá para oficializar e manter o jogo em movimento dentro do espírito e das leis do jogo. Espera-se que os árbitros sinalizem as violações de maneira correta. Falei com um árbitro de rugby ontem, que admitiu que provavelmente marca penalidades erroneamente duas ou três vezes em um jogo. Mas suas decisões se equilibram ao longo da partida.

Idealmente, os árbitros de críquete julgarão uma ocorrência corretamente da primeira vez, em tempo real. Idealmente, os árbitros de tênis saberão quando rejeitar as reclamações e quando permitir ou proibir a intervenção de treinadores e as pausas para o banheiro.

Mas não vejo razão para que os oficiais não possam cometer erros quando os próprios jogadores que supervisionam cometem tantos erros. Afinal, são apoiados por uma equipe (árbitros assistentes, terceiros árbitros etc.). Compreendemos outras pessoas que têm de tomar decisões realmente sérias rapidamente e sob pressão, por exemplo:

---

34 Joseph Blatter, presidente da FIFA à época do livro. [N.E.]

- policiais;
- outros serviços de emergência;
- bombeiros;
- pilotos comerciais;
- médicos e cirurgiões.

Em quase todos os casos acima, há também uma equipe de apoio para corrigir as coisas se a primeira decisão estiver errada.

Então... não atire no árbitro! A propósito, já parou para pensar se você gostaria de estar no lugar deles?

Árbitros e juízes

Olhei para os cinco esportes que acompanho mais de perto: rugby, futebol, críquete, golfe e tênis. Há muito dinheiro envolvido em todos eles. As estrelas são nomes conhecidos. Cada um desses esportes atrai grande cobertura da mídia, e as autoridades responsáveis (árbitros e juízes) dificilmente poderiam operar de maneiras mais diferentes:

Rugby

Os jogadores tratam os árbitros com grande respeito. Quase todos os árbitros são ex-jogadores. O árbitro opera com dois árbitros assistentes. Antigamente eles apenas sinalizavam onde a bola tinha cruzado a linha de toque e quem havia lançado a bola, e julgavam se os chutes no gol tinham passado entre os postes e acima da barra. Agora, embora o árbitro seja o único juiz de fato e de direito, os árbitros assistentes podem não apenas chamar a atenção do árbitro para o jogo sujo ou outras irregularidades, mas também indicar a ação apropriada a ser tomada (penalidade, cartão amarelo etc.). Entrevistei Paddy O'Brien, que é o melhor árbitro do mundo, chefe do conselho de arbitragem do International Rugby Board (IRB). Ele acha que o respeito pelos árbitros decorre do fato de que eles tomam muitas decisões corretas, e que os árbitros são quase todos ex-jogadores (e, historicamente, eram principalmente professores e policiais). Uma vez que os jogadores são comparativamente disciplinados (em comparação com o futebol) e os adeptos também se comportam melhor do que os torcedores de futebol, a pressão é menor. Mas não é fácil arbitrar o jogo:

- As regras são complexas e estão em constante mudança.
- O jogo é extremamente rápido e intenso.
- Com trinta jogadores em campo ao mesmo tempo, muita coisa está acontecendo.
- Espera-se que o árbitro evite o jogo sujo, além de puni-lo, e um tipo de cenário em que há debate a respeito dos lances se desenvolveu – algo desconhecido em qualquer outro esporte.
- O *scrum* (reinício do jogo) é assolado por regras, então faltas básicas, como colocar a bola de modo errado, são raramente punidas.

Como O'Brien me disse: "Não se pode passar por um jogo sem cometer um erro, é impossível." Ele disse que os árbitros odeiam cometer erros, mas não podem se abater, porque haverá muito mais decisões a serem tomadas.

Futebol

Os jogadores tratam o árbitro com muito pouco respeito, e de fato os árbitros precisam continuamente enfrentar o desafio das críticas e abusos dos jogadores, espectadores, gestores e mídia. O árbitro forma uma equipe com dois assistentes de árbitro no campo e um quarto árbitro fora dele, que trata principalmente de infrações nas áreas técnicas, de cronometragem e de substituições. Poucos desses oficiais jogaram futebol a um nível significativo na vida. Surpreendentemente, o futebol não emprega nenhuma tecnologia para apoiar os oficiais.[35] A tomada de decisão pelos árbitros de futebol é difícil em vários níveis:

---

35 No momento da publicação desta edição, já temos a tecnologia empregada no esporte para auxiliar os árbitros de futebol. [N.E.]

- O ritmo do futebol é tão exigente para os árbitros quanto para os jogadores. Acompanhar e estar na posição correta para ver se uma falta foi cometida não é fácil.
- O árbitro não tem tecnologia, mas todo mundo tem, graças à televisão e aos telões.
- Os jogadores trapaceiam continuamente (cavando faltas, obstruindo a visão do árbitro). Eles também apelam e pressionam os oficiais.
- Os torcedores são excepcionalmente agressivos.

Críquete

No críquete internacional, há agora uma equipe de quatro árbitros – dois em campo, como sempre foi o caso, o terceiro árbitro, que é responsável pela interpretação da tecnologia (Decision Review System, ou DRS) e um quarto árbitro que é responsável pela administração e logística. Existe um respeito generalizado pelos árbitros e, em geral, uma boa relação em campo entre jogadores e árbitros, que no Reino Unido são quase sempre ex-jogadores. É interessante notar que poucos dos árbitros não britânicos no panorama internacional tenham a experiência de ter jogado críquete. Entrevistei dois árbitros aposentados e altamente experientes, Ray Julian e Vanburn Holder. Ray jogou no Leicestershire e Vanburn no West Indies, depois pelo Worcestershire. Ambos foram convocados para a competição One Day International.

A tomada de decisão para os árbitros é difícil, mas bem menos no críquete jogado internacionalmente. Contudo, não existe ainda qualquer coerência quanto ao tipo de auxílios. Abaixo do nível internacional, não existe o uso de tecnologias, exceto para as grandes finais etc. É difícil porque:

- Quase todas as formas de jogar críquete levam pelo menos um dia inteiro, colocando assim os árbitros sob pressão para manter a concentração. Cinco dias seguidos de partidas é uma prova muito cansativa para os árbitros.

- Pode parecer um jogo de lazer quando visto das arquibancadas, mas é muito cansativo para quem está envolvido na partida.
- O críquete é um jogo com regras complexas.

Vanburn Holder me disse:

> É estressante ver as câmaras focadas em você o dia todo. Poucas pessoas têm de ir trabalhar diariamente com esse tipo de pressão. O DRS (Decision Referral System, atualmente utilizado no críquete internacional) alivia a pressão, mas nem todas as decisões podem ser verificadas. A arbitragem é muito boa hoje em dia, e o DRS prova isso. Mas os jogadores vão trapacear mesmo quando sabem o que realmente aconteceu. Costumávamos dar o benefício da dúvida, mas isso já não é possível. Arbitragem é um trabalho no qual você tem de tomar decisões o tempo todo e, se você errar, não pode tentar equilibrar as coisas.

Perguntei-lhe sobre manter a concentração o dia todo. "Você tem de estar fisicamente em forma. Eu como com sensatez e faço muitas caminhadas e natação."

Ray Julian passou cinquenta anos no críquete — 21 como jogador e 29 como árbitro. Ele adorava jogar, e gosta tanto da arbitragem que ainda faz isso por diversão mais de dez anos depois de ter se aposentado.

Ele me disse:

> Eu tinha o hábito de expulsar muitos jogadores, por isso não participava de partidas de teste. Eu sempre tirava alguém e eles achavam que eu podia reduzir uma partida de teste de cinco para três dias! O terceiro árbitro (que tem de interpretar a tecnologia) é agora mais influente do que os caras do meio. Sei que o DRS funciona, mas me preocupa que ele tire a autoridade de decisão do árbitro de campo.

Golfe

Os oficiais do golfe profissional são quase invisíveis. O golfe é um jogo com um código quase único em que o jogador admite as infrações de regras contra si próprio (a sinuca é o único outro esporte em que isso ocorre). O golfe é também um jogo simples, sem regras complicadas. Ou a bola entrou no buraco ou não entrou. Não há discussões como "A bola bateu na mão dele?" ou "A bola cruzou a linha?". Sem desvios, sem problemas com bolas, sem disputas de linha.

Tênis

O árbitro do tênis é o contador oficial, preside o sistema de revisão do Hawk-Eye[36] e pode anular as advertências feitas pela sua equipe de seis árbitros de linha. Um árbitro de torneio fica no fundo, e só é chamado quando há um problema sério (e discutível) de clima, lesão ou disciplina.

Randy Haynes é um dos principais especialistas em apostas esportivas

Randy contou-me sobre o impacto duradouro na indústria das apostas esportivas do famoso "Dettori Sevenfold", quando, em setembro de 1996, Frankie Dettori adivinhou os sete vencedores em um cartão, em Ascot:

> Eu tinha iniciado o que é agora, provavelmente, a maior revolução na indústria, que é o que chamam de apostas *in-play* (apostar em um evento depois que ele começou, não antes do início). Ajudei a desenvolver o negócio de um apostador chamado Stan James, em Oxford. Steve Fisher, que o dirige, diria que eu fui uma parte importante da sua mudança para a modalidade *in-play*, o que os ajudou a se diferenciarem.
>
> O "Dettori Sevenfold" causou muito prejuízo para o negócio de apostas em geral, mas principalmente para Stan James. Tiro o chapéu para os rapazes de Fisher, porque, enquanto alguns dos maiores apostadores se recusavam a aceitar suas responsabilidades, eles [Fisher etc.] garantiram que todas as pessoas que apostaram com eles fossem capazes de cobrir suas apostas. Isso os deixou

36 Tecnologia semelhante ao VAR. [N.E.]

com uma enorme responsabilidade, mas eles levaram o tombo. Eles sobreviveram e prosperaram. Os apostadores perderam cinquenta milhões de libras nessa situação. O Dettori Sevenfold significou que as casas de apostas precisavam aumentar sua visibilidade e mudar seu jogo.

O mercado de apostas esportivas e de jogos tem agora o potencial de espelhar o tamanho e a complexidade sem as dores de cabeça, e com muito mais transparência dos mercados financeiros.

O que você vai ver são peritos que dizem: "Sou um perito em futebol de primeira divisão. Não sou um perito em tudo, mas, no futebol de primeira divisão, sou o maior. Não vou ganhar mil euros, vou ganhar dez mil, um milhão."

10. AMOR

Decidindo com o coração, e não com a cabeça

Levei dois anos e 25 viagens à Coreia para convencer os pais dela.

VITALY VASILIEV

Vitaly Vasiliev, CEO da Gazprom — uma verdadeira história de amor

Foi em Londres. Estávamos em uma viagem de estudo de Stanford, com a Harvard Business School e a Wharton Business School em Londres. Reparei nela pela primeira vez no escritório de Morgan Stanley no Canary Wharf. Uma voz interior, sabe, falou comigo e disse: "Esta é a mulher da sua vida."

Ela era coreana. Quando nos conhecemos, descobrimos que ela era da mesma faculdade. Ela estava em um programa diferente – o programa de dois anos de duração, enquanto eu estava no programa de um ano. Eu era o tipo de pessoa que tinha encontros, não tinha nenhum problema com as moças. Não posso dizer que eu era popular, ou o que for.

Ela e eu começamos a namorar quando regressamos aos EUA. Foi um processo de tomada de decisão muito difícil porque ela insistiu no "não" por muito tempo. Os coreanos tendem a ficar com outros coreanos, isso é cultural. E ela é realmente coreana, coreana-coreana. Não coreana-americana. E os coreanos casam com coreanos. A família dela é muito tradicional.

Por isso, levei dois anos e 25 viagens à Coreia para convencer os pais dela. Ela me disse que, se os pais dela dissessem não, então, não, ela não poderia casar comigo. Sendo assim, eu entendi que meu alvo não era tanto ela, mas os pais, que não falam inglês. E eu não falo coreano. A comunicação foi um pouco

> difícil. Hoje em dia, minha esposa diz que talvez fosse uma vantagem eu não falar coreano, porque eu ficava constantemente sentado em silêncio com eles. Não entendia o que diziam, mas eles achavam que eu era muito respeitoso. Não fiquei magoado porque não percebi o que estavam dizendo – que era basicamente "Por que você está aqui? Vá embora". No final, nós nos casamos, temos dois filhos agora e somos muito felizes. Foi uma grande decisão.

Karl Gregory — Match.com

Quando conheci o Karl, fiz-lhe a pergunta fundamental sobre como encontrar um parceiro. O velho adágio que diz que "os opostos se atraem" é verdadeiro?

Para meu espanto, ele me disse que nunca ninguém tinha feito essa pergunta antes.

> Os opostos se atraem, mas eu também tenho visto fortes evidências de que pessoas da mesma origem, visão de vida e valores também se atraem. Pensando em termos práticos, a coisa pode acontecer de qualquer maneira. Não juntaríamos duas pessoas maníacas por controle porque sabemos que não daria certo. Não colocaríamos um indivíduo que gosta de sair, viajar e que é esportivo com alguém que só quer assistir TV no sofá, porque isso seria um problema. São muito diferentes.

Eu não queria dizer a ele que esse tipo de "distinção" provavelmente representa cerca de metade de todos os casamentos no Reino Unido nos últimos anos! Perguntei ao Karl o que ele gosta em seu trabalho.

> O que é ótimo no meu trabalho é que quando saio, para um casamento ou para jantar, ou estou sentado com um grupo de pessoas e alguém pergunta: onde você trabalha? Eu digo: trabalho na Match.com. Há sempre alguém na mesa que conheceu o seu parceiro ou conhece alguém que conheceu o seu parceiro no Match. Então, nos tornamos um fator importante na sociedade. Quando

perguntamos às pessoas quem são e como encontraram o parceiro, elas se iluminam. Elas querem contar sua história.

Nos últimos cinco anos, criamos 92 mil casamentos no Reino Unido e 517 mil relacionamentos. Um relacionamento é definido como alguém que saiu do nosso site porque conheceu alguém e está com essa pessoa há mais de três meses. O nosso relatório de pesquisa diz que as pessoas estão hoje mais confusas do que há dez, vinte ou trinta anos. Pense na quantidade de informação que consumimos hoje e compare com trinta ou quarenta anos atrás e pense, por exemplo, como é fácil viajar hoje em dia. A maioria das pessoas encontrava um parceiro porque ele ou ela era alguém que morava do outro lado da rua ou alguém do escritório.

Hoje, somos muito mais exigentes. Nossos horizontes são muito mais amplos. Estamos muito mais dispostos a viajar e somos mais complexos. Quando você se inscreve, pedimos que nos dê uma série de informações sobre si. Quando combinamos você com alguém, nos baseamos na informação que nos deu. Mas o melhor é que você pode olhar o perfil de alguém e dizer: sabe de uma coisa? Essa pessoa não é para mim porque seu sistema de valores é diferente, ou o que ela gosta é diferente.

Perguntei a Karl se seus clientes obtêm uma fotografia ao mesmo tempo que as informações.

Sim, e essa é uma questão muito válida, que me surpreendeu enormemente e foi um grande aprendizado para mim. Saiu dos grupos de discussão. Eu sempre pensei que os homens basearíam suas escolhas em química e fotos e que as mulheres seriam mais emotivas e mais profundas ao olhar para a informação. Mas, na verdade, homens e mulheres, em todas as idades, sempre olham para a foto primeiro para ver se vai haver alguma química.

Eu tinha um grupo de discussão composto por mulheres com mais de cinquenta anos e achava fascinante o fato de que elas resolutamente queriam ver a foto primeiro. O cara não precisava ser bonito, não precisava ser uma estrela de cinema, mas tinha de haver química. Além disso, nas palavras delas, ele não poderia ter cara de pessoa má.

E acho que você vai gostar do que vou contar. Um dos ingredientes do nosso sucesso é o nosso foco no produto e na combinação de pessoas. Nós então percebemos que o que as mulheres em particular diziam estar procurando em um homem nem sempre era o que elas haviam pedido originalmente. Por exemplo, em um perfil, uma mulher nos disse explicitamente o que ela estava procurando: um banqueiro, não mais de quarenta anos, talvez judeu ou católico. Muito específico. Alguém que queira ter filhos no futuro... absolutamente necessário. Tal e tal altura. Não pode ser fumante. Depois, verificamos que essa mulher, na verdade, estava olhando perfis de hippies que nunca querem ter filhos, não têm um emprego estável e que têm uma vida muito despreocupada. O que ela disse que queria e os perfis que estava vendo são muito, muito diferentes.

O que começamos a fazer foi mostrar perfis de pessoas que elas não pediram explicitamente, mas com base no seu comportamento. Tem sido um grande sucesso. Todo o jogo dos relacionamentos é sobre quebrar o gelo. É sobre confiança e ter confiança para ir a um bar e falar com alguém. On-line é exatamente a mesma coisa. Damos aos usuários a oportunidade de piscar o olho para alguém. Portanto, não é um compromisso e, se a pessoa não responder, tudo bem. As pessoas têm medo da rejeição. Assim, de certa forma, contornamos a parte da rejeição. Depois, a partir daí, começam a olhar os perfis. O processo ainda é longo e o tempo e esforço que demanda é bastante grande.

Temos pessoas que se casaram com a primeira pessoa que conheceram on-line. Há pessoas que estão tentando há seis ou nove meses. Dizemos para as pessoas: "Dê tempo ao tempo." Saia por aí e beije uns sapos.

Pensamentos sobre a descrição de Karl Gregory a respeito de como funciona a indústria de encontros

Vi a semelhança com a escolha de agências de publicidade. As sessões de identificação correm bem se forem feitas rapidamente, mas, para a maioria dos clientes, é mais seguro mantê-los longe das agências até que eles tenham determinado o que realmente estão procurando, o que deu errado da última vez e quais são as ambições da empresa. Após isso, podemos ajudá-los.

A tomada de decisão no amor é provavelmente um livro em si mesmo. O que está claro é que é definitivamente uma área onde uma mistura de lógica, emoção e nossa astuciosa mente subconsciente é o único caminho a seguir. Pesadelos e Armadilhas de Decisão serão abundantes para qualquer um que confie apenas na lógica, apenas na emoção ou apenas no subconsciente. Aqueles em busca de um parceiro também farão bem em lembrar daquela lista de condições para se evitar no final do Capítulo 2!

Karl generosamente partilhou comigo o *Lovegeist 2010*, o relatório anual do Match.com. Veja destaques abaixo.

Há alguma regra para a tomada de decisão no amor?

Que interessante que o romance e o sexo são omissões conspícuas na maioria dos livros sobre tomada de decisão! No Capítulo 4, vimos Benjamin Franklin aconselhando seu sobrinho a escolher uma esposa por meio de uma espécie de análise SWOT (forças, fraquezas, oportunidades, ameaças) sobre as duas candidatas.

Em seu livro de 2004, *O paradoxo da escolha*, o psicólogo norte-americano Barry Schwartz descreve o dilema de um ex-aluno, Joseph, que tinha se apaixonado por uma colega de pós-graduação, Jane: "Com a sua carreira seguindo um bom caminho e uma parceira de vida já selecionada, parecia que Joseph já tinha tomado as grandes decisões. No entanto, no decurso do seu namoro, Joseph e Jane tiveram de fazer uma série de escolhas difíceis" [tradução livre]:

- Eles deveriam morar juntos?
- Eles deveriam se casar?
- Em caso afirmativo, o casamento seria na religião dele ou dela?

- Eles deveriam manter suas finanças independentes ou fundi-las?
- Eles teriam filhos?
- Cada um teria liberdade para ir em busca da melhor oportunidade de emprego — mesmo que isso significasse morar longe um do outro?
- Ela era da costa leste e ele da costa oeste. Onde deveriam morar?

"Eles pensavam que já tinham tomado as decisões difíceis quando se apaixonaram e se comprometeram mutuamente. Não devia ser suficiente?" [tradução livre], é o que Barry questiona.

É uma boa questão, e possivelmente explica por que é mais difícil categorizar decisões em relacionamentos pessoais. *Lovegeist* dá algum contexto para isso na Grã-Bretanha contemporânea:

> É evidente que encontrar o amor é uma prioridade para muitos dos solteiros do Reino Unido — quase metade (46%) considera que ter uma relação de sucesso é mais importante para eles do que sua carreira; e, mais uma vez, vemos uma comparação interessante entre homens e mulheres, com 52% dos homens dando prioridade à sua vida amorosa acima de sua carreira, em comparação com 42% das mulheres. Talvez essa seja outra indicação do fardo que a recessão tem causado aos homens, que procuram o conforto de uma relação amorosa em contraste com as pressões sobre eles no difícil clima econômico?
>
> Uma proporção saudável de solteiros (59%) também está ciente da importância de manter um bom equilíbrio entre a vida profissional e pessoal e encontrar tempo para o amor, sendo as mulheres (63%) mais propensas a tentar alcançar esse delicado equilíbrio do que os homens (55%). No entanto, mais da metade (54%) sente que simplesmente não é capaz de dedicar tempo suficiente para encontrar ou manter um relacionamento, sendo os homens acima de 40 anos mais propensos a sentir essa tensão (60%).
>
> O Relatório LoveGeist descobriu uma nova raça de solteiros em busca de um par — os Pragmânticos (ou românticos pragmáticos): solteiros de 25 a 40 anos de idade que procuram um delicado equilíbrio entre as realidades da vida cotidiana e os desejos e as aspirações de encontrar o verdadeiro amor.

O amor ocupa um saudável terceiro lugar em uma lista de nove prioridades de vida, abrangendo os amigos, a vida social, a carreira e a ambição pessoal, e logo após a família e a saúde (primeira e segunda prioridades, respectivamente). O Relatório indica um forte desejo entre a comunidade de pessoas solteiras à procura de um relacionamento no Reino Unido de encontrar e nutrir o amor a longo prazo. Algumas das principais conclusões incluem:

- 93% está à procura de uma relação de longo prazo — subindo para 97% entre pessoas de 18 a 30 anos. O amor é claramente uma aspiração para a grande maioria das pessoas, em particular para aqueles que estão começando o caminho para uma relação a longo prazo.
- Apesar da infinidade de notícias negativas sobre a questão do casamento na Grã-Bretanha hoje, apenas 13% dizem que não querem se casar no futuro — e, mais uma vez, os mais jovens são mais positivos sobre o casamento, com quase 80% dos solteiros dentro do grupo de 18 a 36 anos expressando um desejo de se casar no futuro.
- Curiosamente, ter filhos juntos (37%) é visto como um símbolo maior de compromisso do que o casamento (33%) para os dados do Reino Unido. Poderíamos dizer que isso é, em muitos aspectos, reflexo de uma nova era, com mais opções e escolhas disponíveis para formatos de relacionamento de longo prazo aos solteiros de hoje.

Em *O paradoxo da escolha*, Schwartz também aborda prosaicamente o que ele vê como o efeito do "custo irrecuperável" em relações de longo prazo:

> Muitas pessoas persistem em relações muito conturbadas, não por amor ou por aquilo que devem ao outro, ou por sentirem a obrigação moral de honrar os votos, mas por todo o tempo e esforço que já dedicaram. [Tradução livre.]

Ele compara isso com outros exemplos do mesmo fenômeno:

- Os pares de sapatos caros, mas desconfortáveis, dos quais você não abre mão.
- As ações que você não vende porque o preço caiu abaixo do preço pelo qual as comprou.
- As pessoas que pagam mais caro por uma passagem de avião são mais propensas a usá-lo.
- Terminar a comida que você pediu em um restaurante apesar de estar realmente cheio.

Ele pode ter um bom ponto de vista aqui, por muito pouco romântico que pareça. As pessoas mais velhas tendem a ter um tom de moral ou ética superior ao dar conselhos sobre os problemas que afligem os relacionamentos de longo prazo, distribuindo juízos de valor e, muitas vezes, apelam ao altruísmo. Mas a teoria dos custos irrecuperáveis é um aspecto importante da economia comportamental. O mesmo pensamento desencadeia frequentemente respostas conservadoras a perguntas sobre mudança de emprego, mudança de casa ou mesmo mudança de conta bancária ou de fornecedor de energia. Podemos imaginar que a nossa tomada de decisão é principalmente motivada por considerações futuras, mas, frequentemente, ela ocorre em função de como as circunstâncias presentes se relacionam com o passado.

Seria um erro, no entanto, considerar as decisões no amor apenas em um nível tão prático e racional. Em seu livro de 2008, *Previsivelmente irracional*, Dan Ariely, que é professor de Psicologia e Economia Comportamental na Duke University, escreve sobre sua pesquisa em motivação sexual. Alguns excertos:

1. O "efeito chamariz". Conversar será mais eficaz se você estiver com alguém semelhante a você — mas menos atraente, menos articulado ou menos engraçado.
2. A batalha entre normas sociais (por exemplo, o ritual de paquera) e normas de mercado (como dinheiro por sexo). Obviamente, o "sexo livre" em um contexto social está em um plano totalmente mais elevado do

que o sexo comercial. Mas quantos encontros devem ser financiados por você antes que algo mais do que um beijo na bochecha possa ser razoavelmente antecipado? Se o homem é insensato o suficiente para compartilhar esses pensamentos com a pessoa com quem está saindo, o caos pode acontecer. Ariely cita Woody Allen: "O sexo mais caro é o sexo gratuito."

3. Ariely tinha (de acordo com ele) um interesse acadêmico em saber por que o comportamento sexual nem sempre se alinha com as atitudes sexuais. Por que as pessoas que afirmam desaprovar o sexo desprotegido e estão plenamente conscientes dos perigos de contrair HIV e infecções sexualmente transmissíveis (IST) por vezes não tomam precauções e se entregam a excessos selvagens que normalmente condenariam? A resposta (sem surpresa) é o efeito da excitação sexual. Suas experiências foram conduzidas em 25 estudantes do sexo masculino de vinte e poucos anos de Berkeley. Ariely apresenta uma justificativa interessante para pesquisar apenas homens: "Em termos de sexo, os processos são muito mais simples do que os das mulheres (como concluímos após muita discussão entre nós e os nossos assistentes, tanto homens como mulheres). Uma cópia da *Playboy* e uma sala escura eram tudo o que precisávamos para um alto grau de sucesso." [Tradução livre.] Uma conversa entre Ariely e Charles Spence, baseada no trabalho de Lynx (ver Capítulo 7) pode ser interessante!

O estudo de Ariely sobre a tomada de decisão sob excitação sexual mostrou conclusões que eram, como ele escreve:

> consistentemente, esmagadoramente e assustadoramente claras. Em todos os casos, nossos brilhantes jovens participantes responderam às perguntas de forma muito diferente quando estavam excitados e quando estavam em estado "frio". Nas dezenove perguntas sobre preferências sexuais, quando os participantes estavam excitados, eles previram que seu desejo de se envolver em uma variedade de atividades sexuais de alguma forma estranhas seria quase

> duas vezes maior do que eles haviam previsto quando não estavam estimulados... Em todo o quadro, eles revelaram em seu estado não excitado que eles mesmos não sabiam como eles eram uma vez excitados. Prevenção, proteção, conservadorismo e moralidade desapareceram completamente de seu radar. [Tradução livre.]

Ariely acha que esses resultados têm um enorme significado no ensino do sexo seguro. Dizer aos adolescentes, por exemplo, para não se entregarem ao sexo desprotegido é pouco provável de funcionar se você estiver confiando que eles computarão a mensagem racionalmente e que a guardarão para o futuro.

Mas ele também diz que eles apontam para um significado mais amplo do que apenas a influência do sexo. Ele sugere que precisamos nos proteger de nós mesmos de outras formas:

- não enviar e-mails quando estamos com raiva;
- não comprar um carro esportivo com a adrenalina no teto depois de um test drive;
- tomar melhores decisões de vida; por exemplo, não evitar analgésicos para o parto antes do evento.

O que o relatório Lovegeist da Match.com nos diz

Boa parte do *Lovegeist* é dedicado ao racional, ao objetivo, ao econômico e ao equilibrado. Mas achei reconfortante que, ainda hoje, a) homens e mulheres vejam o mundo de forma diferente, e b) eles, mesmo quando "frios", estejam interessados nas características físicas, bem como na personalidade e na forma:

> Pesquisando em registros anônimos de preferências de parceiros do Match.com, podemos construir uma imagem das mulheres e dos homens que procuram relacionamentos em todo o Reino Unido, o que eles querem de um parceiro, o que gostam e não gostam e muito mais.

A fêmea da espécie

O amor acontece de várias maneiras! Mas, olhando para uma seção transversal de mais de 75 mil membros femininos recentes do Match.com, a usuária "média" feminina:

- Tem entre 25 e 30 anos, constituindo 22% da amostra
- Tem cerca de 1,65 m de altura (15%)
- Tem cabelo castanho escuro (31%) e olhos azuis (40%) – e classifica seus olhos como sua melhor característica (53%)
- Visualiza seu tipo de corpo como "comum" (36% da amostra)
- Vê a si própria como sendo descontraída (32%) e sociável (14%)
- É inteligente – 53% têm um diploma (em comparação com 13% da população feminina do Reino Unido em geral)
- Gosta de viajar mais do que qualquer outra atividade, seguido de assistir filmes, conversar e cozinhar
- Algumas das ocupações mais comuns para as mulheres no Match.com são no campo da medicina, odontologia e veterinária (11%) – esses são trabalhos, muitas vezes, agitados, talvez fora das grandes cidades, deixando às usuárias pouco tempo ou oportunidade para conhecer novas pessoas. As profissionais da saúde que procuram o amor são mais propensas a viver na Irlanda do Norte e na República da Irlanda, Escócia e País de Gales. As usuárias em Londres são mais propensas a trabalhar em serviços financeiros (11%). Quando se trata do que as mulheres querem dos homens, analisamos as respostas de múltipla escolha dos membros femininos do Match.com e descobrimos que as mulheres estão procurando por um cara que denomine sua forma corporal como "comum" (90%), com cabelo curto (97%), castanho escuro (89%), olhos azuis (84%) e jeito descontraído (86%).

Parece que o visual loiro de Brad Pitt tem rivais quando o assunto é cabelo – 59% da amostra feminina escolheria um homem loiro, 75% preferiria um cara sensual de cabelos pretos, 73% gosta de castanho claro e 38% curte o visual de

George Clooney. Além disso, 56% gosta de homens com cabelos cortados ou raspados e 26% curte os carecas.

O visual masculino magrelo está fora – somente 38% escolheria um homem franzino, quase a mesma proporção que escolheria um homem carregando alguns quilos a mais (34%).

Os olhos são a grande sacada – 78% das mulheres gostam de olhos atraentes em um homem. Também estão em jogo na popularidade um sorriso atraente (77%), um bom traseiro (35%) e bons braços (27%). Apenas 4% escolheria um homem com base nos pés; 86% das mulheres querem um homem descontraído e com bom senso de humor; 75% anseia por alguém atencioso, 74% admira um homem que é sociável e 73% procura confiabilidade.

Quando se trata de aproveitar seu tempo livre, as mulheres tendem a se interessar mais por um homem que gosta de comer fora e viajar, com pouca variação de idade – esses interesses atraem as mulheres de todas as idades. As mulheres mais jovens preferem homens que gostam de filmes e música, enquanto as mulheres com mais de 50 anos são mais propensas a escolher um homem que demonstre interesse em jardinagem.

Ah, os rapazes

E olhando para uma amostra de tamanho semelhante da população masculina engajada nessa mesma saga de encontros, vemos que o homem "médio" em Match.com:

- Tem entre 25 e 30 anos (24%)
- Tem 1,77 m de altura (16%) – 22% da amostra está acima dos 1,82 m de altura
- Categoriza seu tipo de corpo como comum (46%) – mais de um quarto (29%) diz que são tonificados e atléticos
- Tem cabelo castanho escuro (31%) e olhos azuis (40%)
- Também é descontraído (43%), embora talvez menos sociável que as mulheres (4%)
- É inteligente – 53% têm um diploma (em comparação com 15% da população masculina do Reino Unido)

- Gosta de viajar mais do que todas as outras atividades, seguido de assistir filmes, conversar e comer fora
- Está mais interessado em filmes e vídeos e viagens
- 16% da amostra de dados de usuários masculinos no Match.com está na área de computação ou tecnologia, enquanto 14% é autônomo e 13% está em funções de gestão.

As opções de múltipla escolha dos usuários masculinos recentes revelam que eles estão procurando por uma mulher com tipo corporal comum (86%), com cabelos de comprimento até os ombros (93%), loira (87%) e com olhos azuis (88%). As mulheres descontraídas são atraentes para os homens (89%), assim como as que têm bom senso de humor (80%).

Embora pareça que os cavalheiros prefiram loiras, as morenas de cabelos castanho escuro e castanho claro (85% e 78%, respectivamente) também são muito procuradas. Deles, 79% gostam de mulheres com cabelo pretos e 59% de ruivas.

As ondas fluidas dos cabelos de celebridades como Cheryl Cole e Penelope Cruz inspiraram uma tendência de preferência por cabelos longos – a maioria dos homens gosta de mulheres com comprimento de cabelo no ombro (93%), cabelos longos (90%) ou muito longos (65%).

85% dos homens gostam de um corpo esbelto e 80% adoram um corpo atlético e tonificado. Felizmente, 65% ficariam contentes com uma mulher com alguns quilos a mais.

Tal como acontece com as mulheres, os homens preferem um lindo par de olhos em primeiro lugar (77%). Também no topo da lista de "gostos" estão o sorriso (76%), um traseiro bonito (54%), pernas bonitas (52%) e 13% gostam de um umbigo bonito.

Olhando para o que os homens querem em uma parceira, eles são mais propensos a procurar uma mulher que gosta de comer fora, música, shows, cinema e ir aos pubs. Tudo isso também está em alta.

11. MINHAS 20 MELHORES DICAS DE DECISÃO

Sempre que você vê um negócio bem-sucedido, alguém teve de tomar uma decisão corajosa para aquilo acontecer.

PETER DRUCKER, ESCRITOR, CONSULTOR DE GESTÃO E SÁBIO. NASCIDO EM 1909, PERTO DE VIENA. MORREU EM 2005, NA CALIFÓRNIA.

Há muitos acadêmicos brilhantes na ciência da decisão. Bons livros foram escritos sobre o assunto por especialistas em muitas disciplinas diferentes. Mas parece haver muito pouca ajuda disponível para os homens e mulheres por aí que têm de tomar centenas, se não milhares de decisões em suas vidas.

As habilidades de decisão são o maior diferencial entre sucesso e fracasso: mais influentes do que intelecto, qualificações acadêmicas, energia, trabalho árduo e personalidade. Mais poderosas até do que a inteligência política ou a astúcia.

Para sermos um sucesso na vida, precisamos ser desproporcionalmente determinados. Pode ser por isso que tantas pessoas bem-sucedidas sejam particularmente boas em tomar decisões. Os "grandes tomadores de decisão" são, muitas vezes, inspirados por sonhos ou influências no início da vida, e também são capazes de realizar mudanças dramáticas na direção da carreira. Tome a decisão mais importante de sua vida: leve a tomada de decisão a sério, e torne-se seriamente bom nisso.

A minha dica de decisão número 1 é que cada decisão — mesmo que seja uma que tenhamos de tomar rapidamente — é uma jornada, não um único passo. A jornada é assim:

- Estabeleça uma meta tangível de realização.
- O desafio em mãos é primordialmente explorar uma oportunidade ou resolver um problema? A oportunidade foi identificada? Muito pouco progresso é feito se não aproveitarmos as oportunidades.
- Evitar a todo custo a "decisão antecipada" quando o problema ainda não foi resolvido.
- A resolução de problemas e a tomada de decisão são coisas diferentes — e você tem de abordá-las nessa ordem.
- Certifique-se de que está respondendo à pergunta certa. Defina a "meta decisão" — o verdadeiro cerne da questão — e tenha completa clareza sobre o objetivo ou o resultado desejado.
- Recolha bastantes evidências e analise-as friamente.
- Elabore as melhores opções disponíveis.
- Decida apenas quando tiver pesado as desvantagens e as vantagens de cada opção.
- Dê à decisão em si toda a concentração de que você é capaz — o que pode envolver dormir pensando nela e deixar o subconsciente desempenhar seu papel.
- Tome uma decisão mútua, conseguindo a adesão necessária da melhor forma que puder.
- Comunique-a claramente (que é, muitas vezes, o momento em que a decisão "acontece").
- Implemente-a e tome tantas mais decisões quantas forem necessárias.
- Sempre "siga em frente". Aprenda com cada decisão importante que você toma, fazendo um resumo escrito simples dos resultados em relação aos objetivos. Coloque isso em seu banco de experiências, para que possa aprender e estar gradualmente mais bem preparado para as vezes seguintes.

Veja as minhas outras dezenove dicas:

2. Antecipe todos os problemas que você conseguir pensar e encontre uma solução possível para cada um deles — como Ellen MacArthur antes de uma corrida.
3. Esforce-se tanto para minimizar as desvantagens das opções quanto para maximizar as vantagens.
4. Lembre-se sempre dos "limitadores" que reduzem nossa escolha. Querer algo não significa necessariamente poder tê-lo.
5. A racionalidade é vital — especialmente no estabelecimento do processo de decisão (decidir tomar a decisão). A racionalidade também é crucial em termos de coleta de informações. Mas escolher opções e realizar uma avaliação de risco e recompensa em cada uma delas também vai aproveitar a mente subconsciente. Emoção e intuição são importantes gatilhos para avaliar as opções e chegar à decisão em si.
6. Se você tem uma mente visual como Nigel Jones (que vê a beleza no tabuleiro de xadrez), use-a para ver seu caminho através das decisões.
7. Compreenda seu próprio sistema de "piloto automático" e use-o o máximo possível; não no lugar do seu cérebro consciente, mas ao lado dele. Os grandes tomadores de decisão usam os lados direito *e* esquerdo do cérebro.
8. Uma consideração-chave para qualquer decisão é quanto tempo temos para nos decidirmos. Lembre-se do número mágico 60. Há uma grande diferença entre ter:
   » 60 segundos (ou muito menos: tempo de reação instantânea, ou vida e morte);
   » 60 minutos (duração média de uma reunião);
   » 60 horas (um fim de semana, ou começar a pensar na segunda-feira para decidir na quinta-feira);
   » 60 dias (um projeto de dois meses);
   » 60 semanas (uma atribuição de um ano, com um pouco de subsídio para deslizes).

9. Aprenda a tomar decisões rápidas. Não são apenas os profissionais formados nos serviços militares e de emergência que têm de se deslocar muito rapidamente. Às vezes, você também tem de fazê-lo. Lembre-se de situações nas quais não pensamos conscientemente — como conduzir um carro.
10. As comunicações onipresentes, e especialmente as redes sociais, mudaram o mundo. Hoje em dia, todo mundo e todas as organizações aos olhos do público têm de ser capazes de tomar decisões rápidas e comunicá-las.
11. Estar errado não faz mal. É assim que aprendemos. O que é desastroso é não saber como corrigir as coisas.
12. Não há desculpa para ignorar os sinais de perigo óbvios que nos dizem quando uma decisão pode dar errado. Inevitavelmente, vamos cometer erros, mas, se não evitarmos as Armadilhas de Decisão óbvias, é provável que paguemos um preço.
13. Escolher também é diferente de tomar outros tipos de decisão. Decidir tem a ver com validar a opção mais provável. A escolha é uma função de pesquisa de candidatos e, em seguida, de seleção em uma base comparativa. Só podemos encontrar um vencedor eliminando as opções que não funcionam. Mas a escolha em si muito provavelmente será influenciada pelo subconsciente, particularmente na escolha do consumidor.
14. O fator pessoas é crucial. Para tomar decisões eficazes, temos de ser capazes de compreender as nossas próprias personalidades e as de todos os outros envolvidos. A definição de perfis também é fundamental para prever como os aliados e inimigos se comportarão e reagirão.
15. A tomada de decisão em equipe envolverá inevitavelmente muitas reuniões. Muitas vezes, parece que todo o calendário do mundo de negócios é ocupado por reuniões — com resultados por vezes infelizes. Temos que nos reunir regularmente com colegas e associados, mas as reuniões ruins são, frequentemente, contraproducentes. É somente quando compreendemos as armadilhas da cultura da reunião que po-

demos aprender como usar as reuniões para tomar melhores decisões e garantir que todos os atores-chave se comprometam com o que foi decidido.

16. Não se deixe enganar pela linguagem. "Decisivo" é um elogio e "ficar em cima do muro" é um insulto – mas há momentos em que compensa ficar um pouco mais tempo no muro e não se apressar. Da mesma forma, "mudar de ideia" soa como uma admissão de fraqueza. Mas é muito melhor mudar de ideia e ter sucesso no final do que ser consistente e estar errado. "Voltar atrás" não soa muito positivo, mas Shackleton fez isso e viveu para lutar outro dia.
17. Decidir desistir de algo ou de alguém é, geralmente, muito mais difícil do que decidir começar ou fazer algo pela primeira vez. Lembre-se de que "aversão à perda" e "custo irrecuperável" são Armadilhas de Decisão viciosas que podem bloquear o progresso.
18. Dois problemas ou decisões são mais fáceis de resolver do que apenas um. Se você está agonizando por causa de uma grande decisão, dê um tempo e tente resolver um problema menor. Resolvê-lo, muitas vezes, abrirá caminho para a resolução do grande problema.
19. Desligue o cérebro à noite. Descanse um pouco. Vá dormir antes de decidir, se você puder, e passe para o piloto automático. Comece de novo de manhã.
20. Decida-se! O sucesso vem da tomada de decisão, não do seu adiamento ou sucateamento.

AGRADECIMENTOS

Meu sincero agradecimento a todas as pessoas que me ajudaram e encorajaram gentilmente ao longo do caminho, e sem as quais este livro não poderia ter sido escrito. Recebi inúmeros conselhos e assistência, mas quem me conhece bem não ficará surpreso por nem sempre ter seguido os conselhos que recebi, e sou o único responsável pelo conteúdo do livro.

Sou extremamente grato a todos que concordaram em ser entrevistados, meus Grandes Tomadores de Decisão: Simon Calver, Barbara Cassani, Ellis Downes, Paddy Eckersley, sir Jeremy Greenstock, Karl Gregory, Randy Haynes, Vanburn Holder, sir Tom Hughes-Hallett, general sir Mike Jackson, David Jones, Nigel Jones, Ray Julian, Dame Ellen McArthur, lorde Moynihan, Paddy O'Brien, David Snelson, Charles Spence, Daniel Topolski, bispo David Urquhart, Vitaly Vasiliev e sir Nick Young.

A quantidade de conhecimento que esse grupo me transmite direta e indiretamente é incalculável.

Um caloroso agradecimento também àqueles que me apresentaram a alguns membros do meu "painel de estrelas". Gostaria particularmente de mencionar Kevin Murray (que me incentivou desde o início), Neil Dawson, Mark Williams, Hamish Pringle, Chris Rea, Peter Cowie, John Goodwin, Bryn Snelson, Christophe Cauvy e John Rudaizky.

Tenho também uma enorme admiração pelos excelentes pesquisadores, autores e pioneiros nesta emocionante jornada de tomada de decisão, muitos dos quais referenciei neste livro. Obrigado a todos.

Foi o professor Bob Shaw quem primeiro me abriu os olhos para o mundo acadêmico da ciência da decisão em um voo para Manchester, há mais de dez anos, e eu aprendi muito com ele ao longo dos anos.

Poucos publicitários têm uma fração do conhecimento de Mike Longhurst na área de perfil de agência e de personalidade e clientes. Ele me forneceu um auxílio incrível.

Assim como inúmeros outros publicitários, o incomparável Rory Sutherland me inspirou o interesse pela Economia Comportamental.

Há um outro grupo de amigos, clientes e colegas cujo aconselhamento esteve sempre disponível para mim quando solicitei — gostaria de dizer o quanto aprecio o apoio: Chris Satterthwaite, Lotta Malm-Hallqvist, Celia Couchman, Kevin Allen, Murray Chick, Paul Bainsfair, Fernanda Romano, Martin Riley, Moray MacLennan, Nick Brien, Sergio Guerreiro, Peter Kirby, John Russell, Janet Hull, Brett Gosper, Massimo Costa, Chris Macdonald, Serge Nicholls, Johan Fourie, Simon White, Laura Holme, Laurence Green, Philip Purdon, Ian Millner, Nick Hurrell, Stephen Maher, Fred Prego, Andrea Messa, Helen Weisinger, Neil Hughston, Anna Maria Clarke, Tim Brooks, Paolo Torchetti, Simon Hall, Peter Cundall e, claro, John Tylee.

Obrigado também aos meus sócios de negócios Brian Sparks e Russel Wohlwerth, e ao meu parceiro de golfe Steve Parrott, que sempre estiveram preparados para me ajudar com um ou outro aspecto da tomada de decisão durante um pitch ou uma partida.

Meu editor Matthew Smith foi simplesmente excepcional — como um guia para este autor iniciante, como um editor qualificado e, acima de tudo, como líder de torcida para este projeto. O trabalho de todos na equipe Kogan Page foi de extremo profissionalismo, com destaque especial para Nancy Wallace, que transformou esse texto de um rascunho a um belo livro.

Sem o apoio leal e constante da minha notável assistente Tania Zimmerman, o livro provavelmente ainda estaria a vários meses de ser publicado.

Acima de tudo, eu guardo o amor e o encorajamento inabalável da Sue e do resto da família — e seu perdão por todo o tempo que passei longe do que um marido e pai deveria estar fazendo.

REFERÊNCIAS

Ariely, D. (2008) *Predictably Irrational*, HarperCollins.

Baumeister, R. e Tierney, J. (2011) *Willpower: Rediscovering the greatest human strength*, Penguin.

Belbin, M. (1981) *Management Teams: Why they succeed or fail*, Belbin Books.

Charan, R. (2007) Conquering a Culture of Indecision, *Harvard Business Review on Making Smarter Decisions.*

Colvin, G. (junho de 2005) *The Wisdom of Dumb Questions*, Fortune Magazine.

Damasio, A. (1994) *Descartes' Error: Emotion, reason, and the human brain*, Putnam Publishing.

Damasio, A. (2010) *Self Comes to Mind: Constructing the conscious brain*, Random House.

De Bono, E. (2009) *Six Thinking Hats*, Penguin.

Dixon, N. (1994) *On the Psychology of Military Incompetence*, Pimlico.

Franklin, B. *Advice to a Young Man on the Choice of a Mistress* (25 de junho de 1745), carta ao seu sobrinho.

Gallwey, T. (1975) *The Inner Game of Tennis*, Jonathan Cape.

Gilbert, E. (2002) *The Last American Man*, Viking.

Gigerenzer, G. e Goldstein, D. (2004) Reasoning the Fast and Frugal Way: Models of bounded rationality, *Centre for Adaptive Behaviour and Cognition*, Max Planck Institute for Psychological Research.

Gigerenzer, G. (2008) *Gut Feelings*, Penguin.

Gladwell, M. (2005) *Blink*, Allen Lane.

Hallinan, J. (2009) *Errornomics*, Ebury Press.

Hastings, M. (2011) *All Hell Let Loose: The World at War 1939-1945*, HarperCollins.

IPA (Institute of Practitioners in Advertising) (2010) *Behavioural Economics: Red hot ou red herring?*, IPA.

Lehrer, J. (2009) *How We Decide*, Houghton Mifflin Harcourt.

Kahnemann, D., Lovallo, D. e Sibony, O. (junho de 2011) Before You Make That Big Decision, *Harvard Business Review.*

Kiyosaki, R. (2011) *Rich Dad, Poor Dad*, Plata Publishing.

Kleiner, K. (2009) Revisão sobre o artigo *What Intelligence Tests Miss: The psychology of rational thought*, do professor Keith Stanovich (2009), Yale University Press. *University of Toronto Magazine.*

Kneeland, S. (1999) *Effective Problem Solving*, How To Books.

Lehrer, J. (2009) *The Decisive Moment*, Canongate.

McConnell, A. (2011) *Breathe Strong, Perform Better*, Human Kinetics.

McCormack, M. (1986) *What They Don't Teach You At Harvard Business School: Notes from a street-smart executive*, Bantam.

Miller, G. A. (1956) The Magical Number Seven, Plus or Minus Two: Some limits on our capacity for processing information, *The Psychological Review*, 63, pp 81-97.

Murray, K. (2011) *The Language of Leaders*, Kogan Page.

Nobre, A. e Coull, J. (2010) *Attention and Time*, Oxford University Press.

Nutt, P. (2002) *Why Decisions Fail*, Berrett Kohler.

Russo, E. e Schoemaker, P. (1989) *Decision Traps: The ten barriers to brilliant decision-making and how to overcome them*, Fireside.

Sarasvathy, S. (2008) *What Makes Entrepreneurs Entrepreneurial?* Universidade da Virgínia – Darden School of Business.

Schulz, K. (2011) *Being Wrong*, HarperCollins.

Schwartz, B. (2004) *The Paradox of Choice: Why more is less*, Harper Perennial.

Thaler, R. e Sunstein, C. (2008) *Nudge*, Yale University Press.

Toda, M. (1980) *Emotion and Decision Making*, Hokkaido University.

Topolski, D. e Robinson, P. (1999) *True Blue*, Random House.

Wirasinghe, E. (2003) *The Art Of Making Decisions*, Shanmar Publishing.

Wiseman, R. (2009) *59 Seconds*, Macmillan.